教育部人文社会科学重点研究基地四川师范大学巴蜀文化研究中心重大项目（BSWHZD20-02）
中国商业联合会“十四五”规划项目（SKKT-22004）
四川省科技计划软科学项目（2021JDR0122）

SICHUAN

四川文化和旅游发展蓝皮书

四川文化和旅游发展大数据报告

马　健　王梦娇　邓　静　宋开发　黄大帅　黄礼雄　等著

中国旅游出版社

《四川文化和旅游发展蓝皮书》编委会

前　言

党的十八大以来，以习近平同志为核心的党中央高度重视文化和旅游工作。习近平总书记关于文化和旅游工作的一系列重要讲话和重要指示，科学地回答了文化和旅游工作的根本性和方向性问题，深刻地阐明了新时代推进文化和旅游发展的使命和任务。习近平总书记对四川文化和旅游发展寄予厚望，多次作出重要指示，对四川文化和旅游工作给予最直接、最有力的指导，为四川文化和旅游发展提供了方向指引和思想保证。

“十三五”以来，在中共四川省委、四川省人民政府的坚强领导下，经过全省文化和旅游战线的不懈努力，四川文化和旅游发展稳中有进、繁荣向好：文艺创作成果日益丰硕、公共服务不断提质增效、文化遗产保护体系逐步完善、文旅经济发展活力充分显现、文旅市场秩序日趋规范、对外文旅交流持续深入。

在“十三五”期末，全省上下已经形成竞相发展文旅产业，加快建设文化强省旅游强省的生动局面。可以说，四川不仅顺利完成了《四川省“十三五”文化发展规划》和《四川省“十三五”旅游业发展规划》所确定的目标任务，而且为“十四五”时期的文化和旅游工作奠定了坚实的基础。

进入“十四五”时期，四川站在新的历史起点，开启了全面建设社会主义现代化的四川新征程。《四川省国民经济和社会发展第十四个五年规划和二〇三五年远景目标纲要》更是明确提出在“十四五”时期基本建成文化强省旅游强省的发展目标。

随着“一带一路”建设、长江经济带发展、新时代西部大开发、成渝地区双城经济圈建设等国家战略的深入实施，四川的区域经济布局和对外开放格局正在加快重塑，“蜀道难”问题基本得以解决。文化和旅游管理水平的不断提升，文化和旅游服务设施的不断完善，都为四川文化和旅游的高质量发展提供了有利条件和难得机遇。

为准确把握四川文化和旅游发展的阶段性特征和趋势性变化，本报告紧密围绕中共四川省委、四川省人民政府印发的《关于大力发展文旅经济　加快建设文化强省旅游强省的意见》（川委发〔2019〕11 号）所提出的四大发展目标——巴蜀文化影响力显著提升、四川旅游吸引力显著提升、文化旅游供给力显著提升、文旅产业竞争力显著提升——构建了一系列量化评价指标体系，并运用大数据技术，分析了四川文化和旅游的发展情况、发展布局和发展主体，提出旨在进一步推动以文促旅、以旅彰文，充分释放四川的文旅经济活力，把四川的文化和旅游资源优势转化为发展优势，且具有前瞻性、针对性、可行性的一系列对策与建议。此外，还以最具代表性的成都文旅经济发展核心区已出台的文创企业扶持政策为研究对象，完成了四份主题鲜明、观点突出、内容充实的专题调研报告。

目录 CONTENTS

第一章　研究背景与编制方法

一、研究背景

（一）文化和旅游发展为推进社会主义文化强国建设提供了强有力的支撑

“十三五”时期，四川的文艺创作繁荣发展、公共文化服务效能不断提升、文物保护利用工作全面推进、非物质文化遗产保护传承卓有成效、文化产业和旅游业健康快速发展、文化和旅游产品更加优质和丰富。随着文化和旅游的加快融合与相互促进，四川文化和旅游发展的基础更加稳固、体制不断完善、机制越发健全、动力日渐增强、活力日益迸发、优势逐步显现。目前，文化事业、文化产业和旅游业已经成为满足人民美好生活需要和推动高质量发展的重要支撑，在党和政府工作全局中的地位更加突出、作用日益显著。

“十四五”时期是我国全面建成小康社会，实现第一个百年奋斗目标之后，乘势而上开启全面建设社会主义现代化国家新征程，向第二个百年奋斗目标进军的第一个五年，也是社会主义文化强国建设的关键时期。“十四五”时期的四川文化和旅游发展，步入了坚持以社会主义核心价值观为引领，以满足人民日益增长的美好生活需要为根本目的，以改革创新为根本动力，以推动全省文化和旅游高质量发展为主题主线的新发展阶段。通过现代公共文化服务体系、文化遗产保护传承利用体系、新时代艺术创作体系、现代文化产业体系、现代旅游业体系、现代文化和旅游市场体系、对外和对港澳台文化交流与旅游推广体系的建设，增强巴蜀文化传播力和影响力，高水平建设文化强省旅游强省，从而为建设社会主义文化强国贡献四川力量。

（二）逆全球化浪潮与新冠疫情挑战提出了积极应变与主动求变的新要求

当今世界正在经历百年未有之大变局。新一轮科技革命和产业变革蓬勃发展，国际力量的对比正在发生深刻的调整。虽然人类命运共同体理念深入人心，但随着国际贸易保护主义抬头，全球化出现了调整和分化。国际经济形势与地缘政治环境正在发生重大变化，不稳定性和不确定性明显增加。2020年以来，突如其来的新冠疫情席卷全球。新冠疫情的蔓延和多国疫情形势的升级，更是打破了全球产业链的正常运转，严重影响了国际贸易和对外投资等活动，全球经济进入衰退期。一方面，因全球产业链的诸多环节一度受阻，进一步加剧了全球经济的内顾化倾向和国际贸易保护主义倾向，引发了全球需求和供给的同步收缩，不断侵蚀着全球化发展的经济基础；另一方面，因新冠疫情导致的民生问题和社会动荡，进一步加剧了各国在意识形态、社会制度、发展模式等方面的严重对立和矛盾冲突，为逆全球化浪潮提供了新催化剂。在这样的大背景下，文化和旅游在拉动内需、扩大就业、繁荣市场、畅通国内大循环和促进国内国际双循环等方面发挥的重要作用进一步凸显。

新冠疫情发生后，四川迅速关停13966家娱乐场所，取消3799场营业性演出，暂停678家旅游景区运营，取消5447个团组的旅游出行。[①] 文旅产业成为四川受疫情影响最大、损失最严重的产业之一。为帮助文旅企业渡过难关，实现文旅产业的尽快复苏，四川统筹抓好疫情防控和经济社会发展，精准施策推进文化和旅游发展，出台一系列纾困措施帮助文旅企业渡过难关。2020年，全省拨付给164个文旅企业和行业组织纾困补助资金共计6210万元，为789家旅行社暂退2.62亿元质保金，为49家4A级旅游景区申请财政一次性融资利息补贴3609.31万元。[②] 总的来看，在逆全球化浪潮与新冠疫情的影响下，四川文化和旅游的发展面临着一系列新情况和新要求，需要加快转变文化和旅游发展方式，促进提档升级和提质增效，实现文化赋能和旅游发力，在积极应变与主动求变中开创四川文化和旅游发展的新局面，从而实现发展质量、结构、规模、速度、效益、安全相统一。

（三）把握数字化发展趋势与科技创新的赋能作用是转型发展的时代机遇

截至2020年12月，我国网民规模已达9.89亿，互联网普及率达70.4%。我国手机网民规模达9.86亿，网民使用手机上网的比例为99.7%。在网民中，即时通信和网络视频（含短视频）的用户规模分别达9.81亿和9.27亿，用户使用率分别为99.2%和93.7%。[③] 超大规模的市场优势为数字文旅产业的发展提供了广阔的空间和无限的可能。数字文旅产品具有技术更迭快、生产数字化、传播网络化、使用智能化、消费个性化等特点，符合年轻消费者的消费习惯。[④] 随着互联网和数字技术的广泛普及，以及网民逐渐养成的付费消费习惯，新型文旅业态正在蓬勃兴起。以文化创意和科技创新双轮

① 张超群：《防疫复工两手抓　四川三成以上A级景区限流开放》，《眉山日报》2020年3月13日第1版。

② 文旅言：《回眸2020：看四川文旅如何披荆斩棘　乘风破浪》，《四川日报》2021年1月19日第5版。

③ 中共中央网络安全和信息化委员会办公室、中华人民共和国国家互联网信息办公室、中国互联网络信息中心：《第47次中国互联网络发展状况统计报告》，2021年2月3日，第17、30、50页。

④ 张婧：《实施文化产业数字化战略　推动数字文化产业高质量发展》，《中国文化报》2020年11月30日第1版。

驱动的文旅供给侧结构性改革，不断释放着数字文旅产品的消费潜力和市场价值。数字文旅产业不仅成为优化文旅产品供给、推动文旅产业转型升级的重要引擎，而且成为满足人民群众美好生活需要的重要途径。

面对新冠疫情的挑战，以数字内容为核心的数字文旅产业异军突起、逆势上扬，线上线下融合的新业态新模式不断涌现，在疫情防控和经济社会发展中发挥了积极作用。这些新业态新模式不仅激活了文旅消费市场，带动扩大了就业，而且形成数字文旅经济的新优势，展现出强大的发展潜力，成为文化和旅游高质量发展的新动能。举例来说，2020 年，以互联网广告服务、互联网游戏服务、动漫和游戏数字内容服务、可穿戴智能文化设备制造，以及多媒体、游戏动漫和数字出版软件开发为代表的 16 个四川文化新业态行业实现营业收入 790.8 亿元，同比增长 117.1%，增幅比全国平均增速高 95 个百分点。① 因此，顺应和把握数字产业化和产业数字化发展的趋势，大力发挥科技创新对文化和旅游发展的赋能作用，推动新一代信息技术在文化创作、生产、传播、消费等各环节的应用，推动传统文旅业态的转型升级，加快发展数字文旅产业，大力培育数字创意、数字娱乐、智慧旅游、网络视听、线上演播、数字艺术展示、沉浸式体验等新业态，对全面塑造四川文化和旅游发展新优势，拉动内需、繁荣市场、扩大就业、畅通国内大循环，都具有非常重要的意义和作用。

二、编制方法

（一）数据时限

本报告的数据所涉及的主要时间段为 2016 年 1 月至 2020 年 12 月。需要说明的是，因 2020 年的某些数据尚未公布或无法获取，故部分统计数据截至本报告出版前最新公布或调查所得的数据。此外，由于受新冠疫情的影响，2020 年的统计数据不具有代表性，因此，本报告的某些年度数据主要使用 2019 年，即新冠疫情发生前的统计数据。

（二）数据来源

本报告使用的数据主要来自《中国统计年鉴》《中国文化文物统计年鉴》《中国旅游统计年鉴》《中国文化和旅游统计年鉴》，四川省及各市（州）的统计年鉴、文化和旅游年鉴、国民经济和社会发展统计公报、政府工作报告、网络大数据，还有来自四川省文化和旅游厅、四川省统计局、四川省文学艺术界联合会等单位的统计数据。

① 蒋小波、辛丙松：《“十四五”时期四川文化产业将继续稳定增长》，《四川省情》2021 年第 6 期。

（三）数据计算

本报告采用专家打分构建模型。根据数据特征分析制定数据清洗和指标评分规则，采用层次分析法（Analytic Hierarchy Process）和专家经验判断法（Expert Judgment）给指标赋予权重，再结合指标的权重计算出每个市（州）的评分。对于权重的确定，考虑到总体指标较多和部分板块指标较为集中的情况，同时采用专家直接赋权和层次分析赋权的方法，结合两个权重来确定最终适用的权重。

层次分析法是一种针对那些结构较复杂、决策准则多、不容易量化的决策问题而提出的系统分析方法。层次分析法的优点是能够量化描述决策者的推理过程，从而在将决策者的逻辑推理和主观判断相结合的同时减少决策者在结构复杂或方案较多时出现逻辑推理失误的概率。

层次分析法的基本内容是：首先，根据问题的性质和研究的目的提出总目标，然后按层次分解问题，通过两两比较的方式来确定同一层次内诸因素相对于上一层次目标的权重系数，以此类推，直至最后。

在本报告中，具体步骤如下：

第一步，明确问题，提出总目标。根据国家及四川省的文化和旅游发展政策指引，对四川省内 21 个市（州）的文旅发展综合情况进行打分评级。

第二步，建立层次结构。同一层级内的因素通过确立重要性矩阵来两两比较相对重要性。指标之间两两比较的标准如下：

A_ij=1，元素 i 与元素 j 对上一层次因素的重要性相同；

A_ij=3，元素 i 比元素 j 略为重要；

A_ij=5，元素 i 比元素 j 重要；

A_ij=7，元素 i 比元素 j 重要一些；

A_ij=9，元素 i 比元素 j 重要得多；

A_ij=2n,n=1，2，3，4，元素 i 比元素 j 的重要性介于 A_ij=2n−1 与 A_ij=2n+1 之间；

反之则 A_ji=1/A_ij 。

例如，如果第 i 个指标比第 j 个指标略为重要，即 A_ij=3，那么 j 相对 i 来说就没那么重要，就有 A_ij=1/3。

第三步，运用层次分析法，根据比较矩阵求得每一板块内各个指标的权重以及 4 个板块间的权重，并做一致性检验，检验通过方能用此权重。

根据市（州）数据对每一条指标打分，再根据指标和板块权重加权即可得出每个市（州）的评分，对评分设定不同区间即可进行评价。

第二章　四川文化和旅游发展评价报告

一、四川文化和旅游综合评价

（一）发展情况

“十三五”时期，四川文化和旅游发展的成绩显著：首次开展全省文化和旅游资源大普查，不仅形成“五维合一”[①]成果，而且首创“223344”普查工作模式；首次提出打造“天府三九大·安逸走四川”[②]的金字招牌，并出台四川省“十大”文化旅游品牌建设方案；首次开启天府旅游名县建设，推动全省各县形成了对标先进、比学赶超、争当先进的“赛马”发展格局；率先在省级层面高规格召开省文化和旅游发展大会，并建立起每年由各地申报竞争承办大会的长效机制。

从文旅经济发展情况来看，全省文化产业增加值从2015年的1141.21亿元增至2019年的1844.28亿元，年均增速超10%。全省旅游总收入从2015年的6210.57亿元增至2019年的11594.32亿元，年均增速达16.9%。全省文化产业和旅游业吸纳逾千万人口就业，累计带动上百万贫困人口脱贫奔小康。全省旅游总收入突破万亿元大关，让四川省成为中西部第一个旅游总收入过万亿元的省份，居全国第4位，实现了由文旅资源大省向文旅经济大省的历史性跨越。[③]

从财政投入情况来看，随着各级财政不断加大对四川文化和旅游事业的投入，四川文化和旅游事业费逐年增长：全省文化和旅游部门所属机构总收入从2015年的69.29亿元增至2019年的119.56亿元；全省文化和旅游事业费（不含基建拨款）从2015年的39.58亿元增至2019年的47.22亿元；全省人均文化和旅游事业费从2015年的48.24

---

① “五维合一”的五个维度是指：标准维度（成果为《四川省文化和旅游资源普查标准体系》）、工作维度（成果为《四川省文化和旅游资源普查工作手册》）、文本成果维度（成果为《四川省文化和旅游资源普查报告》）、成果运用维度（成果为《四川省旅游资源保护与利用指南》）、资源大数据维度（成果为“四川省文化和旅游资源云平台”）。

② “三九大”中的“三”指三星堆、“九”指九寨沟、“大”指大熊猫。需要指出的是，由于“三九大”的含义并不具有传播上的不言自明性，因此，在该口号的传播过程中时常不被理解或遭到误读。例如，大数据分析发现，一些成都市民就将“天府三九大”戏称为成都的三圣乡、九眼桥、大邑县。

③ 文旅言:《四川文旅这五年：百舸争流　竞相发展　融合发展更繁荣》,《四川日报》2021年1月31日第11版。

元增至 2019 年的 56.38 元；全省文物部门总收入从 2015 年的 17.58 亿元增至 2019 年的 22.22 亿元；全省文物事业费（不含基建拨款）从 2015 年的 12.68 亿元增至 2019 年的 17.14 亿元。

从文物保护情况来看，“十三五”时期，四川文物保护水平稳步提升，主要指标进入全国第一方阵。全省新增全国重点文物保护单位 32 处，全国重点文物保护单位数量达 262 处，居全国第 6 位；新增省级文物保护单位 282 处，省级文物保护单位数量达 1215 处，居全国前列。此外，三星堆遗址、金沙遗址、邛窑、成都平原史前城址、明蜀王陵墓群、罗家坝遗址、城坝遗址、蜀道、茶马古道共 9 处大遗址被国家文物局列为“十三五期间重要大遗址”；彭山江口古战场遗址入选“2017 年度全国十大考古新发现”、渠县城坝遗址入选“2018 年中国六大考古新发现”。

从非物质文化遗产保护情况来看，四川启动了对 109 名省级非物质文化遗产代表性传承人的抢救性记录工作。此外，羌族文化生态保护区入选首批 7 个国家级文化生态保护区之一；凉山彝族火把节入选“2019 中国非遗与旅游融合十大优秀案例”之一；四川扬琴、道明竹编、峨眉武术 3 个项目入选“国家级非物质文化遗产代表性项目优秀保护实践案例”（全国共入选 50 个项目），成为入选案例最多的省份之一。

从文艺创作情况来看，“十三五”时期，全省共新创优秀剧目 90 余台，优秀美术作品 1300 余件，舞蹈、杂技、曲艺、木偶、小品小戏等优秀节目 350 余个；获国家级重要奖项 18 项；获国家艺术基金资助 165 项，资助资金达 1.35 亿元；入选国家重点工程 53 项；入选国家人才培养计划 59 人。此外，还设立了四川艺术基金，并于 2020 年资助了首批 86 个项目 1743.44 万元，引导项目承担主体配套投入 3357.87 万元，艺术基金的资金撬动比例达 1∶2.40。不仅资金的导向作用和杠杆效应初步显现，而且有效激活了体制内外的创作热情。

从公共文化服务体系建设情况来看，“十三五”时期，全省建成公共图书馆 207 个、文化馆 207 个、博物馆 292 个、乡镇（街道）综合文化站 4225 个，“三馆一站”全部免费开放。建成 185 个县级融媒体中心，基本实现“电视户户通”“广播村村响”，基本构建起省、市、县、乡、村五级公共文化服务体系。

从新型文化业态发展情况来看，新冠疫情发生后，四川出台一系列政策组合拳，四川新型文化业态表现抢眼。以咪咕汇 5G+8K“云音乐会”、王者荣耀电竞总决赛等为代表的新业态项目大放异彩。四川已经成为继北京和上海之后的全国第三大动漫游戏产业中心。2020 年，全省文化新业态特征较为明显的 16 个行业实现营业收入 790.8 亿元，同比增长 117.1%，增幅比全国高 95 个百分点。其中，可穿戴智能文化设备制造业的营收增长 5090.1%（营收总量为 154.16 亿元），互联网广告服务业营收增长 153.4%（营收总量为 108.08 亿元），互联网游戏服务业营收增长 120.4%（营收总量为 7.61 亿元），动漫、游戏数字内容服务业营收增长 103.7%（营收总量为 11.68 亿元），多媒体、游戏和数字出版软件开发业营收增长 76.0%（营收总量为 441.18 亿元）。[①]

从文旅项目建设情况来看，“十三五”时期，全省新增省级文化产业示范园区（基地）10 家。共推进 418 个重点文旅项目建设。其中，纳入省级重点推进项目 53 个。截至 2020 年 9 月，全省累计旅游投资达 5986.43 亿元，完成“十三五”时期目标任务的近两倍。同时，旅游“厕所革命”创新试点“厅 + 市”合作共建模式。截至 2020 年 12 月，全省已建成旅游厕所 6682 座，评定 A 级旅游厕所 2686 座，覆盖全省 716 家 A 级旅游景区。

总的来看，四川文化和旅游的整体发展水平稳居西部第一位。在文化产业增加值、旅游总收入、世界遗产数量、5A 级旅游景区数量、出版物和广播电视综合覆盖率等多个方面均位居西部地区首位。但同发达地区相比，四川还有一定差距。展望“十四五”，四川文化和旅游高质量发展的空间仍然十分广阔。

（二）评价建模

本报告根据《关于大力发展文旅经济　加快建设文化强省旅游强省的意见》所提出的四大发展目标，以巴蜀文化影响力、四川旅游吸引力、文化旅游供给力、文旅产业竞争力为基本框架，选取 14 个一级指标、32 个二级指标进行大数据建模分析，对全省 21 个市（州）的文化和旅游综合发展情况进行量化评价（见表 2-1）。

表 2-1　四川文化和旅游综合发展指标体系

指标框架	一级指标（F）	二级指标（S）
巴蜀文化影响力	文化成果	文化品牌
		文艺精品
		文艺名家
	文化传播	传播媒介
		对内传播效果
		对外传播效果
四川旅游吸引力	旅游全域化	认定名单
		创建名单
	旅游服务品质	—
	旅游治理规范程度	—
	旅游效益	国内旅游总收入
		入境游客人数
		国际旅游外汇收入

① 蒋小波、辛丙松：《“十四五”时期四川文化产业将继续稳定增长》，《四川省情》2021 年第 6 期。

续表

指标框架	一级指标（F）	二级指标（S）
文化旅游供给力	高质量旅游产品供给	旅游度假区
		A 级旅游景区
		生态旅游示范区
		旅游产品供给
	公共文化产品和服务供给	公共文化服务效能
		公共文化产品供给
		群众文化生活水平
文旅产业竞争力	生产要素	资本资源
		人力资源
		自然资源
		基础资源
	需求要素	经济基础
		文旅消费情况
	相关产业	支撑性产业
		支持性产业
	企业组织	企业发展规模
		创新能力
	政府行为	资金支持
		政策支持
	对外开放环境	外资利用
		对外友好城市

（三）结果分析

为评估全省各市（州）的文化和旅游综合发展水平，根据四川文化和旅游综合发展指标体系，将数据进行归一化处理，并通过层次分析法得出指标权重，最终计算出全省各市（州）的文化和旅游综合实力。根据建模分析结果，全省 21 个市（州）的文化和旅游发展情况综合得分排名为：成都、乐山、阿坝、南充、广元、达州、巴中、雅安、泸州、广安、绵阳、宜宾、德阳、凉山、自贡、攀枝花、甘孜、资阳、遂宁、眉山、内江（见表 2-2）。成都在文化影响力、旅游吸引力、文化旅游供给力、文旅产业竞争力四个方面均远超其他市（州），名列第 1，处于第一梯队；乐山和阿坝紧随其后，分别名列第 2 和第 3，处于第二梯队；南充、广元、达州、巴中、雅安、泸州、广安、绵阳的得分相差不大，而且较为均衡，处于第三梯队；宜宾、德阳、凉山、自贡、攀枝花、甘孜、资阳、遂宁、眉山处于第四梯队；内江处于第五梯队。其中，南充的文化影响力（名列第 3）和文旅产业竞争力（名列第 4）两项得分在 21 个市（州）中均很靠前，广元的文旅供给力（名列第 4）得分较高，广安的旅游吸引力（名列第 4）得分较高。但是，各市（州）之间文化和旅游综合发展的不均衡状况也很突出。遂宁、眉山、内江三市的文化和旅游综合发展指数的得分列最末三位。其中，在旅游吸引力方面，眉山、遂宁、内江分别名列第 18、第 19、第 21（见表 2-6）。在文旅供给力方面，眉山、遂宁、内江分别名列第 15、第 17、第 19（见表 2-8）。

表 2-2　全省各市（州）文化和旅游综合发展情况排名

排名	市（州）	分值
1	成都	0.908
2	乐山	0.277
3	阿坝	0.247
4	南充	0.225
5	广元	0.219
6	达州	0.217
7	巴中	0.213
8	雅安	0.209
9	泸州	0.204
10	广安	0.203
11	绵阳	0.201
12	宜宾	0.187
13	德阳	0.185
14	凉山	0.174
15	自贡	0.172
16	攀枝花	0.171
17	甘孜	0.168
18	资阳	0.166
19	遂宁	0.158
20	眉山	0.151
21	内江	0.103

二、巴蜀文化影响力评价

（一）内涵界定

巴蜀文化影响力既是巴蜀文化软实力的具体体现，也是巴蜀文化的文化输出能力。巴蜀文化影响力的大小在很大程度上取决于文化成果的水平和文化传播的效果。《关于大力发展文旅经济 加快建设文化强省旅游强省的意见》将巴蜀文化影响力的显著提升作为文化强省旅游强省的四大发展目标之一。具体来说，就是以三星堆、九寨沟、大熊猫等为代表的四川文旅品牌誉满全球，文艺精品力作不断涌现，文化名流名家不断集聚，具有国际影响的文化活动品牌不断丰富，对外文化形象不断提升。从这个意义上讲，提升巴蜀文化影响力，就是要始终坚持以社会主义核心价值观为引领，不断提升巴蜀文化遗产的知名度和巴蜀文化产品的美誉度，展示巴蜀文化的精髓要义和精神标识，展现四川的社会发展和人民的精彩生活，将巴蜀文化资源活化为坚定文化自信、展示中华文明、塑造四川形象的宝贵资源，焕发巴蜀文化的新活力。

（二）指标选取

本报告根据巴蜀文化影响力的定义和《关于大力发展文旅经济 加快建设文化强省旅游强省的意见》对巴蜀文化影响力的描述，选取 2 个一级指标、6 个二级指标进行大数据建模分析，对全省 21 个市（州）的文化影响力进行量化评价（见表 2-3）。

表 2-3 巴蜀文化影响力评价指标体系

一级指标（F）	二级指标（S）
文化成果	文化品牌
	文艺精品
	文艺名家
文化传播	传播媒介
	对内传播效果
	对外传播效果

（三）结果分析

为评估全省各市（州）的文化影响力水平，根据巴蜀文化影响力指标体系，将数据进行归一化处理，并通过层次分析法得出指标权重，最终计算出全省各市（州）的文化影响力。根据建模分析结果，全省 21 个市（州）的文化影响力综合得分排名为：成都、乐山、南充、广安、遂宁、达州、攀枝花、内江、绵阳、雅安、眉山、宜宾、广元、泸州、德阳、自贡、巴中、资阳、阿坝、甘孜、凉山（见表 2-4）。成都的文化影响力得分遥遥领先，名列第 1，处于第一梯队；乐山和南充紧随其后，分别名列第 2 和第 3，处于第二梯队；广安、遂宁、达州、攀枝花、内江、绵阳、雅安、眉山、宜宾、广元、泸州、德阳、自贡、巴中处于第三梯队；资阳、阿坝、甘孜处于第四梯队；凉山处于第五梯队。阿坝、甘孜、凉山的文化影响力指数的得分列最末三位。“三州”在对内传播效果和对外传播效果方面的得分均偏低。

表 2-4　全省各市（州）文化影响力排名

排名	市（州）	分值
1	成都	0.97
2	乐山	0.23
3	南充	0.21
4	广安	0.15
5	遂宁	0.14
6	达州	0.14
7	攀枝花	0.13
8	内江	0.13
9	绵阳	0.13
10	雅安	0.11
11	眉山	0.10
12	宜宾	0.09
13	广元	0.09
14	泸州	0.08
15	德阳	0.08
16	自贡	0.08
17	巴中	0.08
18	资阳	0.06
19	阿坝	0.04
20	甘孜	0.04
21	凉山	0.01

三、四川旅游吸引力评价

（一）内涵界定

四川旅游吸引力是由旅游资源和旅游产品，以及旅游目的地的旅游支持系统，乃至旅游目的地所传递出的各种概念和信息对旅游者形成的旅游行为驱动力。《关于大力发展文旅经济　加快建设文化强省旅游强省的意见》将四川旅游吸引力的显著提升作为文化强省旅游强省的四大发展目标之一。具体来说，就是要实现四川旅游精品的大幅呈现，四川旅游知名度、美誉度、开放度显著提升，实现旅游发展全域化、旅游服务品质化、旅游治理规范化、旅游效益最大化。

（二）指标选取

本报告根据四川旅游吸引力的定义和《关于大力发展文旅经济　加快建设文化强省旅游强省的意见》对四川旅游吸引力的描述，选取 4 个一级指标、5 个二级指标进行大数据建模分析，对全省 21 个市（州）的旅游吸引力进行量化评价（见表 2-5）。

表 2-5　四川旅游吸引力评价指标体系

一级指标（F）	二级指标（S）
旅游全域化	认定名单
	创建名单
旅游服务品质	—
旅游治理规范程度	—
旅游效益	国内旅游总收入
	入境游客人数
	国际旅游外汇收入

（三）结果分析

为评估全省各市（州）的旅游吸引力水平，根据旅游吸引力指标体系，将数据进行归一化处理，并通过层次分析法得出指标权重，最终计算出全省各市（州）的旅游吸引力。根据建模分析结果，全省 21 个市（州）的旅游吸引力综合得分排名为：成都、阿坝、资阳、广安、巴中、自贡、乐山、达州、德阳、广元、雅安、甘孜、攀枝花、泸州、宜宾、凉山、南充、眉山、遂宁、绵阳、内江（见表 2-6）。成都的旅游吸引力名列第 1，处于第一梯队；阿坝和资阳紧随其后，分别名列第 2 和第 3，处于第二梯队；广安、巴中、自贡、乐山、达州、德阳、广元、雅安处于第三梯队；甘孜、攀枝花、泸州、宜宾、凉山、南充、眉山、遂宁处于第四梯队；绵阳、内江处于第五梯队。在旅游吸引力方面，成都同排名第二、三的市（州）差距不大，同排名前十的其他市（州）的差距也远不如其他方面的排名差距那么“惊人”。

表 2–6　全省各市（州）旅游吸引力排名

排名	市（州）	分值
1	成都	0.77
2	阿坝	0.63
3	资阳	0.62
4	广安	0.51
5	巴中	0.50
6	自贡	0.48
7	乐山	0.45
8	达州	0.42
9	德阳	0.41
10	广元	0.39
11	雅安	0.37
12	甘孜	0.33
13	攀枝花	0.33
14	泸州	0.32
15	宜宾	0.31
16	凉山	0.27
17	南充	0.26
18	眉山	0.23
19	遂宁	0.23
20	绵阳	0.09
21	内江	0.03

四、文化旅游供给力评价

（一）内涵界定

文化旅游供给力是指公共文化产品和服务，以及高质量旅游产品满足人民群众实际需求的程度。《关于大力发展文旅经济　加快建设文化强省旅游强省的意见》将文化旅游供给力显著提升作为文化强省旅游强省的四大发展目标之一。具体来说，就是要基本建成现代公共文化服务体系，实现旅游高质量产品供给的极大丰富。在现代公共文化服务体系方面，各市（州）要有“五馆一院”[文化馆、图书馆、博物馆、非物质文化遗产馆（中心）、美术馆、剧院（场）]；各县要有“四馆”[文化馆、图书馆、博物馆、非物质文化遗产馆（展示场所）]；各乡镇（街道）要有综合性文化服务中心。在旅游高质量产品供给方面，经过 5 年左右的时间，国家级和省级旅游度假区要达到 100 家、生态旅游示范区要达到 100 家、A 级旅游景区要达到 1000 家。

（二）指标选取

本报告根据文化旅游供给力的定义和《关于大力发展文旅经济　加快建设文化强省旅游强省的意见》对文化旅游供给力的描述，选取 2 个一级指标、7 个二级指标进行大数据建模分析，对全省 21 个市（州）的文化旅游供给力进行量化评价（见表 2-7）。

表 2-7　文化旅游供给力评价指标体系

一级指标（F）	二级指标（S）
高质量旅游产品供给	旅游度假区
	A 级旅游景区
	生态旅游示范区
	旅游产品供给
公共文化产品和服务供给	公共文化服务效能
	公共文化产品供给
	群众文化生活水平

（三）结果分析

为评估全省各市（州）的文化旅游供给力水平，根据文化旅游供给力指标体系，将数据进行归一化处理，并通过层次分析法得出指标权重，最终计算出全省各市（州）的文化旅游供给力。根据建模分析结果，全省 21 个市（州）的文化旅游供给力综合得分排名为：成都、凉山、绵阳、广元、泸州、雅安、乐山、南充、阿坝、宜宾、巴中、甘孜、达州、攀枝花、眉山、广安、遂宁、德阳、内江、自贡、资阳（见表 2-8）。成都的文化旅游供给力名列第 1，处于第一梯队；凉山和绵阳紧随其后，分别名列第 2 和第 3，处于第二梯队；广元、泸州、雅安、乐山、南充、阿坝、宜宾、巴中、甘孜、达州处于第三梯队；攀枝花、眉山、广安、遂宁、德阳、内江、自贡处于第四梯队；资阳处于第五梯队。内江、自贡、资阳三市的文化旅游供给力得分排名垫底。尤其是自贡和资阳的排名，同旅游吸引力（资阳排名全省第 3、自贡排名全省第 6）的全省排名极不相称。这不仅是由于现实旅游需求与不平衡不充分的文化旅游供给之间的矛盾所致，而且同公共文化产品和服务的高质量供给状况有一定关系。

表 2-8　全省各市（州）文化旅游供给力排名

排名	市（州）	分值
1	成都	0.99
2	凉山	0.24
3	绵阳	0.23
4	广元	0.22
5	泸州	0.20
6	雅安	0.19
7	乐山	0.19
8	南充	0.19
9	阿坝	0.18
10	宜宾	0.15
11	巴中	0.15
12	甘孜	0.13
13	达州	0.13
14	攀枝花	0.11
15	眉山	0.11
16	广安	0.10
17	遂宁	0.08
18	德阳	0.07
19	内江	0.05
20	自贡	0.04
21	资阳	0.01

五、文旅产业竞争力评价

（一）内涵界定

文旅产业竞争力是指一个地区的文旅产业在生产效率、满足市场需求、持续获利等方面相对于其他地区的文旅产业所体现的总体水平和综合能力。《关于大力发展文旅经济　加快建设文化强省旅游强省的意见》将文旅产业竞争力显著提升作为文化强省旅游强省的四大发展目标之一。具体来说，就是要不断扩大文化和旅游产业规模，更加凸显文旅产业作为支柱产业的支撑带动作用。让文旅市场规范有序，人民群众的文化旅游获得感幸福感显著增强。经过 5 年左右的时间，总资产和总收入实现“双百亿”的企业达到 5 家，上市挂牌企业达到 50 家，文旅融合发展示范园区达到 30 家。

（二）指标选取

本报告根据文旅产业竞争力的定义和《关于大力发展文旅经济　加快建设文化强省旅游强省的意见》对文旅产业竞争力的描述，选取 6 个一级指标、14 个二级指标进行大数据建模分析，对全省 21 个市（州）的文旅产业竞争力进行量化评价（见表 2-9）。

表 2-9　文旅产业竞争力评价指标体系

一级指标（F）	二级指标（S）
生产要素	资本资源
	人力资源
	自然资源
	基础资源
需求要素	经济基础
	文旅消费情况
需求要素	经济基础
	文旅消费情况
相关产业	支撑性产业
	支持性产业
企业组织	企业发展规模
	创新能力
政府行为	资金支持
	政策支持

（三）结果分析

为评估全省各市（州）的文旅产业竞争力水平，根据文旅产业竞争力指标体系，将数据进行归一化处理，并通过层次分析法得出指标权重，最终计算出全省各市（州）的文旅产业竞争力。根据建模分析结果，全省 21 个市（州）的文旅产业竞争力综合得分排名为：成都、乐山、绵阳、南充、德阳、达州、泸州、宜宾、阿坝、广元、遂宁、内江、雅安、巴中、眉山、甘孜、自贡、攀枝花、凉山、广安、资阳（见表 2-10）。成都的文旅产业竞争力名列第 1，处于第一梯队；乐山、绵阳和南充紧随其后，分别名列第 2 和并列第 3，处于第二梯队；德阳、达州、泸州、宜宾、阿坝、广元处于第三梯队；

遂宁、内江、雅安、巴中、眉山、甘孜、自贡、攀枝花、凉山、广安处于第四梯队；资阳处于第五梯队。与其他三项指标相比，除成都外，各市（州）在文旅产业竞争力指标上的差距是最小的。这一方面说明，除成都外的全省大多数市（州）在文旅产业竞争力方面皆处于相对均势地位；另一方面也说明，与成都相比，其他市（州）的文旅产业竞争力皆处于相对弱势地位。

表 2-10 全省各市（州）文旅产业竞争力排名

排名	市（州）	分值
1	成都	0.84
2	乐山	0.28
3	绵阳	0.24
4	南充	0.24
5	德阳	0.22
6	达州	0.21
7	泸州	0.21
8	宜宾	0.20
9	阿坝	0.20
10	广元	0.20
11	遂宁	0.19
12	内江	0.19
13	雅安	0.18
14	巴中	0.18
15	眉山	0.17
16	甘孜	0.17
17	自贡	0.16
18	攀枝花	0.15
19	凉山	0.15
20	广安	0.14
21	资阳	0.08

第三章　四川文化和旅游发展情况报告

一、文化事业发展情况

（一）艺术创作

“十三五”时期，四川共新创优秀剧目90余台，舞蹈、小品小戏、杂技、曲艺、木偶等优秀节目350余个，优秀美术作品1300余件。获得国家级重要文艺奖项18项，获得国家艺术基金资助157项，入选国家重点工程53项，入选国家人才培养计划59人。此外，还成功设立旨在资助四川艺术创作生产、传播交流推广和艺术人才培养等工作的四川艺术基金。成功承办第五届中国西部交响乐周、第六届中国诗歌节，举办第二届四川艺术节、第四届川剧节等重大活动，持续举办舞台新作比赛、青年川剧演员比赛、戏剧小品小戏比赛、曲艺杂技木偶皮影比赛等专业艺术赛事。

在文艺精品创作方面，电影《十八洞村》先后获第17届中国电影华表奖优秀故事片奖和第15届中共中央宣传部精神文明建设“五个一工程奖”；电视剧《天下粮田》获第29届中国电视金鹰奖优秀电视剧奖；电视剧《索玛花开》获第29届中国电视金鹰奖优秀电视剧提名奖；电影《大路朝天》和《红星照耀中国》被中共中央宣传部列为向全国推荐的重点影片。剧作家魏明伦获中国文学艺术界联合会终身成就戏剧家奖；川剧演员虞佳获第29届中国戏剧梅花奖；川剧《铎声阵阵》和京剧《陈毅回川》分别获第15届和第16届中国戏剧节“优秀剧目奖”；四川扬琴《守望》获第10届中国曲艺牡丹奖节目奖；曲艺演员罗捷获第11届中国曲艺牡丹奖新人奖；舞蹈《银塑》《生在火塘边》获第11届中国舞蹈荷花奖；舞剧《努力餐》和舞蹈《远山不远》《永远的诺苏》获第12届中国舞蹈荷花奖；钢琴演员孙麒麟和歌唱演员张宇获第13届中国音乐金钟奖；藏族画家着着获第13届中国民间文艺山花奖；摄影家金平获第12届中国摄影金像奖；书法家徐右冰和林峤分别获第6届中国书法兰亭奖银奖和第7届中国书法兰亭奖铜奖；评论家李立和评论家刘小波的文艺评论作品分别入选2018年度和2020年度的“啄木鸟杯”中国文艺评论年度优秀作品。全省共60件文艺作品获得全省最高规格的综合性文艺类奖项——第九届四川省巴蜀文艺奖，涵盖戏剧、电影等12大艺术门类（见图3-1）。

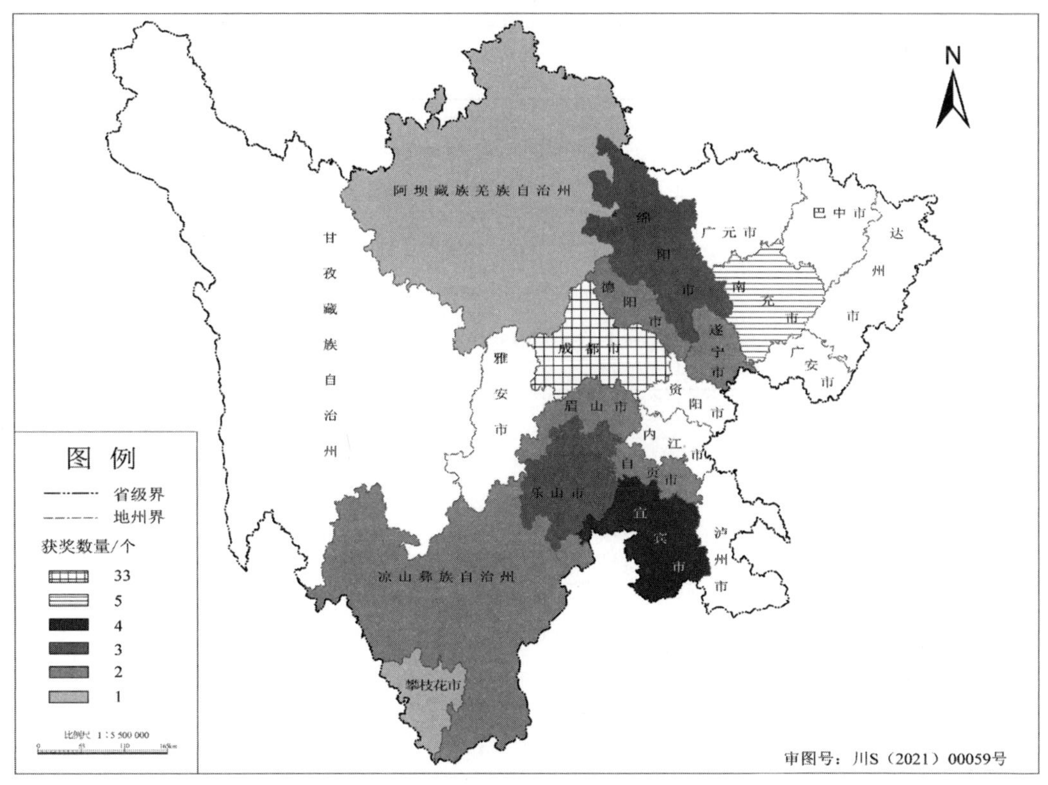

图 3-1 第九届四川省巴蜀文艺奖的各市（州）获奖分布情况

在文艺队伍建设方面，国家级文艺名家不断涌现。7 人先后担任国家级文艺家协会副主席，至今仍有 5 人担任国家级文艺家协会副主席，48 人担任国家级文艺家协会理事。全省的国家级文艺家协会会员达 5367 人，省级文艺家协会会员达 30016 人。全省共有各级各类新文艺组织 83952 个，从业者 251 万余人。

在文艺惠民工作方面，四川省文学艺术界联合会坚持“送文化”与“种文化”相结合，建立 13 个手机摄影乡村辅导站、17 个影视小屋、23 个文艺创作培训基地。采用“1+N”的合作方式，组织曲艺流动讲堂、戏剧进校园、文艺大讲堂、金钟之星下基层等文艺志愿惠民活动近 300 场，惠及群众近百万人。

由于不同艺术门类各有特点，例如，电影和电视剧往往是由不同地区的影视机构共同投资、合作拍摄或联合出品，因此，不宜简单地划分地区归属和进行横向比较。为说明四川艺术创作在全国的地位，不妨横向比较一下各地区（系统）的国家艺术基金立项情况（见表 3-1）。“十三五”时期，四川的国家艺术基金立项总数为 157 项，在 34 个地区（系统）中排名第 10；在 31 个省（自治区、直辖市）中排名第 9；在西部地区的 12 个省（自治区、直辖市）中排名第 1。

表 3-1 “十三五”时期各地区（系统）的国家艺术基金立项情况

（单位：项）

地区（系统）	2016 年	2017 年	2018 年	2019 年	2020 年	合计
北京	111	156	111	141	86	605
中央直属单位	67	37	86	67	24	281
江苏	48	64	48	58	36	254
浙江	36	54	44	68	41	243
上海	32	34	49	67	34	216
山东	43	41	35	51	31	201
吉林	38	56	41	36	24	195
辽宁	31	39	39	36	26	171
山西	29	33	37	42	18	159
四川	28	34	25	58	12	157
广西	45	34	30	32	12	153
河北	55	30	25	28	12	150
湖南	44	29	32	26	14	145
湖北	26	29	31	31	27	144
河南	26	29	28	39	20	142
内蒙古	32	29	20	45	14	140
陕西	39	24	24	35	14	136
广东	16	35	27	31	20	129
安徽	29	25	23	27	16	120
重庆	26	25	24	26	12	113
云南	27	17	20	25	16	105
江西	15	23	23	16	12	89
黑龙江	17	20	15	24	8	84
福建	9	18	17	22	14	80
天津	10	18	19	17	15	79
新疆	21	17	20	10	8	76
贵州	9	9	13	13	9	53
甘肃	13	10	10	9	9	51
宁夏	18	6	11	6	4	45
部队系统（含武警）	9	8	8	–	–	25

续表

地区（系统）	2016年	2017年	2018年	2019年	2020年	合计
西藏	5	7	5	3	4	24
青海	5	5	7	3	2	22
新疆生产建设兵团	4	4	5	4	2	19
海南	3	3	3	4	2	15

（二）文化遗产

“十三五”时期，四川文化部门总收入 493.39 亿元，文化事业费 223.97 亿元，人均文化事业费 268.78 元；文物部门总收入 108.69 亿元，文物事业经费 81.96 亿元（见表 3–2）。

表 3–2 “十三五”时期四川文化文物资金投入情况

年份	文化部门			文物部门	
	总收入（亿元）	文化事业费（亿元）	人均文化事业费（元）	总收入（亿元）	文物事业经费（亿元）
2016	67.40	40.37	48.86	20.02	13.39
2017	74.69	41.32	49.77	20.41	14.02
2018	88.42	43.02	51.58	20.40	15.42
2019	119.56	47.22	56.38	22.22	17.14
2020	143.32	52.04	62.19	25.64	21.99
总计	493.39	223.97	268.78	108.69	81.96

截至“十三五”期末，全省共有文物机构 524 个，从业人员 9236 人。其中，文物保护管理机构 175 个，占 33.4%；博物馆 258 个，占 49.24%。全省文物藏品 484.97 万件。其中，一级文物 4111 件、二级文物 8526 件、三级文物 104695 件。全省有不可移动文物 65231 处。其中，全国重点文物保护单位 262 处、省级文物保护单位 1215 处、世界遗产 5 处、国家考古遗址公园 2 座、国家级传统村落 333 个、省级传统村落 1046 个。拥有国家级历史文化名城 8 个、名镇 31 个、名村 6 个；拥有省级历史文化名城 27 个、省级历史文化名镇 56 个、省级历史文化名村 15 个。

截至“十三五”期末，全省拥有博物馆纪念馆 292 家。其中，国家一级博物馆 12 家、二级博物馆 19 家、三级博物馆 26 家（见表 3–3）。成都的非国有博物馆数量已达 110 家，名列全国城市第一。92 家博物馆纪念馆纳入国家公布的名单免费向公众开放。20 余家博物馆获评 4A 级及以上旅游景区。四川博物院、成都博物馆、成都武侯祠博物馆、广汉三星堆博物馆、广元皇泽寺博物馆、广安邓小平故居陈列馆等博物馆纪念馆已成为四川的重要旅游目的地。此外，理县桃坪羌寨保护与复原工程获得联合国教科文组织 2016 年度亚太地区文化遗产保护杰出项目奖，成为当年我国唯一获得该奖项的项目。三星堆被列入国家文物保护利用示范区首批创建名单，彭山江口明末战场遗址入选“2017 年度全国十大考古新发现”，渠县城坝遗址入选“2018 年中国六大考古新发现”。

表 3-3　四川省国家级博物馆分布情况

性质	属地	馆名
国家一级博物馆（12 家）	成都	四川博物院、成都博物馆、成都武侯祠博物馆、成都杜甫草堂博物馆、成都金沙遗址博物馆、四川省建川博物馆
	自贡	自贡恐龙博物馆、自贡市盐业历史博物馆
	德阳	三星堆博物馆
	广安	邓小平故居陈列馆
	南充	朱德同志故居纪念馆
	阿坝	5・12 汶川特大地震纪念馆
国家二级博物馆（19 家）	成都	成都永陵博物馆、新都杨升庵博物馆、成都华希昆虫博物馆、成都市青白江区博物馆、成都市成华区拾野自然博物馆、成都许燎源现代设计艺术博物馆、崇州天演博物馆
	绵阳	绵阳市博物馆、江油市李白纪念馆
	泸州	泸州市博物馆、四川泸县宋代石刻博物馆
	雅安	雅安市博物馆、荥经县博物馆
	遂宁	四川宋瓷博物馆
	眉山	三苏祠博物馆
	自贡	中国彩灯博物馆
	攀枝花	攀枝花中国三线建设博物馆
	宜宾	宜宾市博物院
	达州	达州市博物馆
国家三级博物馆（26 家）	成都	大邑刘氏庄园博物馆、彭州市博物馆、四川易园园林艺术博物馆、成都川菜博物馆、成都华通博物馆、成都三和老爷车博物馆、成都蜀锦织绣博物馆
	巴中	红四方面军总指挥部旧址纪念馆、川陕革命根据地博物馆、南江县博物馆、川陕苏区将帅碑林纪念馆
	阿坝	汶川县博物馆、茂县羌族博物馆、5・12 汶川特大地震映秀震中纪念馆
	德阳	什邡市博物馆、绵竹市汉旺地震遗址公园
	广元	皇泽寺博物馆
	宜宾	宜宾市赵一曼纪念馆

续表

性质	属地	馆名
国家三级博物馆（26 家）	资阳	陈毅纪念馆
	达州	渠县历史博物馆
	遂宁	射洪市书画博物馆
	内江	内江市张大千纪念馆
	泸州	古蔺县红军长征四渡赤水博物馆
	南充	朱德铜像纪念园
	眉山	丹棱县大雅堂博物馆
	凉山	凉山彝族自治州奴隶社会博物馆

截至“十三五”期末，全省共核定登记不可移动革命文物 1900 余处。其中，全国重点革命文物保护单位 22 处、省级革命文物保护单位 214 处、市县级革命文物保护单位 800 余处，馆藏可移动革命文物 5 万余件（套）。具体来说，全省 21 个市（州）183 个县（市、区）均有不同时期的革命文物遗存，并且呈现“一线（长征）二区（川陕苏区、伟人故里片区）多点”的分布形态（占全省面积的 70% 以上）。全省登记备案的革命类博物馆纪念馆陈列馆已达 70 家。其中，长征主题馆 15 家、其他主题馆 55 家（见表 3-4）。

表 3-4　四川省革命文物保护单位及文物藏品情况

类型		革命文物类数量	文物总量
全国重点文物保护单位		22 处	262 处
省级革命文物保护单位		214 处	1215 处
不可移动文物		1900 处	65231 处
登记备案博物馆纪念馆陈列馆		70 家	292 家
馆藏文物	总数	105.94 万件（套）	484.97 万件（套）
	一级文物	250 件（套）	4111 件（套）
	二级文物	619 件（套）	8526 件（套）
	三级文物	14996 件（套）	104695 件（套）

“十三五”时期，全省新增联合国教科文组织人类非物质文化遗产代表作名录项目 1 项、国家级非物质文化遗产代表性项目 14 项、省级非物质文化遗产代表性项目 88 项。新认定国家级非物质文化遗产代表性传承人 38 名、省级非物质文化遗产代表性传承人 82 名。23 个项目入选国家第一批传统工艺振兴目录。羌族文化生态保护区入选全国首批国家级文化生态保护区。嘉绒文化生态保护实验区、河曲马黄河草原文化生态保护实验区、康巴文化（甘孜）生态保护实验区、龙文化（泸县）生态保护实验区、阆中

文化生态保护实验区、白马文化生态保护实验区入选首批 6 个省级文化生态保护实验区。四川扬琴、道明竹编、峨眉武术入选国家级非物质文化遗产项目优秀保护实践案例。彝族火把节入选全国十大非遗与旅游融合发展优秀案例。此外，四川还在全国率先发布 10 条“非遗之旅”线路，公布 171 个非物质文化遗产项目体验基地。“非遗购物节”“非遗公开课”“非遗过大年”等线上传承传播活动参与人数超过 25 亿人次。

截至“十三五”期末，全省有联合国教科文组织人类非物质文化遗产代表作名录项目 7 项（占中国入选总数的 16.67%）、国家级非物质文化遗产项目 153 项（占国家级项目总数的 9.83%）、国家级非物质文化遗产代表性传承人 107 人、省级非物质文化遗产项目 611 项、省级非物质文化遗产代表性传承人 764 人、市县级非物质文化遗产项目 6806 项、市县级非物质文化遗产代表性传承人 6810 人、国家级文化生态保护区 1 个、国家级非物质文化遗产生产性保护示范基地 7 个、省级非物质文化遗产生产性保护示范基地 23 个、国家级传统工艺工作站 2 个、非物质文化遗产扶贫就业工坊 146 个、首批省级文化生态保护实验区 6 个（见表 3-5 和表 3-6）。全省共有非物质文化遗产保护中心 40 个、从业人员 375 人，其中独立核算非物质文化遗产保护中心 7 个。全省共有非物质文化遗产馆 110 个、收藏实物 54327 件 / 套、场馆面积 9.93 万平方米；共有传承体验中心 1123 个、收藏实物 44331 件 / 套、场馆面积 31.06 万平方米；共有传习所（点）32813 个、场馆面积 19.94 万平方米。

表 3-5 四川省入选联合国教科文组织人类非物质文化遗产名录（名册）项目

年份	名称	类型	类别	申报地区
2009	羌年	急需保护的非物质文化遗产名录	社会实践、仪式、节庆活动	阿坝
2009	中国雕版印刷技艺（德格印经院藏族雕版印刷技艺）	人类非物质文化遗产代表作名录	传统手工艺	甘孜
2009	格萨（斯）尔	人类非物质文化遗产代表作名录	口头传统和表现形式；社会实践、仪式、节庆活动	甘孜
2009	中国传统桑蚕丝织技艺（蜀锦织造技艺）	人类非物质文化遗产代表作名录	传统手工艺；社会实践、仪式、节庆活动	成都
2009	藏戏（德格格萨尔藏戏、巴塘藏戏、色达藏戏）	人类非物质文化遗产代表作名录	表演艺术；口头传统和表现形式；社会实践、仪式、节庆活动	甘孜
2011	中国皮影戏（四川皮影戏）	人类非物质文化遗产代表作名录	表演艺术；口头传统和表现形式；传统手工艺	南充
2018	藏医药浴法——中国藏族有关生命健康和疾病防治的知识与实践（甘孜州南派藏医药）	人类非物质文化遗产代表作名录	有关自然界和宇宙的知识和实践	甘孜

表 3-6　四川省入选国家级非物质文化遗产代表性项目名录（第 1~5 批）

序号	编号	名称	类别	批次	申报地区或单位
27	Ⅰ-27	格萨（斯）尔	民间文学	第一批	四川省
47	Ⅱ-16	巴山背二歌	传统音乐	第一批	四川省巴中市
55	Ⅱ-24	川江号子	传统音乐	第一批	四川省
58	Ⅱ-27	川北薅草锣鼓	传统音乐	第一批	四川省青川县
69	Ⅱ-38	羌笛演奏及制作技艺	传统音乐	第一批	四川省茂县
107	Ⅲ-4	龙舞（泸州雨坛彩龙）	传统舞蹈	第一批	四川省泸县
122	Ⅲ-19	弦子舞（巴塘弦子舞）	传统舞蹈	第一批	四川省巴塘县
136	Ⅲ-33	卡斯达温舞	传统舞蹈	第一批	四川省黑水县
137	Ⅲ-34	㑇舞	传统舞蹈	第一批	四川省九寨沟县
156	Ⅳ-12	川剧	传统戏剧	第一批	四川省
221	Ⅳ-77	灯戏（川北灯戏）	传统戏剧	第一批	四川省南充市
236	Ⅳ-92	木偶戏（川北大木偶戏）	传统戏剧	第一批	四川省
310	Ⅶ-11	绵竹木版年画	传统美术	第一批	四川省德阳市
313	Ⅶ-14	藏族唐卡（噶玛嘎孜画派）	传统美术	第一批	四川省甘孜州
320	Ⅶ-21	蜀绣	传统美术	第一批	四川省成都市
338	Ⅶ-39	藏族格萨尔彩绘石刻	传统美术	第一批	四川省色达县
366	Ⅷ-16	蜀锦织造技艺	传统技艺	第一批	四川省成都市
406	Ⅷ-56	成都漆艺	传统技艺	第一批	四川省成都市
408	Ⅷ-58	泸州老窖酒酿制技艺	传统技艺	第一批	四川省泸州市
414	Ⅷ-64	自贡井盐深钻汲制技艺	传统技艺	第一批	四川省自贡市
414	Ⅷ-64	自贡井盐深钻汲制技艺	传统技艺	第一批	四川省大英县
421	Ⅷ-71	竹纸制作技艺	传统技艺	第一批	四川省夹江县
430	Ⅷ-80	德格印经院藏族雕版印刷技艺	传统技艺	第一批	四川省德格县
448	Ⅸ-9	藏医药（甘孜州南派藏医药）	传统医药	第一批	四川省甘孜州
458	Ⅹ-10	火把节（彝族火把节）	民俗	第一批	四川省凉山州
466	Ⅹ-18	羌族瓦尔俄足节	民俗	第一批	四川省阿坝州
478	Ⅹ-30	都江堰放水节	民俗	第一批	四川省都江堰市
562	Ⅰ-75	彝族克智	民间文学	第二批	四川省美姑县
58	Ⅱ-27	薅草锣鼓（川东土家族薅草锣鼓）	传统音乐	第二批	四川省宣汉县
61	Ⅱ-30	多声部民歌（羌族多声部民歌）	传统音乐	第二批	四川省松潘县
61	Ⅱ-30	多声部民歌（硗碛多声部民歌）	传统音乐	第二批	四川省雅安市

续表

序号	编号	名称	类别	批次	申报地区或单位
587	Ⅱ -88	南坪曲子	传统音乐	第二批	四川省九寨沟县
601	Ⅱ -102	制作号子（竹麻号子）	传统音乐	第二批	四川省邛崃市
614	Ⅱ -115	藏族民歌（川西藏族山歌）	传统音乐	第二批	四川省甘孜州
614	Ⅱ -115	藏族民歌（川西藏族山歌）	传统音乐	第二批	四川省阿坝州
614	Ⅱ -115	藏族民歌（川西藏族山歌）	传统音乐	第二批	四川省炉霍县
614	Ⅱ -115	藏族民歌（玛达咪山歌）	传统音乐	第二批	四川省九龙县
627	Ⅱ -128	洞经音乐（文昌洞经古乐）	传统音乐	第二批	四川省梓潼县
635	Ⅱ -136	口弦音乐	传统音乐	第二批	四川省布拖县
638	Ⅱ -139	道教音乐（成都道教音乐）	传统音乐	第二批	四川省成都市
107	Ⅲ -4	龙舞（黄龙溪火龙灯舞）	传统舞蹈	第二批	四川省双流区
123	Ⅲ -20	锅庄舞（甘孜锅庄）	传统舞蹈	第二批	四川省石渠县
123	Ⅲ -20	锅庄舞（甘孜锅庄）	传统舞蹈	第二批	四川省雅江县
123	Ⅲ -20	锅庄舞（甘孜锅庄）	传统舞蹈	第二批	四川省新龙县
123	Ⅲ -20	锅庄舞（甘孜锅庄）	传统舞蹈	第二批	四川省德格县
123	Ⅲ -20	锅庄舞（马奈锅庄）	传统舞蹈	第二批	四川省金川县
652	Ⅲ -55	翻山铰子	传统舞蹈	第二批	四川省平昌县
659	Ⅲ -62	羌族羊皮鼓舞	传统舞蹈	第二批	四川省汶川县
663	Ⅲ -66	得荣学羌	传统舞蹈	第二批	四川省得荣县
664	Ⅲ -67	甲搓	传统舞蹈	第二批	四川省盐源县
665	Ⅲ -68	博巴森根	传统舞蹈	第二批	四川省理县
224	Ⅳ -80	藏戏（德格格萨尔藏戏）	传统戏剧	第二批	四川省德格县
224	Ⅳ -80	藏戏（巴塘藏戏）	传统戏剧	第二批	四川省巴塘县
224	Ⅳ -80	藏戏（色达藏戏）	传统戏剧	第二批	四川省色达县
235	Ⅳ -91	皮影戏（四川皮影戏）	传统戏剧	第二批	四川省阆中市
235	Ⅳ -91	皮影戏（四川皮影戏）	传统戏剧	第二批	四川省南部县
768	Ⅴ -75	四川扬琴	曲艺	第二批	四川省曲艺团
768	Ⅴ -75	四川扬琴	曲艺	第二批	四川省音乐舞蹈研究所
768	Ⅴ -75	四川扬琴	曲艺	第二批	成都艺术剧院
769	Ⅴ -76	四川竹琴	曲艺	第二批	四川省成都艺术剧院
770	Ⅴ -77	四川清音	曲艺	第二批	四川省成都艺术剧院
784	Ⅴ -91	金钱板	曲艺	第二批	四川省成都市

续表

序号	编号	名称	类别	批次	申报地区或单位
795	Ⅵ-23	峨眉武术	传统体育、游艺与杂技	第二批	四川省峨眉山市
345	Ⅶ-46	竹刻（江安竹簧）	传统美术	第二批	四川省江安县
346	Ⅶ-47	泥塑（徐氏泥彩塑）	传统美术	第二批	四川省大英县
350	Ⅶ-51	竹编（渠县刘氏竹编）	传统美术	第二批	四川省渠县
350	Ⅶ-51	竹编（青神竹编）	传统美术	第二批	四川省青神县
350	Ⅶ-51	竹编（瓷胎竹编）	传统美术	第二批	四川省邛崃市
830	Ⅶ-54	草编（沐川草龙）	传统美术	第二批	四川省沐川县
832	Ⅶ-56	石雕（白花石刻）	传统美术	第二批	四川省广元市
832	Ⅶ-56	石雕（安岳石刻）	传统美术	第二批	四川省安岳县
840	Ⅶ-64	藏文书法（德格藏文书法）	传统美术	第二批	四川省德格县
841	Ⅶ-65	木版年画（夹江年画）	传统美术	第二批	四川省夹江县
852	Ⅶ-76	羌族刺绣	传统美术	第二批	四川省汶川县
853	Ⅶ-77	民间绣活（麻柳刺绣）	传统美术	第二批	四川省广元市
864	Ⅶ-88	糖塑（成都糖画）	传统美术	第二批	四川省成都市
376	Ⅷ-26	扎染技艺（自贡扎染技艺）	传统技艺	第二批	四川省自贡市
390	Ⅷ-40	银饰制作技艺（彝族银饰制作技艺）	传统技艺	第二批	四川省布拖县
431	Ⅷ-81	制扇技艺（龚扇）	传统技艺	第二批	四川省自贡市
881	Ⅷ-98	陶器烧制技艺（藏族黑陶烧制技艺）	传统技艺	第二批	四川省稻城县
881	Ⅷ-98	陶器烧制技艺（荥经砂器烧制技艺）	传统技艺	第二批	四川省荥经县
884	Ⅷ-101	毛纺织及擀制技艺（彝族毛纺织及擀制技艺）	传统技艺	第二批	四川省昭觉县
884	Ⅷ-101	毛纺织及擀制技艺（藏族牛羊毛编织技艺）	传统技艺	第二批	四川省色达县
903	Ⅷ-120	藏族金属锻造技艺（藏族锻铜技艺）	传统技艺	第二批	四川省白玉县
904	Ⅷ-121	成都银花丝制作技艺	传统技艺	第二批	四川省成都市青羊区
911	Ⅷ-128	彝族漆器髹饰技艺	传统技艺	第二批	四川省喜德县
923	Ⅷ-140	伞制作技艺（油纸伞制作技艺）	传统技艺	第二批	四川省泸州市江阳区
927	Ⅷ-144	蒸馏酒传统酿造技艺（五粮液酒传统酿造技艺）	传统技艺	第二批	四川省宜宾市
927	Ⅷ-144	蒸馏酒传统酿造技艺（水井坊酒传统酿造技艺）	传统技艺	第二批	四川省成都市

续表

序号	编号	名称	类别	批次	申报地区或单位
927	Ⅷ-144	蒸馏酒传统酿造技艺（剑南春酒传统酿造技艺）	传统技艺	第二批	四川省绵竹市
927	Ⅷ-144	蒸馏酒传统酿造技艺（古蔺郎酒传统酿造技艺）	传统技艺	第二批	四川省古蔺县
927	Ⅷ-144	蒸馏酒传统酿造技艺（沱牌曲酒传统酿造技艺）	传统技艺	第二批	四川省射洪市
935	Ⅷ-152	黑茶制作技艺（南路边茶制作技艺）	传统技艺	第二批	四川省雅安市
938	Ⅷ-155	豆瓣传统制作技艺（郫县豆瓣传统制作技艺）	传统技艺	第二批	四川省成都市郫都区
939	Ⅷ-156	豆豉酿制技艺（潼川豆豉酿制技艺）	传统技艺	第二批	四川省三台县
969	Ⅷ-186	藏族碉楼营造技艺	传统技艺	第二批	四川省丹巴县
442	Ⅸ-3	中药炮制技术（中药炮制技艺）	传统医药	第二批	四川省成都市
988	Ⅹ-81	灯会（自贡灯会）	民俗	第二批	四川省自贡市
989	Ⅹ-82	羌年	民俗	第二批	四川省茂县
989	Ⅹ-82	羌年	民俗	第二批	四川省汶川县
989	Ⅹ-82	羌年	民俗	第二批	四川省理县
989	Ⅹ-82	羌年	民俗	第二批	四川省北川羌族自治县
994	Ⅹ-87	抬阁（芯子、铁枝、飘色）（大坝高装）	民俗	第二批	四川省兴文县
994	Ⅹ-87	抬阁（芯子、铁枝、飘色）（青林口高抬戏）	民俗	第二批	四川省江油市
1011	Ⅹ-104	三汇彩亭会	民俗	第二批	四川省渠县
1035	Ⅰ-91	禹的传说	民间文学	第三批	四川省汶川县
1035	Ⅰ-91	禹的传说	民间文学	第三批	四川省北川羌族自治县
1066	Ⅰ-122	羌戈大战	民间文学	第三批	四川省汶川县
614	Ⅱ-115	藏族民歌（藏族赶马调）	传统音乐	第三批	四川省冕宁县
635	Ⅱ-136	口弦音乐	传统音乐	第三批	四川省北川羌族自治县
637	Ⅱ-138	佛教音乐（觉囊梵音）	传统音乐	第三批	四川省壤塘县
1091	Ⅲ-102	跳曹盖	传统舞蹈	第三批	四川省平武县
870	Ⅶ-94	盆景技艺（川派盆景技艺）	传统美术	第三批	四川省盆景艺术家协会
1154	Ⅶ-97	棕编（新繁棕编）	传统美术	第三批	四川省成都市新都区
1163	Ⅶ-106	藏族编织、挑花刺绣工艺	传统美术	第三批	四川省阿坝州
375	Ⅷ-25	蜡染技艺（苗族蜡染技艺）	传统技艺	第三批	四川省珙县

续表

序号	编号	名称	类别	批次	申报地区或单位
969	Ⅷ-186	碉楼营造技艺（羌族碉楼营造技艺）	传统技艺	第三批	四川省汶川县
969	Ⅷ-186	碉楼营造技艺（羌族碉楼营造技艺）	传统技艺	第三批	四川省茂县
1204	Ⅹ-129	彝族年	民俗	第三批	四川省凉山州
1214	Ⅹ-139	婚俗（彝族传统婚俗）	民俗	第三批	四川省美姑县
1235	Ⅰ-141	毕阿史拉则传说	民间文学	第四批	四川省金阳县
1246	Ⅰ-152	玛牧	民间文学	第四批	四川省喜德县
61	Ⅱ-30	多声部民歌（阿尔麦多声部民歌）	传统音乐	第四批	四川省黑水县
627	Ⅱ-128	洞经音乐（邛都洞经音乐）	传统音乐	第四批	四川省西昌市
1252	Ⅱ-158	西岭山歌	传统音乐	第四批	四川省大邑县
1257	Ⅱ-163	毕摩音乐	传统音乐	第四批	四川省美姑县
679	Ⅲ-82	堆谐（甘孜踢踏）	传统舞蹈	第四批	四川省甘孜县
1275	Ⅲ-122	古蔺花灯	传统舞蹈	第四批	四川省古蔺县
1276	Ⅲ-123	登嘎甘㑇（熊猫舞）	传统舞蹈	第四批	四川省九寨沟县
236	Ⅳ-92	木偶戏（中型杖头木偶戏）	传统戏剧	第四批	四川省资中县
1119	Ⅳ-157	阳戏（射箭提阳戏）	传统戏剧	第四批	四川省广元市昭化区
350	Ⅶ-51	竹编（道明竹编）	传统美术	第四批	四川省崇州市
1318	Ⅶ-114	毕摩绘画	传统美术	第四批	四川省美姑县
883	Ⅷ-100	传统棉纺织技艺（傈僳族火草织布技艺）	传统技艺	第四批	四川省德昌县
893	Ⅷ-110	地毯织造技艺（阆中丝毯织造技艺）	传统技艺	第四批	四川省阆中市
937	Ⅷ-154	酱油酿造技艺（先市酱油酿造技艺）	传统技艺	第四批	四川省合江县
992	Ⅹ-85	民间信俗（康定转山会）	民俗	第四批	四川省康定市
997	Ⅹ-90	祭祖习俗（凉山彝族尼木措毕祭祀）	民俗	第四批	四川省美姑县
1369	Ⅹ-156	彝族服饰	民俗	第四批	四川省昭觉县
107	Ⅲ-4	龙舞（安仁板凳龙）	传统舞蹈	第五批	四川省达州市
1422	Ⅳ-168	端公戏（旺苍端公戏）	传统戏剧	第五批	四川省广元市
1444	Ⅵ-83	藏棋	传统体育、游艺与杂技	第五批	四川省阿坝州
1455	Ⅵ-94	青城武术	传统体育、游艺与杂技	第五批	四川省成都市都江堰市
1461	Ⅵ-100	滑竿（华蓥山滑竿抬幺妹）	传统体育、游艺与杂技	第五批	四川省广安市

续表

序号	编号	名称	类别	批次	申报地区或单位
313	Ⅶ -14	藏族唐卡（郎卡杰唐卡）	传统美术	第五批	四川省甘孜州
1471	Ⅶ -123	藤编（怀远藤编）	传统美术	第五批	四川省成都市崇州市
1478	Ⅶ -130	彝族刺绣（凉山彝族刺绣）	传统美术	第五批	四川省凉山州
411	Ⅷ -61	酿醋技艺（保宁醋传统酿造工艺）	传统技艺	第五批	四川省南充市
898	Ⅷ -115	手工制鞋技艺（唐昌布鞋制作技艺）	传统技艺	第五批	四川省成都市郫都区
931	Ⅷ -148	绿茶制作技艺（蒙山茶传统制作技艺）	传统技艺	第五批	四川省雅安市
1518	Ⅷ -272	川菜烹饪技艺	传统技艺	第五批	四川省
1530	Ⅷ -284	彝族传统建筑营造技艺（凉山彝族传统民居营造技艺）	传统技艺	第五批	四川省凉山州
441	Ⅸ -2	中医诊疗法（李仲愚杵针疗法）	传统医药	第五批	四川省

（三）公共服务

截至“十三五”期末，全省共有各级文化和旅游、文物部门所属单位 5624 个（见表 3-7），从业人员 36788 人。纳入统计范围的全省各类文化和旅游机构总计 23882 个、从业人员 161021 人。其中，公共文化机构从业人员 10991 人（见表 3-8）。全省共有公共图书馆机构数 207 个、从业人员 2365 人、公共图书馆实际使用房屋面积 69.79 万平方米、图书总藏量 4350.47 万册、人均拥有图书馆图书藏量 0.52 册、阅览室面积 25.55 万平方米、阅览室座席数 62588 个。全省公共图书馆共有志愿者服务队伍数 327 个、志愿者服务人数 13831 人。全省共有群众文化机构 4438 个、社区文化服务中心 7833 个、村文化服务中心 26058 个、从业人员 11190 人。全省群众文化机构实际使用房屋面积 228.76 万平方米。全省文化馆（站）共有志愿者服务队伍数 19623 个、志愿者服务人数 399577 人。全省共有美术馆（含书画院挂牌）55 个、实际使用房屋面积 5.12 万平方米、藏品数 16143 件。全省美术馆共有志愿者服务队伍数 38 支、志愿者服务人数 1009 人。截至“十三五”期末，四川省已构建起全国数量最多、网点最广的公共文化服务设施网络。

表 3-7 “十三五”时期全省文化和旅游部门所属单位基本情况

（单位：个）

年份	艺术表演团体	艺术表演场所	公共图书馆	美术馆	文化馆	综合文化站	公共博物馆	文物保护管理机构
2016	50	45	203	40	207	4574	239	178
2017	52	45	204	40	207	4578	255	173

续表

年份	艺术表演团体	艺术表演场所	公共图书馆	美术馆	文化馆	综合文化站	公共博物馆	文物保护管理机构
2018	52	42	204	41	207	4574	252	172
2019	49	40	206	48	207	4410	256	172
2020	47	35	207	55	207	4231	258	175

表 3–8　“十三五”时期全省公共文化机构从业人员情况

（单位：人）

年份	从业人员	专业技术人员	高级职称	中级职称
2016	12062	5255	532	1970
2017	12288	5478	540	1942
2018	11679	5164	563	1984
2019	12151	5336	607	2071
2020	10991	5057	561	2111

截至“十三五”期末，全省成功创建国家公共文化服务体系示范区 4 个、示范项目 8 个（见表 3–9），设立省级公共文化服务体系示范县 7 个；成功申报国家级民间文化艺术之乡 58 个，命名省级民间文化艺术之乡 257 个。此外，还举办四川省乡村艺术节、四川省少数民族艺术节、四川省群众广场舞展演，开展四川省“群星奖”评选，成功打造“百舟竞渡迎端午”“千龙千狮闹新春”“万人赏月诵中秋”三个传统节日重大群众文化活动品牌。

表 3–9　“十三五”时期四川省创建国家公共文化服务体系示范区和示范项目情况

国家公共文化服务体系示范区	成都
	南充
	乐山
	攀枝花
国家公共文化服务体系示范项目	阿坝“藏羌戏曲进校园”项目
	巴中“文化智慧服务管理平台建设”项目
	达州“全国新农村文化艺术展演平台建设”项目
	眉山“丹棱县引导民间众筹文化院坝建设”项目
	乐山“文瀚嘉州百姓直通车”项目
	宜宾“珙县农民文化理事会机制建设”项目
	泸州“泸县农民演艺网”项目
	攀枝花“大地书香新农村家园工程”项目

二、文化产业发展情况

（一）文化资源

四川历史文化悠久，以三星堆、金沙遗址为代表的古蜀文明璀璨而神秘，三国文化、民族文化、宗教文化、红色文化灿烂多姿。2019 年 1 月启动的四川省文化和旅游资源普查工作在对全省 21 个市（州）的 183 个县（市、区）进行全方位系统化的文化资源普查后，共查明文化资源 305.74 万个（见图 3-2）。具体来说，古籍 1877945 册、美术馆藏品 25260 件、地方戏曲剧种 11 种、传统器乐乐种 92 种、非物质文化遗产 8098 项、可移动文物 1081503 件（套）、不可移动文物 64508 处。其中，古籍收藏数量位居全国前五，西部第一；不可移动文物中的石窟寺及石刻类数量位居全国第一。

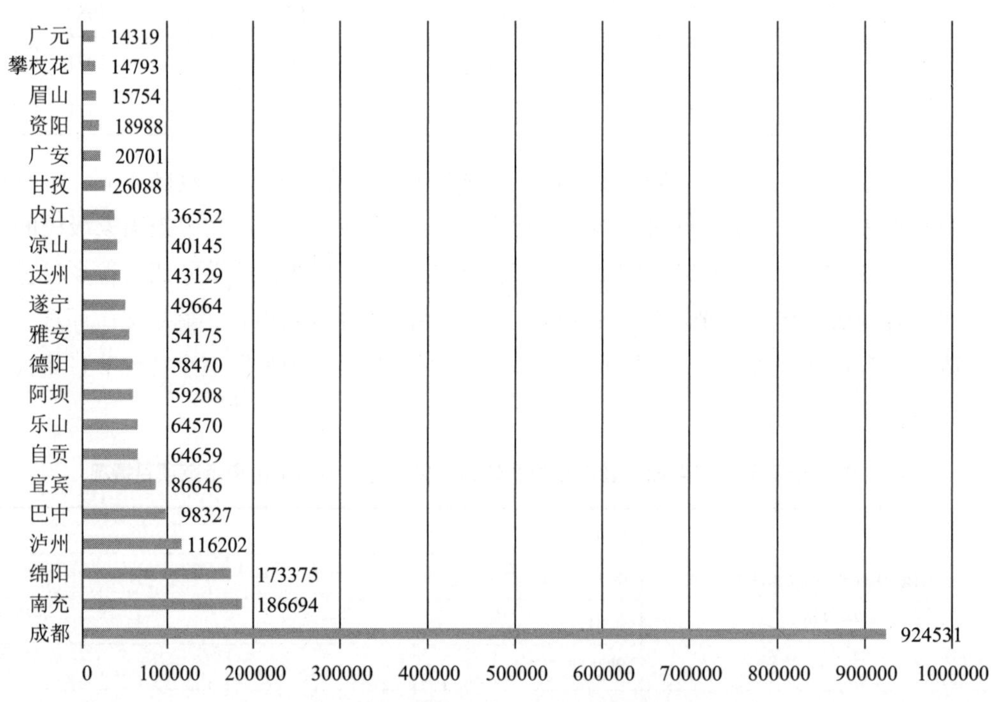

图 3-2　四川省各市（州）文化资源分布情况

（二）经济指标

“十三五”时期，全省文化产业增加值从 2015 年的 1141.21 亿元增至 2020 年的 2037 亿元（见图 3-3）。全省文化产业增加值占地区生产总值的比重从 2015 年的 3.8% 上升至 2020 年的 4.2%。截至“十三五”期末，全省文化市场统计系统中的文化市场经营单位共有 25926 个、从业人员 197800 人、营业收入 87.86 亿元。其中，互联网上网服务营业场所 13222 个、从业人员 21928 人、营业收入 16.48 亿元；娱乐场所 7651 个、从业人员 87207 人、营业收入 27.61 亿元；经营性互联网文化单位 2730 个、从业人员 65051 人、营业收入 30.67 亿元；非公有制艺术表演团体 1226 个、从业人员 19193 人、营业收入 3.15 亿元；演出经纪机构 484 个、从业人员 9712 人、营业收入 5.43 亿元；艺术品经营机构 321 个、从业人员 850 人、营业收入 1.89 亿元；非公有制艺术表演场馆 292 个、从业人员 1536 人、营业收入 2.63 亿元。特色文化产业呈现集群性、聚合性发展的良好态势，涌现出青神竹编、绵竹年画等一大批四川特色文化产业品牌。

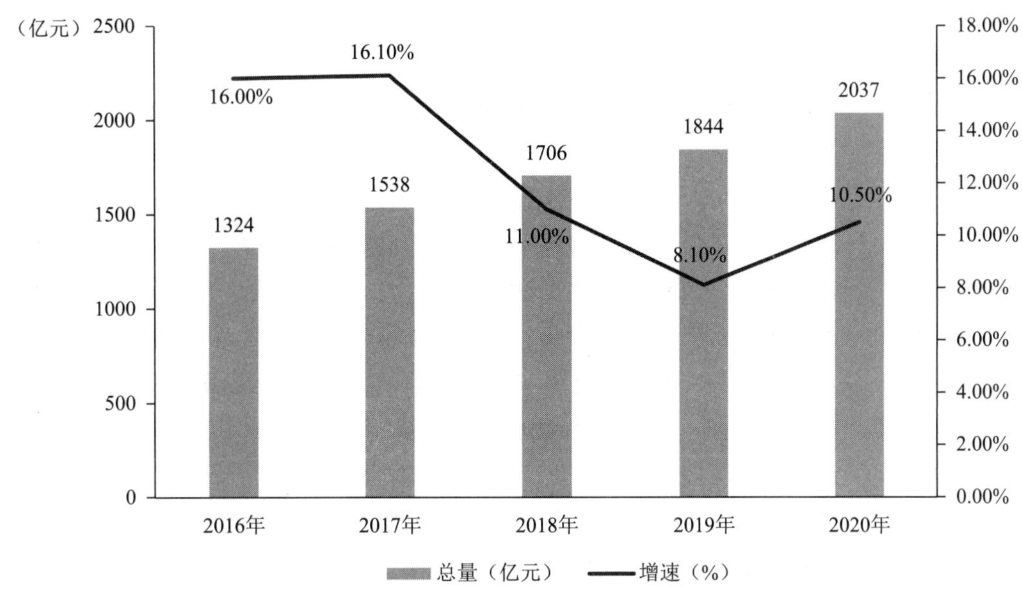

图 3-3 “十三五”时期四川省文化产业增加值及增速变动情况

就西部地区而言，四川的文化产业发展水平稳居西部第一。其中，在文化产业增加值、规模以上文化及相关产业企业法人单位数、出版物、广播电视综合覆盖率等方面均位居西部第一。从全国范围来看，与发达地区相比，四川文化产业发展还存在一定的差距。以文化产业增加值为例，2019 年的四川文化产业增加值占比要比全国平均水平低 0.52 个百分点，四川文化产业的主要经济指标在全国各省（自治区、直辖市）中排在第 10 位左右。尤其需要指出的是，这个排名甚至低于四川经济总量在全国的排名。此外，四川文化产业的支柱型业态偏少、文化产业中的龙头企业不多、文化产业的整体竞争力偏弱等问题依然十分突出。值得一提的是，2020 年，四川文化新业态特征较为明显的 16 个行业实现营业收入 790.8 亿元，同比增长 117.1%，增幅比全国高 95 个百分点（见表 3-10）。这意味着，随着文化生产、传播和消费的数字化、网络化、智能化进程不断加快，基于互联网和移动互联网的新兴文化业态很可能在“文化新基建”的大背景下实现跨越式发展，并有望成为驱动四川文化产业发展的新增长点。

表 3-10　2020 年四川部分文化新业态行业营业收入情况

行业	四川		全国	
	营收总量（亿元）	营收增速（%）	营收总量（亿元）	营收增速（%）
多媒体、游戏动漫和数字出版软件开发	441.18	76.0	9979.93	19.7
可穿戴智能文化设备制造	154.16	5090.1	985.08	73.8
互联网广告服务	108.08	153.4	4915.53	35.7
动漫、游戏数字内容服务	11.68	103.7	198.58	4.1
互联网游戏服务	7.61	120.4	2010.88	3.0

（三）园区基地

截至“十三五”期末，全省共有国家文化和旅游消费示范城市 1 个（成都）、试点城市 2 个（泸州、南充）、国家级文化产业示范园区 1 个（成都青羊绿舟文化产业园区）、国家级文化产业示范园区创建单位 1 个（成都梵木文化产业园）、国家动漫游戏产业（四川）振兴基地 1 个、国家文化出口基地 1 个（自贡）、国家级文化和科技融合示范基地 2 个（成都、绵阳）、国家级文化产业示范基地 15 个（见表 3-11）、省级文化产业试验园区 5 个（中国自贡彩灯文化产业园、锦江区文化创意产业园、宜宾南溪文化创意产业园、眉山东坡宋城、四川乐山艺术根雕博览园）、省级文化产业示范园区 11 个（见表 3-12）、省级文化产业示范基地 59 个（见表 3-13）。

表 3-11　四川省入选国家文化产业示范基地名单

市（州）	名称
成都	成都市锦里公司
	成都建川博物馆
	成都市三圣乡五朵金花
	成都市兴文投资发展有限公司
	成都洛带客家文化产业开发有限责任公司
	成都演艺集团有限公司
	成都传媒文化投资有限公司
广元	广元女皇文化园
	四川省剑门关景区开发有限责任公司
自贡	自贡市灯贸委管理委员会
德阳	广汉三星堆文化产业园

续表

市（州）	名称
遂宁	四川天遂文化旅游集团有限公司
乐山	四川乐山乌木珍品文化博物苑有限公司
阿坝	阿坝州九寨沟演艺产业群
凉山	凉山文化广播电影电视传媒有限公司

表 3-12　四川省文化产业示范园区名单

市（州）	名称
成都	成都安仁（中国）博物馆小镇
	成都龙泉（中国）艺库
	成都蒲江明月国际陶艺村
	成都梵木创艺区
	成都西村文化创意产业园
广元	广元蜀汉文化产业园
遂宁	遂宁观音文化产业园
绵阳	绵阳万生 126 文化创意产业园
眉山	眉山柳江古镇
雅安	雅安芦山根雕文化产业园
南充	南充都京丝绸文化产业园

表 3-13　四川省文化产业示范基地名单

市（州）	名称
成都（20 个）	成都桃花故里农家乐经营管理有限公司
	成都文旅资产运营管理有限责任公司（宽窄巷子历史文化保护区）
	四川天晟商业经营管理有限公司（文殊坊项目）
	成都许燎源现代设计艺术博物馆
	四川省锦城艺术宫
	四川华创天府数字技术有限公司
	成都市红星路 35 号文化创意产业园
	成都黄龙溪文化古镇
	四川浓园画家村

续表

市（州）	名称
成都（20个）	成都东区音乐公园
	成都国际非物质文化遗产博览园
	成都蓝顶创意产业有限公司
	成都龙潭裕都实业有限公司
	成都天府华侨城实业发展有限公司欢乐谷旅游分公司
	成都市琉璃旅游投资开发有限责任公司
	四川润茂丝绸有限公司
	成都东虹商业服务管理有限公司
	四川环福置地有限公司
	咪咕音乐有限公司（音乐产业基地）
	成都市锦思文化传播有限公司（对外文化贸易基地）
绵阳（5个）	绵阳安县羌王城文化产业园
	绵阳国术文化传播有限公司
	绵阳文化旅游集团有限公司
	北川绣娘文化产业开发有限公司
	北川羌族自治县和谐旅游开发有限公司
泸州（5个）	泸州酒业集中发展区
	四川泸县农民演艺中心
	泸州天星影视艺术学校
	四川天赐泸州文化产业发展有限责任公司
	泸州纳溪乐道旅游开发有限责任公司（音乐产业基地）
遂宁（4个）	遂宁市天上宫观音民俗文化博览苑
	中国死海旅游度假有限责任公司
	遂宁观音文化产业园
	遂宁大英文化产业园区管理委员会
凉山（4个）	凉山文化广播电影电视传媒有限公司
	凉山州贾佳彝族传统服饰生产有限公司
	凉山州会理绿陶文化开发有限公司
	喜德县犇驰彝族漆器有限公司

续表

市（州）	名称
广元（3个）	广元昭化古城三国文化产业园
	广元剑门关旅游文化产业发展园区
	广元市利州区川北民俗文化博览园
阿坝（3个）	阿坝州岷江源实业开发有限责任公司岷江源歌舞大剧院
	茂县羌地文化旅游发展有限责任公司
	阿坝州九寨千古情旅游发展有限公司
德阳（2个）	德阳绵竹年画村
	四川（白马关）三国文化产业园
眉山（2个）	眉山东坡文化产业园
	四川洪雅县幺麻子食品有限公司
自贡（2个）	自贡灯贸有限公司
	自贡龙乡文化产业园
内江（2个）	内江大千文化旅游产业园
	内江隆昌文化发展有限公司
南充（2个）	南充鹏来兴达旅游开发有限责任公司
	四川银河地毯有限公司
宜宾（1个）	四川宜宾九彩虹观光生态农业科技园
巴中（1个）	巴中南龛文化产业园
攀枝花（1个）	攀枝花市仁和区苴却砚文化产业园区
甘孜（1个）	甘孜州格萨尔王文化发展有限公司
乐山（1个）	四川德胜集团文化旅游投资发展有限公司（音乐产业基地）

总的来看，虽然四川在“十三五”时期的文化事业成绩斐然，文化产业健康发展，但依然存在文化发展不平衡不充分的突出问题。一方面，四川的公共文化服务还难以有效满足人民群众的多元化、便捷化、品质化需求；另一方面，四川的文化产业还存在新发展动能欠缺、高科技含量不足、品牌影响力不够、市场竞争力不强、国际化程度不高等问题。具体来说：

在艺术创作方面，虽然四川在“十三五”时期的艺术精品力作不断涌现，但依然存在“高原”不深厚、“高峰”不突出，在全国具有影响力的精品力作不多等问题。为此，四川要不断优化创作环境、不断完善创作机制、不断扩大创作队伍、不断提高创作质量，尽快使四川的整体艺术创作实力和艺术作品水平进入全国第一方阵。

在文化遗产方面，虽然四川在“十三五”时期的博物馆建设、文物保护利用、非物质文化遗产保护传承等方面都取得了令人瞩目的成绩，但还需进一步探索高科技手段在考古发掘和文化遗产保护中的应用，进一步提高全省的可移动文物展示传播水平和非物质文化遗产系统性保护水平，进一步开展对石窟寺、六江流域、巴蜀文明遗存等考古遗存的专项调查。

在公共服务方面，虽然四川在“十三五”时期已基本建成战线最长、数量最多、服务最广的覆盖全省的五级公共文化服务网络，但由于全省各地区之间发展的不平衡不充分等制约公共文化服务保障的问题仍然十分突出。为此，还需进一步统筹“一核五带”区域公共文化服务的协调发展，从而实现更高水平、更高质量的公共文化服务均衡发展。

在经济指标方面，虽然四川在“十三五”时期的文化产业发展已经稳居西部第一，但与发达地区相比，还存在一定的差距，且文化产业主要经济指标排名低于四川经济总量的全国排名。为此，四川要以加快发展数字文化产业为突破点，优化四川文化产业结构；以推动音乐产业体系建设为切入点，积极发展特色文化产业；以探索文化与科技的融合为着力点，推动传统业态转型升级；以加强重点企业文化出口为关键点，积极发展对外文化贸易。

三、旅游业发展情况

（一）旅游资源

四川的自然资源丰富，拥有世界级旅游资源 26 个。九寨沟、黄龙、大熊猫栖息地是世界自然遗产，青城山—都江堰是世界文化遗产，峨眉山—乐山大佛是世界文化和自然遗产。四川共有 5A 级旅游景区 15 家、国家级风景名胜区 15 处。根据四川省文化和旅游资源普查工程公布的数据，全省共有旅游资源 24.57 万个（其中新发现新认定 6.51 万处、五级旅游资源 1864 处、四级旅游资源 5250 处）。具体来说，建筑与设施 106966 处、历史遗迹 39185 处、生物景观 31850 处、地文景观 20919 处、水域景观 17716 处、旅游购品（文创产品）17004 处、人文活动 8993 处、天象与气候景观 3115 处（见图 3-4）。其中，可利用的高山、极高山资源数量位居全球第一，地表钙华景观品质位居全球第一，金丝猴分布为全球最集中分布区，大熊猫种群数量位居全国第一，竹林总面积位居全国第一，乡村旅游资源数量位居全国第一，特色街区、景观农林牧场所数量位居西部第一。

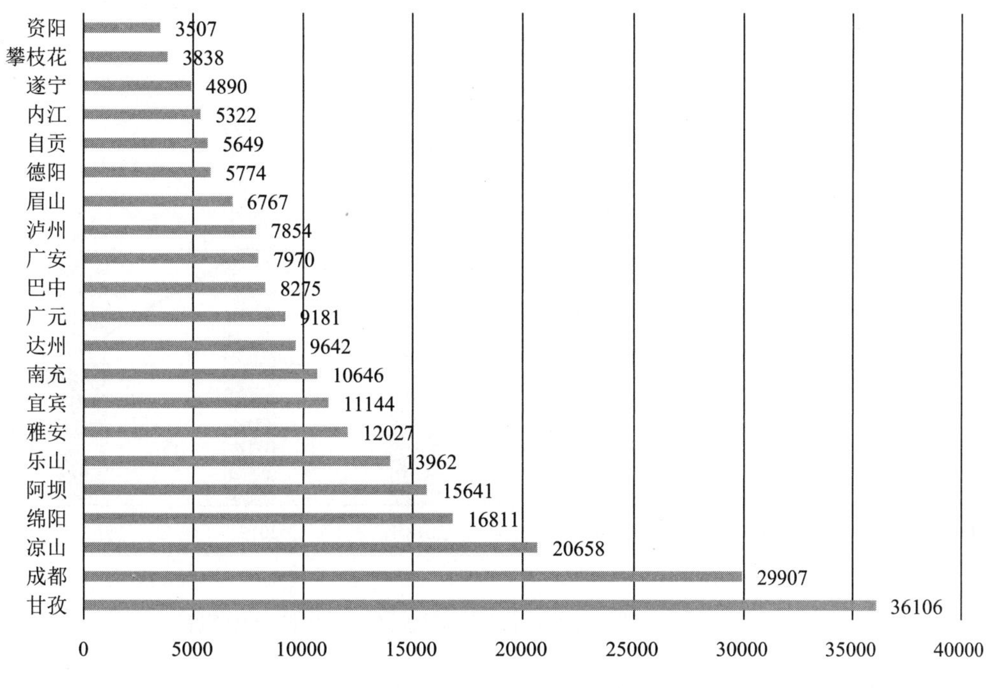

图 3-4　四川省各市（州）旅游资源分布情况

（二）经济指标

“十三五”时期，全省的旅游总收入、国内旅游收入、旅游外汇收入分别从 2015 年的 6210.57 亿元、6137.60 亿元、11.81 亿美元增至 2019 年的 11594.3 亿元、11454.5 亿元、20.2 亿美元，年均增速分别为 16.9%、16.9%、14.4%，成为中西部第一个旅游总收入过万亿元的省份。旅游总人数、国内旅游人数、入境旅游人数分别从 2015 年的 5.88 亿人次、5.85 亿人次、273.2 万人次增至 2019 年的 7.54 亿人次、7.5 亿人次、414.8 万人次，年均增速分别为 6.4%、6.4%、11.0%（见表 3-14 和图 3-5）。由于受新冠疫情影响，2020 年的数据不具有代表性，下文将专门分析。

表 3-14　“十三五”时期四川省旅游业的主要经济指标

年份	入境旅游人数（万人次）	出境旅游人数（万人次）	国内旅游人数（亿人次）	入境游收入（亿美元）	国内旅游收入（亿元）	旅游总收入（亿元）
2016	308.8	183.6	6.3	12.46	7600.5	7705.5
2017	336.2	167.1	6.7	14.50	8825.4	8923.1
2018	369.8	170.5	7.0	15.10	10012.8	10112.8
2019	414.8	184.4	7.5	20.24	11454.5	11594.3
2020	20.1	8.9	4.5	0.47	7170.1	7173.3

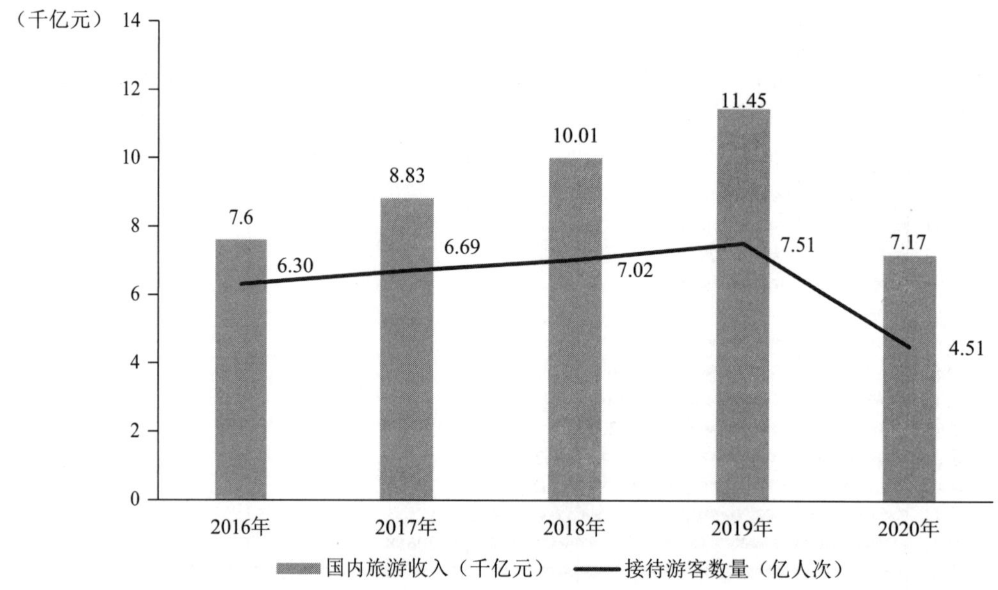

图 3-5 “十三五”时期四川省国内旅游收入和接待游客情况

截至“十三五”期末，全省共拥有 A 级旅游景区 716 家（5A 级旅游景区 15 家、4A 级旅游景区 284 家）、国家级旅游度假区 3 家、省级旅游度假区 49 家、省级生态旅游示范区 81 家。“十三五”时期，全省新增国家 5A 级旅游景区 5 家、国家级旅游度假区 2 家、全国乡村旅游重点村 35 个、国家全域旅游示范区 8 家、省级全域旅游示范区 16 个、省级文旅特色小镇 40 个、省级旅游度假区 20 个、省级生态旅游示范区 32 个。成功创建中国研学旅游目的地、国家研学实践基地、国家体育旅游示范基地、国家体育旅游精品赛事、国家工业遗产旅游基地各 1 个、省级研学实践基地 9 个、省级科技旅游示范基地 10 个、省级工业旅游示范基地 15 个。广元市、巴中市、四川锦江宾馆有限责任公司、四川黄龙国家级风景名胜区管理局被评为“全国旅游标准化示范单位”。成都市入选“全国夜间经济十强城市”。截至“十三五”期末，全省共拥有纳入文化和旅游部统计系统的旅行社 569 个，占登记注册旅行社总数（1336 个）的 42.59%，从业人员 8279 人。累计评定星级饭店 366 家。由于个别星级饭店在取消星级后，未及时从系统中删除，实际存续的星级饭店数量为 356 家、从业人员 32618 人。其中，五星级饭店 33 家、四星级饭店 114 家。累计评定绿色饭店 153 家，其中金树叶饭店 80 家、银树叶饭店 73 家。

（三）疫情影响

受新冠疫情冲击，2020 年全省共实现旅游收入 7173.29 亿元，同比下降 38.1%（见表 3-15）。全省 A 级旅游景区接待总人数达 32075.40 万人次，同比下降 40.4%；实现门票收入 26.79 亿元，同比下降 47.6%。全省纳入统计的旅行社共接待国内游客 236.60

万人次，同比下降 48.5%；实现主营业务收入 25.48 亿元，同比下降 76.3%。各旅行社在外联入境、接待入境、组织国内和组织出境业务上均呈下降态势，下降幅度分别为 96.7%、96.64%、62.5% 和 49.96%。全省星级饭店 2020 年共接待游客 667.14 万人次，同比下降 33%；实现营业收入 42.14 亿元，同比下降 32.6%；星级饭店平均房价 310.44 元 / 间，同比下降 5.5%；星级饭店客房平均出租率 44.11%，同比下降 24.2%。全省旅游星级饭店 2020 年共接待总人夜 833.19 万人夜，同比下降 31.68%；接待游客平均停留人夜为 1.28 夜 / 人，其中入境游客平均停留人夜为 1.42 夜 / 人；旅游星级饭店平均房价 312.9 元 / 间，同比下降 6.01%；旅游星级饭店客房出租率 44.16%，同比下降 24.29%。

表 3–15　2020 年四川省旅游业情况统计

主要指标	累计数量	同比增长
接待入境人数	24.61 万人次	–94.1%
其中：　外国人	20.10 万人次	–93.6%
台湾同胞	2.11 万人次	–94.2%
香港同胞	1.09 万人次	–93.3%
澳门同胞	1.31 万人次	–97.3%
接待入境人天数	33.50 万人天	–95.6%
其中：　外国人	26.77 万人天	–95.4%
台湾同胞	2.95 万人天	–95.3%
香港同胞	1.78 万人天	–94.0%
澳门同胞	1.99 万人天	–97.6%
外汇收入	4679.05 万美元	–97.7%
国内旅游人数	45107.41 万人次	–39.9%
其中：　一日游	23493.17 万人次	–42.9%
过夜游	21614.24 万人次	–36.4%
国内旅游收入	7170.07 亿元	–37.4%
旅游总收入	7173.29 亿元	–38.1%

从国内旅游情况来看，2020 年全省共接待过夜游游客 2.16 亿人次，占国内游客总数的 47.9%，同比下降 36.4%；接待一日游游客 2.35 亿人次，占国内游客总数的 52.1%，同比下降 42.9%。2020 年全省共接待省外游客 1.6 亿人次，同比下降 40.7%。其中，来自四川省周边的重庆市、贵州省、云南省、陕西省、青海省、西藏自治区的游客数占省外游客总数的 51.43%。具体来说，重庆市（9.59%）、贵州省（3.47%）、云南省（2.63%）、陕西省（2.25%）和广东省（1.66%）的游客数量名列省外游客总数的前五位。2020 年全省共接待省内游客 2.87 亿人次，同比下降 35%，占国内游客总量 63.7%，

比上年增加 2.2 个百分点。总的来看，国内游客 2020 年在川人均花费为 1589.55 元 / 人次，较之 2019 年增加了 63.95 元 / 人次。在新冠疫情的影响下，四川省 2020 年的国内旅游呈现三个特点：一是过夜游游客和一日游游客的人次占比相当；二是省内游客数量占国内游客总数的六成；三是周边省（自治区、直辖市）游客占省外游客总数的一半。从国内游客来川旅游的目的来看，观光游览占 34.25%、休闲度假占 26.92%、探亲访友占 12.74%、商务占 8.31%（见图 3-6）。

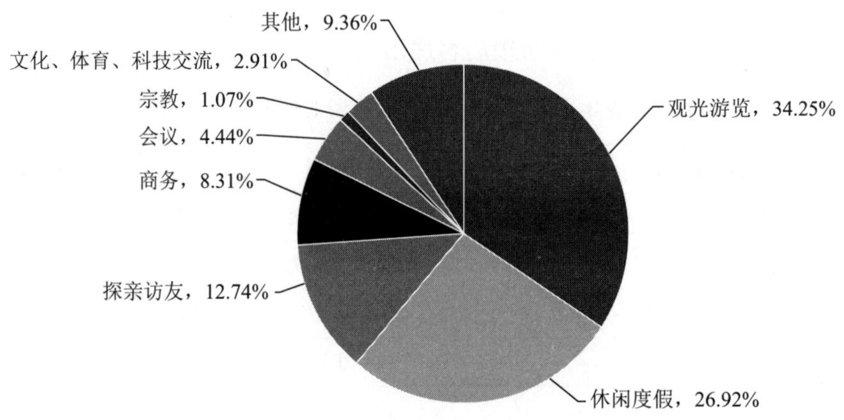

图 3-6　2020 年国内来川游客的旅游目的

与 2019 年相比，国内游客 2020 年在长途交通、住宿、景区游览上的花费均呈减少态势，而在“食、娱、购”上的花费则呈增加态势。从游客花费的构成来看，从高到低排序依次为：餐饮消费（22.1%）、购物消费（21.5%）、住宿消费（20.7%）、娱乐消费（9.3%）、交通消费（9.2%）、景区游览消费（8.5%）、通信消费（0.3%）、其他（8.4%）。具体来说，在川游客的长途交通费用占比较之 2019 年同期减少 3.3 个百分点，住宿费用占比减少 1.4 个百分点，景区游览费用占比减少 0.3 个百分点，购物花费增加 1.5 个百分点，餐饮花费增加 1.3 个百分点，娱乐花费增加 1.2 个百分点（见表 3-16）。从游客的出游方式来看，通过自驾车出游的游客占 60.37%，较之 2019 年增加 3.83 个百分点。其中，通过自驾车出游来川的外省游客占 42.04%，较之 2019 年增加 1.77 个百分点；通过旅行社组织出游的游客占 4.73%，较之 2019 年减少 2.01 个百分点，通过旅行社组织出游的外省游客占 8.21%，较之 2019 年减少 2.14 个百分点。游客旅游的花费构成变化，既意味着旅游品质的提升，也反映了新冠疫情的影响（如长途交通花费的减少和自驾车出游率的增加）。

表 3-16　2020 年来川旅游的国内游客旅游花费构成

项目名称	构成	上年同期	变动情况
花费构成合计	100.0%	100.0%	—
餐饮（食）	22.1%	20.8%	1.3%

续表

项目名称	构成	上年同期	变动情况
购物（购）	21.5%	20.0%	1.5%
住宿（住）	20.7%	22.1%	-1.4%
娱乐（娱）	9.3%	8.1%	1.2%
景区游览（游）	8.5%	8.8%	-0.3%
长途交通（行）	7.4%	10.7%	-3.3%
市内交通（行）	1.8%	1.8%	0.0%

从出入境旅游来看，受新冠疫情影响，2020 年的外国游客数量迅速减少，入境旅游市场全面萧条。2020 年全省共实现旅游外汇收入 4679.05 万美元，同比下降 97.7%；共接待入境过夜游客 24.61 万人次，同比下降 94.1%。其中，接待外国游客 20.1 万人次，同比下降 93.6%。与此同时，全省的游客出境旅行也几乎停止。全省各旅行社 2020 年共组织出境游客 8.85 万人次，同比下降 95.2%。从区域发展情况来看，虽然全省各地区之间仍然存在不平衡、不充分发展的问题，但各地区的旅游发展已初步显现出往均衡方向发展的苗头。例如，成都地区 2020 年的旅游收入占全省的比重较之 2019 年有所下降，川东北地区 2020 年的旅游收入占全省的比重较之 2019 年有所上升。

为帮助四川文旅企业渡过难关，全省各地各部门精准施策，出台一系列纾困政策措施，引领带动广大文旅企业和从业人员坚定信心、共克时艰。2020 年，全省共推进在建文旅重点项目 414 个、计划投资 1392.6 亿元、实际完成投资 1564.80 亿元、投资完成率 112.36%、同比增长 18.27%。74 个重点项目竣工并投入运营，109 个重点项目实现新开工（见表 3-17）。

表 3-17 2020 年四川省文旅重点项目清单在建项目推进情况

市（州）	项目数量（个）	2020 年计划投资（亿元）	2020 年完成投资（亿元）	投资完成率（%）
成都	39	335.61	365.55	108.92
南充	49	215.93	219.46	101.63
乐山	33	105.24	135.10	128.37
眉山	13	88.10	115.08	130.62
广元	34	59.72	87.20	146.01
宜宾	31	67.26	86.93	129.24
遂宁	18	52.00	76.63	147.37
泸州	20	58.49	65.78	112.46
攀枝花	17	77.59	61.39	79.12

续表

市（州）	项目数量（个）	2020 年计划投资（亿元）	2020 年完成投资（亿元）	投资完成率（%）
广安	20	51.12	51.26	100.27
绵阳	20	47.12	47.49	100.79
巴中	17	28.18	43.39	153.97
阿坝	13	45.65	41.96	91.92
达州	15	24.43	35.34	144.66
自贡	13	37.26	26.36	70.75
雅安	11	15.34	25.75	167.86
内江	15	15.40	23.15	150.32
德阳	14	27.45	22.54	82.11
凉山	8	20.12	15.04	74.75
资阳	8	14.87	14.49	97.44
甘孜	6	5.75	4.91	85.39
合计	414	1392.63	1564.80	112.36

为缓解文旅企业资金压力，四川在每季度举办金融机构与文旅企业的恳谈对接会。2020 年共发布 6 批次全省文旅项目融资清单，为 1185 家文旅企业和 206 个文旅重点项目梳理融资需求 1961 亿元，投放贷款 1199 亿元。2020 年全省共发行文旅地方政府专项债券 21 只，发行规模达 116.1 亿元，分别占全国同行业的 63.6% 和 44.6%。此外，还推动金融机构在天府旅游名县等县（市、区）设立 27 家文旅特色支行，推出“文旅贷”“文旅宝”“景区收益贷”“全域旅游贷”等文旅特色信贷产品和服务，为文旅企业投放贷款 141.12 亿元。为全面推进全省重点文旅项目成功招商引资和落地实施，由中共四川省委办公厅牵头，中共四川省委宣传部、四川省文化和旅游厅等部门谋划储备引领性文旅项目、积极引导文旅投资新方向。在第六届中国（四川）国际旅游投资大会上，全省共集中签约 79 个重大文化和旅游投资项目，签约金额 3280 亿元，较 2019 年分别增加 25% 和 168%。

在新媒体传播方面，根据中国旅游报社、中国社会科学院舆情调查实验室、阿里巴巴集团共建的文旅产业指数实验室发布的《2020 年 12 月全国省级文化和旅游新媒体传播力指数 TOP10 榜单》，2020 年 12 月，全国省级文化和旅游新媒体综合传播力指数排名为：四川省、山东省、江苏省、福建省、浙江省、吉林省、甘肃省、北京市、河北省、西藏自治区。其中，四川省的综合传播力指数、微博传播力指数、抖音号传播力指数在 27 个开设抖音号的省（自治区、直辖市）中皆名列第一（见表 3-18）。“遂宁文旅”和“康养汶川”分别列全国地级行政区文化和旅游主管部门抖音传播力指数、全国县级文化和旅游主管部门抖音传播力指数的第 2 位。

表 3–18　2020 年 12 月全国省级文化和旅游新媒体传播力指数一览

排名	综合传播力指数	微信传播力指数	微博传播力指数	头条号传播力指数	抖音号传播力指数
1	四川省	好客山东之声	四川文旅	好客山东	四川文旅
2	山东省	湖北文旅之声	文旅山东	微游甘肃	中国西藏旅游
3	江苏省	江苏微旅游	江苏微文旅	河北省文化和旅游厅	好客山东
4	福建省	诗画浙江文旅资讯	吉林省文化和旅游厅	福建文旅发布	悠游吉林
5	浙江省	四川文化和旅游厅	黑龙江省文化和旅游厅	悠游吉林	江西风景独好
6	吉林省	悠游吉林	文旅北京	江西风景独好	福建省文化和旅游厅
7	甘肃省	新疆是个好地方	重庆市文化和旅游发展委员会	广西文化和旅游厅	北京旅游
8	北京市	乐游上海	诗画浙江文旅资讯	四川文化和旅游厅	山西省文化和旅游厅官方账号
9	河北省	河北旅游	中国西藏旅游	山西省文化和旅游厅	水韵江苏
10	西藏自治区	陕西省文化和旅游厅	贵州省文化和旅游厅	文旅北京	广西壮族自治区文化和旅游厅

资料来源：文旅产业指数实验室：《2020 年 12 月全国省级文化和旅游新媒体传播力指数 TOP10 榜单》，2021 年 1 月 14 日。

【调研报告】

加快推动四川文旅产业在“后疫情时代”实现“两个率先”复苏的建议

内容提要

文旅产业是四川受疫情影响最大，损失最严重的行业之一。为积极发挥四川文旅产业在四川现代服务业中的龙头作用和在全国同行业中的示范效应，加快推动文旅产业在“后疫情时代”实现“两个率先”复苏，即在全省各行业中率先实现复苏和在全国同行业中率先实现复苏。建议从精准施策上纾解文旅企业经营压力，积极帮助文旅企业顺利渡过疫情难关；从供给侧入手提升四川文旅管理水平，让数字文旅产业成为优化供给的引擎；从需求端着手分阶段推出政策工具包，加大文旅惠民力度，进而释放消费潜力。

新冠疫情发生后，四川关停13966家娱乐场所，取消3799场营业性演出，暂停678家旅游景区运营，取消5447个团组的旅游出行。据不完全统计，疫情对连续多年保持两位数增长的四川文旅产业造成的损失将超过1500亿元，文旅产业成为四川受疫情影响最大、损失最严重的行业之一。

为帮助文旅企业渡过难关，实现文旅产业的尽快复苏，四川先后出台《关于暂退部分旅游服务质量保证金支持旅行社应对经营困难的通知》《支持文旅企业做好疫情防控有序复工复产的十条措施》《关于进一步促进民营文化旅游企业健康发展的实施意见》《关于应对疫情促进文化和旅游产业稳步发展的措施》等政策措施。四川省文旅产业发展领导小组也已研究通过《四川文化旅游疫后恢复发展计划》，对四川文旅产业的疫后发展进行了总体谋划和具体部署，并提出2020年全省文旅产业的主要目标任务是：旅游收入力争达到12000亿元，文化产业实现增加值超过2000亿元（2019年四川省实现旅游收入11594亿元，同比增长14.7%。2019年四川省文化产业增加值数据尚未正式公布。作为参照，2018年四川省文化产业实现增加值1500亿元，同比增长16.1%）。

客观而言，要实现上述目标任务的难度不小。为此，四川须进一步加大文旅产业政策的精准支持力度，重振文旅企业家和文旅消费者信心，激发文旅市场活力并释放消费潜力，让四川文旅产业在“后疫情时代”实现“两个率先”复苏：一是在全省各行业中率先实现复苏，积极发挥文旅产业在四川现代服务业中的龙头作用；二是在全国同行业中率先实现复苏，积极发挥四川文旅产业在全国同行业中的示范效应。

一、从精准施策上纾解文旅企业经营压力，积极帮助文旅企业顺利渡过疫情难关

四川省旅游学会旅游产业投资研究分会、西南民族大学旅游策划与设计研究中心等机构共同开展的联合调查显示，疫情发生后，已享受税收减免的受访文旅企业仅占20%，已享受财政补贴的文旅企业仅占18%，已享受社保支持的文旅企业仅占17.5%，未享受任何政策支持的文旅企业达30%。这表明，现有支持政策的惠及面还不够广，尚未有效纾解企业所面临的困难。兹提出如下建议：

（一）进一步加强已出台支持政策执行力度

一是制定政策宣传工作考核管理办法。各级文旅部门要认真梳理和大力宣传各级各部门已出台的文旅产业支持政策，缩短政策落地时间，帮助文旅企业尽快用足用好普惠性税费、社保、用工等方面政策。二是完善企业反映问题的协调处理机制。对于文旅企业在合理利用政策的过程中所遇到的困难和障碍，各级文旅部门要有效发挥牵头协调作用，对文旅企业所反映的事项设立台账，梳理线索，分类处置，限时办结。

（二）提升财政政策与金融政策的精准程度

一是在已统筹安排的省级文化和旅游发展专项资金使用过程中，要坚持分级分类支持原则，既要考虑优先支持受疫情影响较大的优秀文旅企业和重点文旅项目，也要考察拟支持企业近年来的纳税情况、社会效益、信用等级等因素。二是积极探索“文旅＋金融”的新模式，尽快设立四川省文化和旅游产业信贷风险补偿资金。建立“政府＋银行”的文旅企业信贷风险分担机制，增加资金安全系数，放大资金投入倍数，从银行风险管理的角度入手，破解中小微文旅企业的“轻资产、贷款难”问题。

（三）支持各类资金多种渠道驰援困难企业

对于发展前景良好但因疫情等原因暂时遇到资金困难的优秀文旅企业和重点文旅项目，一是支持银行、券商、保险等金融机构通过发行纾困专项债券，设立专项资产管理计划等方式注入流动性，二是支持四川发展（控股）有限责任公司、四川省投资集团有限责任公司等国有企业和四川文化产业股权投资基金、四川旅游产业创新发展股权投资基金等股权基金通过战略性入股等方式纾解资金困难。

二、从供给侧入手提升四川文旅管理水平，让数字文旅产业成为优化供给的引擎

调查显示，虽然78%的受访文旅企业都表示，对“后疫情时代”的四川文旅产业发展充满信心，但从疫情对经济增长的冲击及其对文旅市场的影响而言，四川文旅市场的恢复很可能是结构性的，文旅产品结构和文旅消费场景将会发生比较大的改变。兹提出如下建议：

（一）推动文旅智慧化建设，提升应急管理的水平

一是提升智慧文旅服务水平。围绕游客在出行前、行程中、游玩后的各阶段需求变化，运用LBS技术（基于位置的服务）提供文旅公共信息服务，从而实现文旅服务质量的提升，文旅产品结构的优化，文旅市场秩序的改善。二是提高景区安全预警能力。运用大数据技术实时处理碎片化的文旅数据，随时了解人流密集度，即时疏导景区客流量。通过视频监控、报警系统、智能广播等技术手段，快速处理突发事件，提高应急救援能力。

（二）提前做好多类型预案，积极备战“十一黄金周”

参照“非典”时期的文旅市场经验，考虑到输入性疫情和点状暴发风险，预计要到“十一黄金周”期间，四川文旅市场才能迎来小高峰。由于届时的四川文旅市场还将受到疫情发展情况的影响，因此，全省文旅系统要综合考虑长期维持无新增本土确诊病例、输入性病例维持在低水平增长、疫情在局部区域出现点状暴发等多种可能出现的情况，提前制定并不断完善针对不同情况的《文化和旅游安全生产工作计划》和《文化和旅游突发事件应急预案》，提供种类丰富、安全性强的文旅产品，积极备战“十一黄金周”。

（三）大力发展数字文旅产业，平衡文旅供需矛盾

在疫情期间，以数字内容为核心的数字文旅产业不仅异军突起，而且逆势上扬。四川应将数字文旅产业作为推动文旅产业高质量发展的抓手和平衡文旅产品供需矛盾的手段。具体来说，一是加大四川数字文旅产业政策支持力度。一方面，抓住数字经济的发展机遇，加强新型基础设施建设，促进四川文旅产业的数字化、网络化、智能化发展。另一方面，抓住5G、超高清等新技术的发展机遇，发展沉浸式体验型文旅消费，增加优质数字文旅产品供给。二是建设四川数字文旅产业融合发展示范区。以5G、大数据、云计算、人工智能等技术为依托，充分发挥“示范区”的引领和带动作用，积极探索文化、旅游、科技在各个领域的深度融合方式和内容呈现形式，推动文化旅游和数字经济走向深度融合，让数字文旅产业成为四川文旅产业转型升级的新引擎。

三、从需求端着手分阶段推出政策工具包，加大文旅惠民力度进而释放消费潜力

从宏观上看，与“非典”疫情相比，此次疫情对中国经济的负面影响更大。投资、消费、出口均受到明显冲击，短期内失业率上升和物价上涨的压力较大。就微观而言，消费者的全年有效工作时间和可支配收入都将减少。一些带薪假期已被疫情提前预支，用于旅游的弹性开支也将被压缩。因此，对于“后疫情时代”的文旅消费需求，既不宜简单类比“非典”时期的情形，也不应盲目乐观地期待“报复性反弹”，而应实实在在地加大文旅惠民政策力度，尽量释放文旅消费潜力，尽快恢复文旅市场活力。兹提出以下建议：

（一）从近郊游和短程游开始，逐步提振游客出游信心

中国旅游研究院、携程旅游大数据联合实验室近日联合发布的《国人疫情后旅游意愿调查报告》显示，在疫情结束后，国内中短程游（占比43%）和城市周边游（占比24%）是最受受访者欢迎的旅游方式。因此，各级文旅部门要准确把握文旅消费“回温”的渐进式特点，将近郊游和短程游作为推动四川文旅产业快速复苏的重要抓手。具体来说，一是积极鼓励各县（市、区）策划组织“赏花节”等主题性质的近郊游和短程游，重点支持属于近郊游和短程游范畴的A级旅游景区、乡村旅游重点村、生态农庄、家庭农场、农家乐、民宿客栈等。二是优化休假安排，鼓励弹性作息。积极研究在2020年第二、三季度试行周末2.5天弹性作息的可行性。支持有条件的地方和单位根据实际情况，依法优化调整作息安排，为职工将周五下午与周末结合外出休闲度假创造有利的条件。

（二）从文旅惠民组合拳发力，有计划地刺激文旅消费

调查显示，在疫情结束后，影响旅游决策的前两大因素分别为优惠措施（占比33%）、安全保障（占比20%）。具体来说，一是提高文旅惠民政策的有效性和协同性。例如，在实施“春回天府·安逸四川”文化旅游季、“川人游川”等活动时，要注

意将文化惠民演出和旅游惠民活动有机结合起来。将惠民演出的舞台延伸到风景名胜、旅游景点、美丽乡村，为当地居民和广大游客提供文化内涵更为丰富的精神享受和旅游体验。二是分期分批地推出四川景区的免票政策。在“推动全省679家A级旅游景区、省内文艺院团演出恢复开放并对游客实行一个月门票优惠”的基础上，进一步扩大受惠面，延长惠民期。通过分期分批地发布省内外游客优惠清单和景区的分时段、分地域免票政策，在合理控制景区游客总流量的前提下，帮助游客下定“本月非去不可”的决心。

（三）加大政府购买服务力度，支持文旅企业恢复经营

调查显示，疫情发生后，全面停业的受访文旅企业高达94%，40%的文旅企业仍存在较大的还贷压力。在四川文旅企业有序复工复产后，依然面临文旅市场的有效消费需求不足等突出问题，单纯依靠四川文旅产业自救的自我修复难度较大。具体来说，一是增强政府支出的精准性和拉动力。一方面，通过政府购买文旅服务、财政补贴文旅消费等方式，发行“安逸四川”文旅惠民卡、“川人游川”文旅消费券，拉动四川文旅消费。另一方面，对于积极响应政府号召，实施免票政策的景区，给予一定的门票损失补贴。从实现文旅综合效益增长的角度，不仅算“门票账”，而且算游客在“食、住、行、游、购、娱”上的“消费账”。二是支持文旅企业承办相关公务活动。在政策允许的范围内，按政府采购和服务外包的要求，鼓励各级党政机关、事业单位、社会团体和国有企业将会议、会展、培训、接待等公务活动委托饭店、旅行社、文化传播公司等文旅企业承办。

执笔人：马健、张广宇、苏乾、张波林、陈琳

调研时间：2020年

第四章　四川文化和旅游发展布局报告

一、高标准建设巴蜀文化旅游走廊（四川区域）

中共中央、国务院印发的《成渝地区双城经济圈建设规划纲要》明确提出“共建巴蜀文化旅游走廊”，并要求充分挖掘文化旅游资源，以文促旅、以旅彰文，讲好巴蜀故事，打造国际范、中国味、巴蜀韵的世界级休闲旅游胜地。打造贯通四川和重庆的文化遗产探秘、自然生态体验、红色文化体验等一批精品旅游线路，扩大长江三峡、九寨沟、武隆喀斯特、都江堰—青城山、峨眉山—乐山大佛、三星堆—金沙、三国文化、大足石刻、自贡彩灯等国际旅游品牌影响力。规划建设长征国家文化公园（重庆段、四川段）。打造绵竹熊猫谷和玫瑰谷，探索川西林盘、巴渝村寨保护性开发，依托特色自然风光、民俗风情、农事活动等，发展巴蜀乡村旅游。

巴蜀文化旅游走廊建设主要分为三个区，即核心区、拓展区和辐射区。其中，核心区的范围与成渝地区双城经济圈规划范围一致，涉及重庆市 27 个区（县）和四川省 15 个市，总面积 8.5 万平方公里，常住人口 9600 万，地区生产总值 6.3 万亿元。拓展区是指川渝地区未纳入《成渝地区双城经济圈建设规划纲要》覆盖范围的所有其他地区（见图 4-1）。辐射区则是指湖北、湖南、贵州、云南、陕西、甘肃、青海各省与川渝接壤的地区。

本报告在全面梳理四川区域内的巴蜀文化资源后提出，巴蜀文化旅游走廊（四川区域）应重点建设“十大巴蜀文化旅游走廊”：盐文化（美食文化）旅游走廊、酒文化旅游走廊、竹文化旅游走廊、长江文化旅游走廊、蜀道文化旅游走廊、道教文化旅游走廊、石窟文化旅游走廊、红色文化旅游走廊、温泉文化旅游走廊、藏羌彝文化旅游走廊。

（一）盐文化（美食文化）旅游走廊

以“盐都”自贡为中心的川盐古道和以川菜为代表的美食文化为主要内容，辐射全省美食文化资源的盐文化（美食文化）旅游走廊。公元前 250 年左右（公元前 255—前 251 年），秦国蜀守李冰在四川省成都市双流区开凿出中国第一口盐井——“广都盐井”，[①] 不仅拉开了中国井盐生产的序幕，而且让盐成为四川人餐桌上最重要的调味

---

① 林元雄、宋良曦、钟长永、马宗瑶、陈然、聂成勋：《中国井盐科技史》，成都：四川科学技术出版社 1987 年版，第 135~136 页。

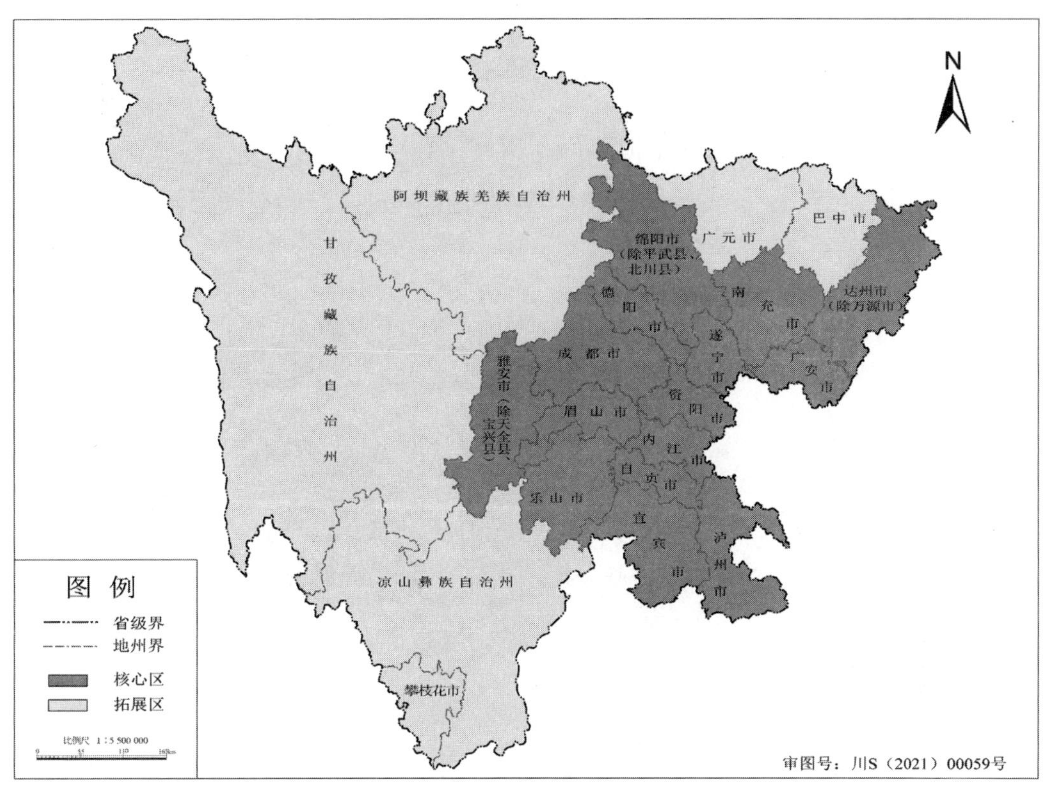

图 4-1　巴蜀文化旅游走廊（四川区域）建设的核心区与拓展区示意

品。《南方人物周刊》曾经推出的一期“四川人”专题就直接以“四川人是天下的盐”为封面标题，还提出“因为有盐，所以川菜有名；因为有盐，所以川人有味”的精辟论断。[①] 由于“川菜真正的起点在盐味”，因此，盐文化和美食文化具有密不可分的关系，盐文化旅游走廊和美食文化旅游走廊也因此具有内在的共生逻辑。具体来说，盐文化旅游走廊主要包括自贡、乐山、泸州、宜宾、凉山（见图 4-2）。川盐古道将产自自贡的自流井和贡井等地，乐山的犍为和五通桥等地，以及凉山盐源等地的井盐，通过从泸州等地出发的川黔古盐道和川鄂古盐道，以及从宜宾、西昌等地出发的川滇古盐道运至川外。美食文化旅游走廊主要包括五个文化旅游带：①以成都中心，以乐山、眉山为副中心，包括绵阳、德阳、资阳、雅安、广元（苍溪除外）在内的上河帮川菜文化旅游带；②以重庆为中心，在四川区域主要以达州、南充为副中心，涵盖巴中、广安、遂宁（射洪除外）以及广元苍溪等地在内的下河帮川菜文化旅游带；③以自贡为中心，以内江为副中心，包括泸州、宜宾等地在内的小河帮川菜文化旅游带；④包括甘孜、阿坝、凉山在内的民族特色美食文化旅游带；⑤以攀枝花为主的热带水果美食文化旅游带（见图 4-3）。

① 本刊编辑部：《四川人是天下的盐》，《南方人物周刊》2005 年第 24 期。

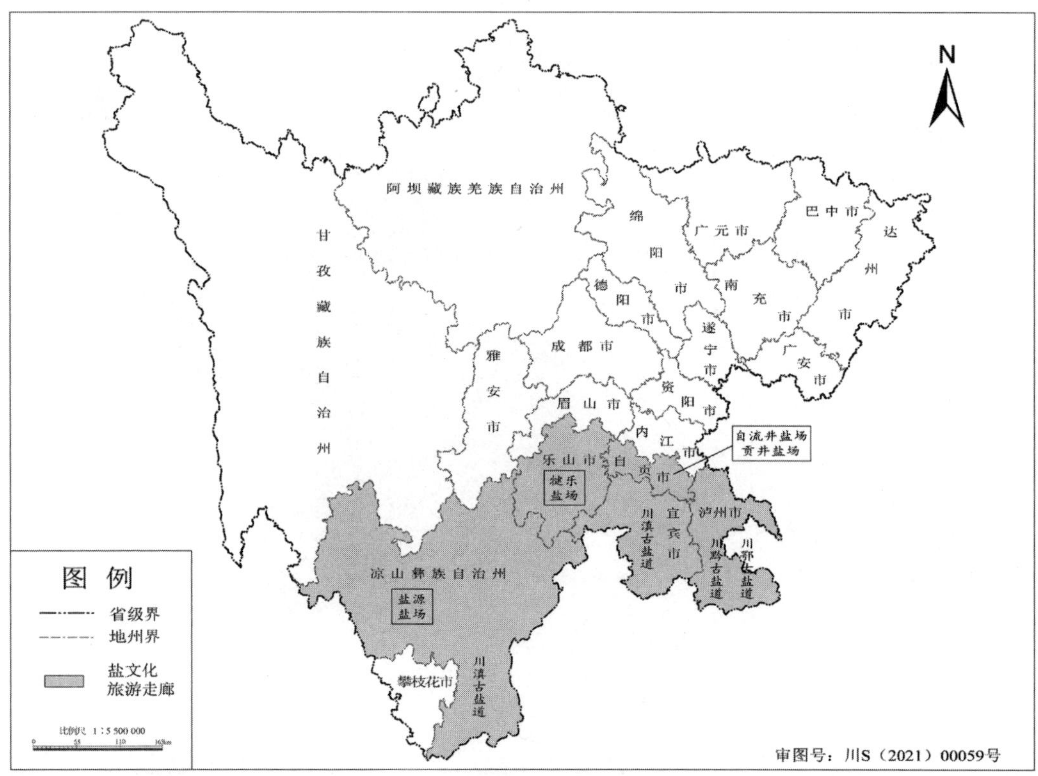

图 4-2　盐文化旅游走廊区位示意

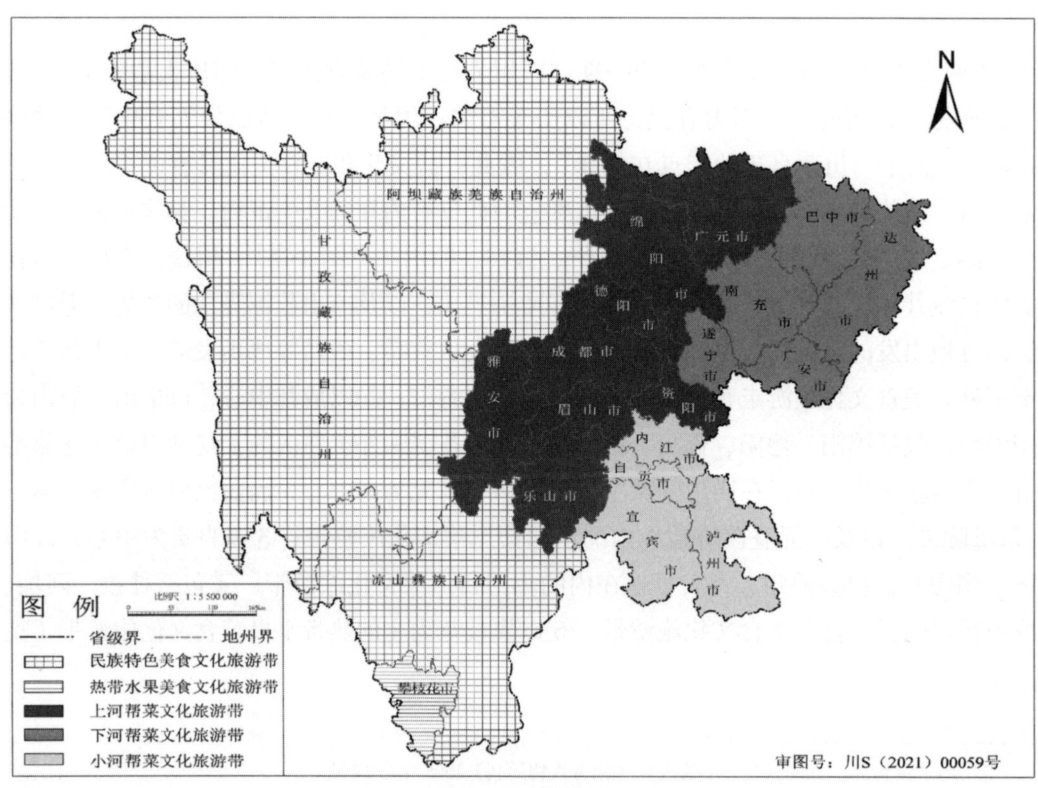

图 4-3　美食文化旅游走廊区位示意

（二）酒文化旅游走廊

以成都、德阳、遂宁、泸州、宜宾为主线，涵盖水井坊、全兴大曲、剑南春、沱牌曲酒、泸州老窖、郎酒、五粮液等名酒的酒文化旅游走廊（见图 4–4）。除著名品牌“川酒六朵金花”（五粮液、泸州老窖、剑南春、沱牌、全兴大曲、郎酒）外，宜宾、泸州、邛崃还是三大原酒产区。仅邛崃一地，在鼎盛时期就有上千家酒企，年生产白酒原酒 30 万千升，原酒产量占全国总产量的 70%，被誉为“中国白酒原酒之乡”。① 在《互联网周刊》发布的“2020 年度中国白酒企业 TOP200 排行榜”上，全省共有 53 家白酒企业上榜，位居全国第一，远远超出位居全国第二的河南（20 家）。②2020 年 1—12 月，全省规模以上白酒企业累计生产白酒 367.6 万千升，占全国白酒总产量 49.6%；完成营业收入 2849.7 亿元，占全国总营业收入的 48.8%；实现利润总额 529.1 亿元，占全国利润总额的 33.4%。③ 四川省人民政府办公厅印发的《推动四川白酒产业高质量发展的若

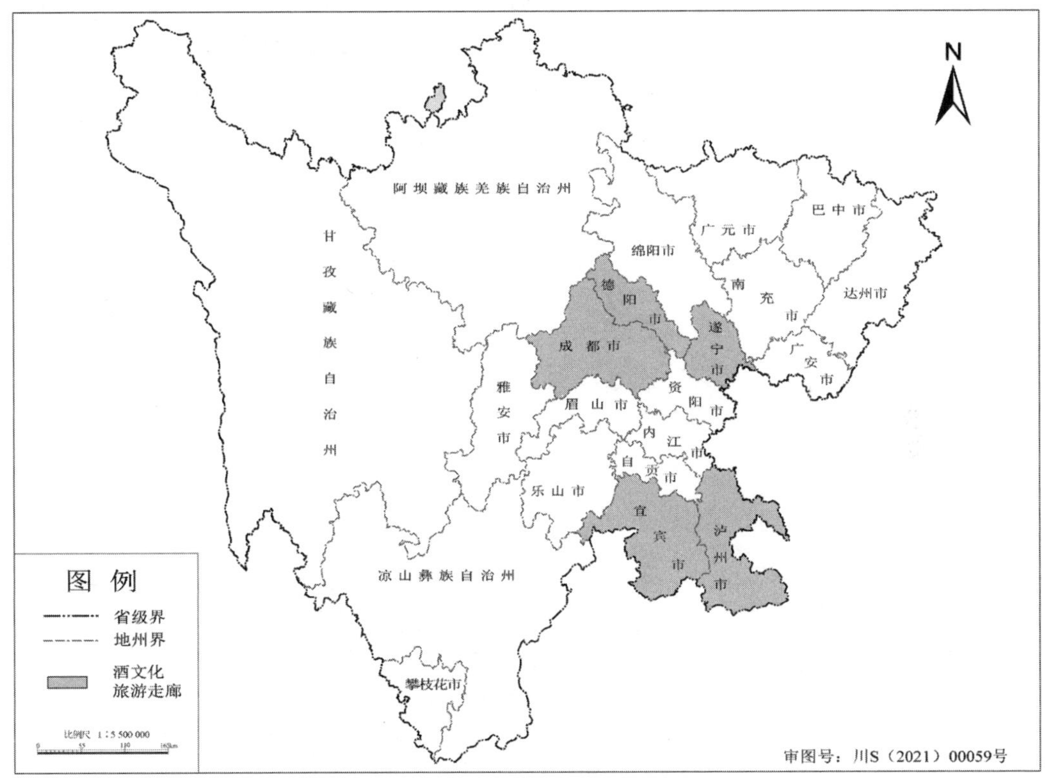

图 4–4　酒文化旅游走廊区位示意

① 郑茂瑜:《四川原酒如何“冲出重围”？》,《四川日报》2019 年 4 月 11 日第 10 版。

② 萤火、浅秋:《2020 中国白酒企业 200 强》,《互联网周刊》2021 年第 4 期。

③ 陈星:《白酒金三角协会理事长王少雄：川酒不能躺在优势上吃老本》,《每日经济新闻》2021年4月27日第8版。

干措施》明确提出："加快建设川酒文化旅游目的地，推动建设川酒文化博览展示中心，统筹推出'白酒＋旅游'精品线路，规划打造集白酒酿造、主题旅游、主题农业三产联动的'酒镇''酒庄'。"截至2020年12月，宜宾市翠屏区的五粮液旅游景区、泸州市江阳区的泸州老窖旅游区、遂宁市射洪市的舍得酒文化旅游区、成都市邛崃市的邛崃中国酒村—邛酒文化风情旅游村落、泸州市纳溪区的花田酒地旅游景区、泸州市叙永县中国沈酒庄景区都已成为国家4A级旅游景区。

（三）竹文化旅游走廊

以四川的"四大竹海"（宜宾蜀南竹海、乐山沐川竹海、成都川西竹海、泸州大旺竹海）和成都崇州道明竹艺村、眉山青神国际竹编艺术博物馆、雅安天全思经竹海渔乡等特色旅游景区为重点，包括成都、乐山、宜宾、泸州、眉山、雅安在内的竹文化旅游走廊（见图4-5）。中共四川省委、四川省人民政府印发的《关于推进竹产业高质量发展建设美丽乡村竹林风景线的意见》明确提出大力推动竹文化与竹旅游深度融合，以及培育竹文化创意产业、大力发展竹生态旅游、加快竹景区提档升级等发展方向。就四川的竹文化而言，从"胸有成竹"的中国画派"湖州竹派"的开创者文同（四川绵阳人）到"可使食无肉，不可居无竹"的"宋四家"之首苏轼（四川眉山人），都与竹子结下

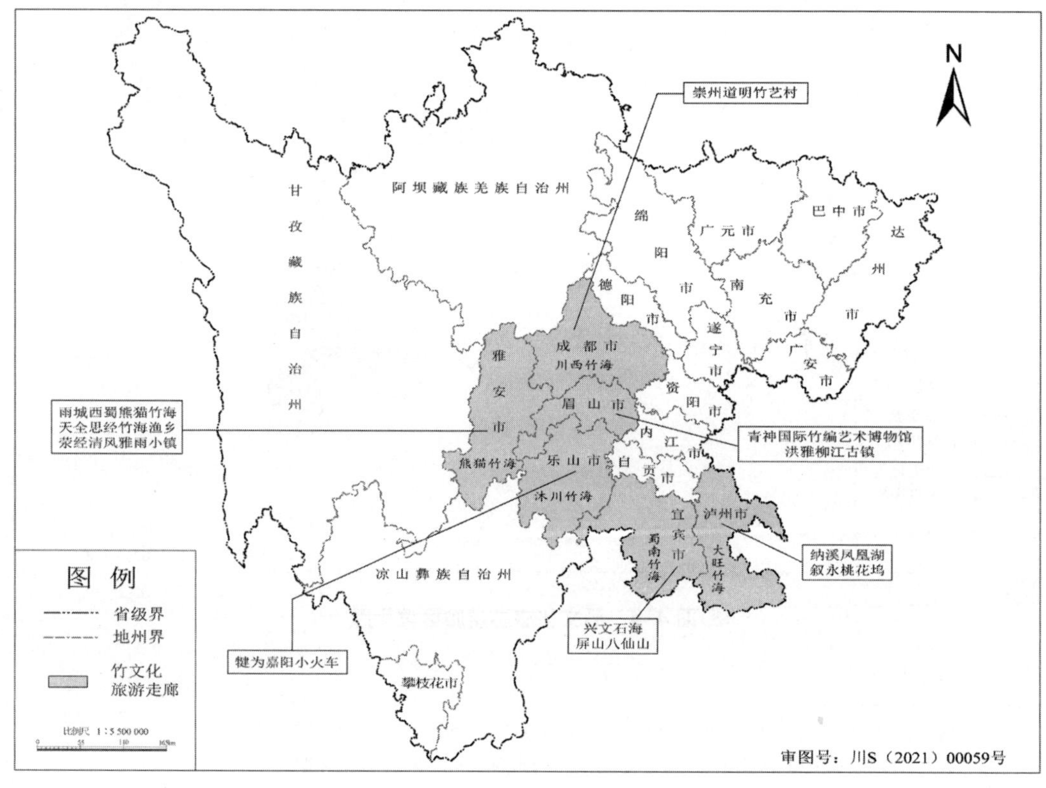

图4-5　竹文化旅游走廊区位示意

了不解渊源，而且影响深远。就四川的竹资源来看，截至 2020 年 12 月，四川省竹林总面积已达 1812 万亩，位居全国第一。2020 年，全省还启动建设翠竹长廊（竹林大道）45 条、竹林小镇 26 个、竹林人家 80 个。[①] 此外，以世界上集中面积最大的天然竹林景区——宜宾蜀南竹海为代表的“四大竹海”也是重要的竹文化休闲旅游度假目的地。竹文化旅游走廊的建设，既是建设四川美丽乡村竹林风景线的重要内容，也是推动竹文化与竹旅游深度融合的具体体现。

（四）长江文化旅游走廊

以甘孜、凉山、攀枝花为主体建设区，以宜宾、泸州为重点建设区，以“万里长江第一古镇”——宜宾市翠屏区李庄镇为核心建设区的长江文化旅游走廊（见图 4–6）。据四川省水利厅的统计，四川境内的长江干流长度达 1788 公里，占全国长江总干流长度的 28.40%，为长江干流最长；四川境内的长江流域面积达 46.74 万平方公里，占全国长江流域总面积的 25.97%，也是长江流域 19 个省（自治区、直辖市）中流域面积最大的。[②] 据四川省文化和旅游厅的统计，四川境内的长江流域共有 A 级旅游景区 592 家，其中 5A 级旅游景区 10 家、4A 级旅游景区 253 家；国家级旅游度假区 2 家、国家级生态旅游示范区 3 家、国家级全域旅游示范区 7 家、全国乡村旅游重点镇 3 个、全国乡村旅游重点村 34 个、天府旅游名县 25 个。长江文化旅游走廊的建设，不仅是长江国家文化公园（四川段）建设的重要内容，而且是长江国际黄金旅游带（四川段）建设的重要组成部分。之所以将李庄镇作为核心建设区，不仅因为作为中国历史文化名镇的李庄镇拥有大量保存完好的、体现明清时期建筑特征的庙宇、殿堂、民居、戏楼等古建筑（国家级重点文物保护单位 2 处、省级重点文物保护单位 4 处），而且因为中央研究院（历史语言研究所、社会科学研究所、体质人类学研究所）、中央博物院筹备处、中国营造学社、同济大学、北京大学文科研究所、金陵女子大学文科研究所等十余家科研机构和高等院校曾在抗战时期迁驻李庄，并使其成为中国四大文化抗战中心之一。时至今日，李庄仍然保持着同中国社会科学院经济研究所（前身为中央研究院社会科学研究所）、南京博物院（前身为中央博物院）、同济大学、清华大学建筑学院（与中国营造学社的渊源颇深）等科研机构和高等院校的联系与互动。

① 刘佳：《直面挑战　做大竹文章》，《四川农村日报》2021 年 1 月 6 日第 2 版。

② 郭亨孝：《贯彻实施长江保护法　筑牢长江上游生态屏障》，《中国水利报》2021 年 3 月 25 日第 1~2 版。

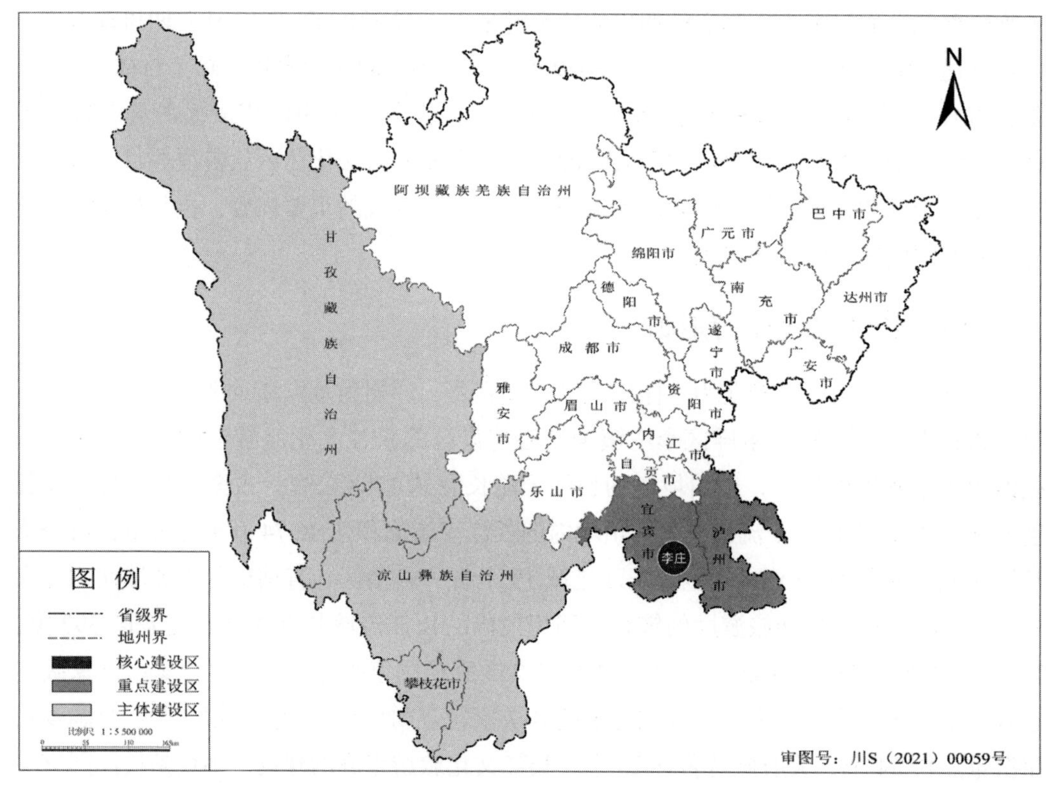

图 4-6　长江文化旅游走廊区位示意

（五）蜀道文化旅游走廊

以蜀道为轴线，以翠云廊、金牛古道、阴平古道、米仓古道、明月峡古栈道为重点，以广元为核心，包括广元、绵阳、德阳、南充、巴中、达州[①]在内的蜀道文化旅游走廊（见图 4-7）。广义的蜀道是指出入蜀地的道路；狭义的蜀道则是指出中原入蜀之道，即"秦蜀古道"。从地理单元的角度来看，蜀道又有南北段之分：北段主要在陕西和甘肃境内。除起于甘肃文县的阴平道外，还有起于陕西西安，翻秦岭至汉中（汉中在元代至元二十三年前属于四川）的陈仓道、褒斜道、傥骆道、子午道，以及经汉中翻大巴山入蜀的金牛道、米仓道、荔枝道。南段主要在四川和重庆境内，包括金牛道、米仓道、荔枝道、阴平道。[②]四川的蜀道"申遗"所选择的正是南段的四条古道。其中，金牛道现存文化遗产点 33 处、米仓道现存文化遗产点 19 处、荔枝道现存文化遗产点 11 处、阴平道现存文化遗产点 5 处。2012 年 10 月，蜀道（金牛道广元段）入选国家文物局公布的《中国世界文化遗产预备名单》。2015 年 7 月，蜀道入选联合国教科文组织世

① 2016年，成都的7处文化遗产（王建墓、朱悦燫墓、明蜀王陵墓群、武侯祠、杜甫草堂、金沙遗址、邛窑遗址）被纳入蜀道申报世界文化和自然遗产的范围。但严格来说，这些文化遗产不能算蜀道的代表性文化遗产。

② 唐飞：《蜀道遗产的研究与保护刍议》，《遗产与保护研究》2017 年第 2 期。

界遗产委员会公布的《世界文化和自然遗产预备名单》。蜀道文化旅游走廊的建设，既是“大蜀道”文化旅游品牌建设的内容支撑，也是申报世界文化和自然遗产的重要组成部分。

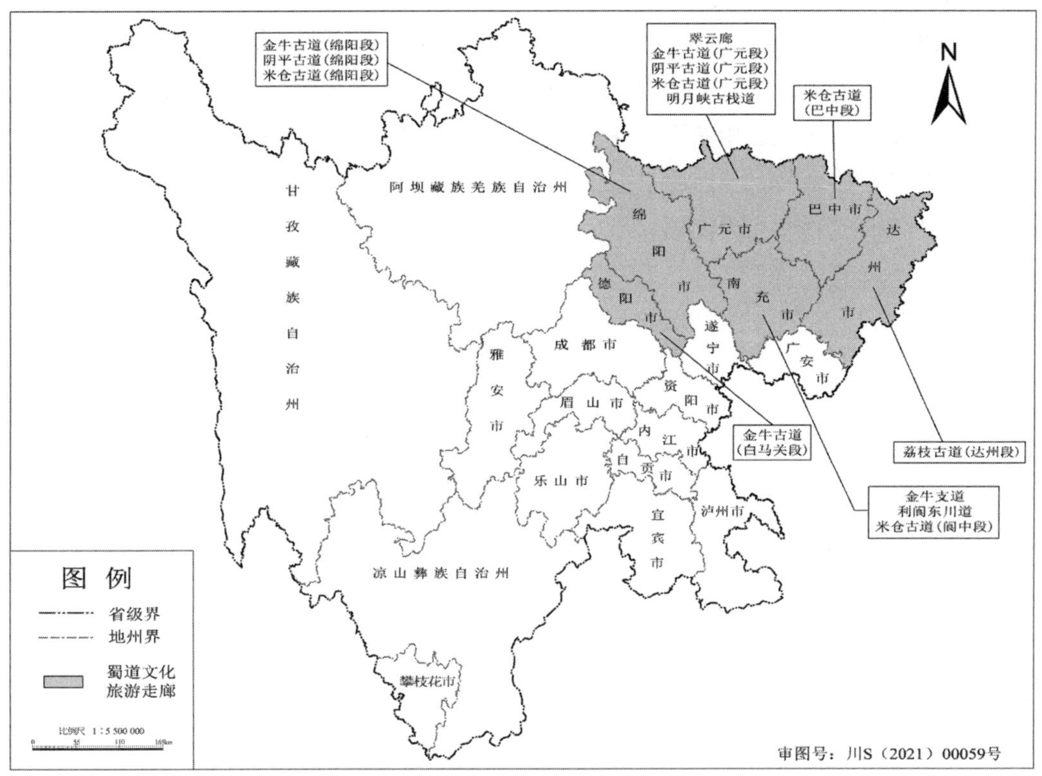

图 4–7　蜀道文化旅游走廊区位示意

（六）道教文化旅游走廊

以成都的鹤鸣山（道教发源地之一）、青城山（道教四大名山之一）、阳平观（道教二十四治之首）、老君山（道教全真龙门派圣地）、青羊宫（川西第一道观），以及眉山瓦屋山（道教发源地之一）、绵阳七曲山大庙（文昌帝君祖庭）、遂宁金华山（道教全真龙门派圣地）为重点，包括成都、眉山、绵阳、遂宁在内的道教文化旅游走廊（见图 4–8）。根据《道教大辞典》对“道教”词目的解释，道教是“中国本土宗教。东汉顺帝年间（126—144）沛国丰人张陵（尊称张道陵）创立”。[①] 根据《中华道教大辞典》对“天师道”词目的解释，“张陵于汉顺帝汉安元年（公元 142 年）在鹤鸣山声称受太上老君之命，封为天师之位，得新出正一盟威之道，创立天师道”。“天师道创立

① 中国道教协会、苏州道教协会编：《道教大辞典》，北京：华夏出版社 1994 年版，第 925 页。

是中国道教创立之始。”[①] 根据卿希泰对南宋以前的正史和道书等文献资料的考证，“张陵创教的地方，是在四川大邑县的鹤鸣山”。[②] 作为道教的发源地，虽然四川人的道家气质已经所剩无几，但一方面，不少四川人都追求闲适、逍遥、自在的生活状态，另一方面，道家文化对四川人的影响已经渗入言谈举止之中。例如，四川方言中用来形容办理妥当的“归一”（出自《老子注》）；用来形容不务正业的“散眼子”（应为“散焉者”，出自《庄子·人间世》）；用来形容粗心大意的“恍兮惚兮”（出自《道德经》），皆为道家文化在四川人心中留下的深刻的文化烙印。此外，上文中提到的鹤鸣山、阳平观、老君山等诸多道教文化旅游景点，都为道教文化旅游走廊的建设提供了“问道不止青城山”的多样选择和有力支撑。

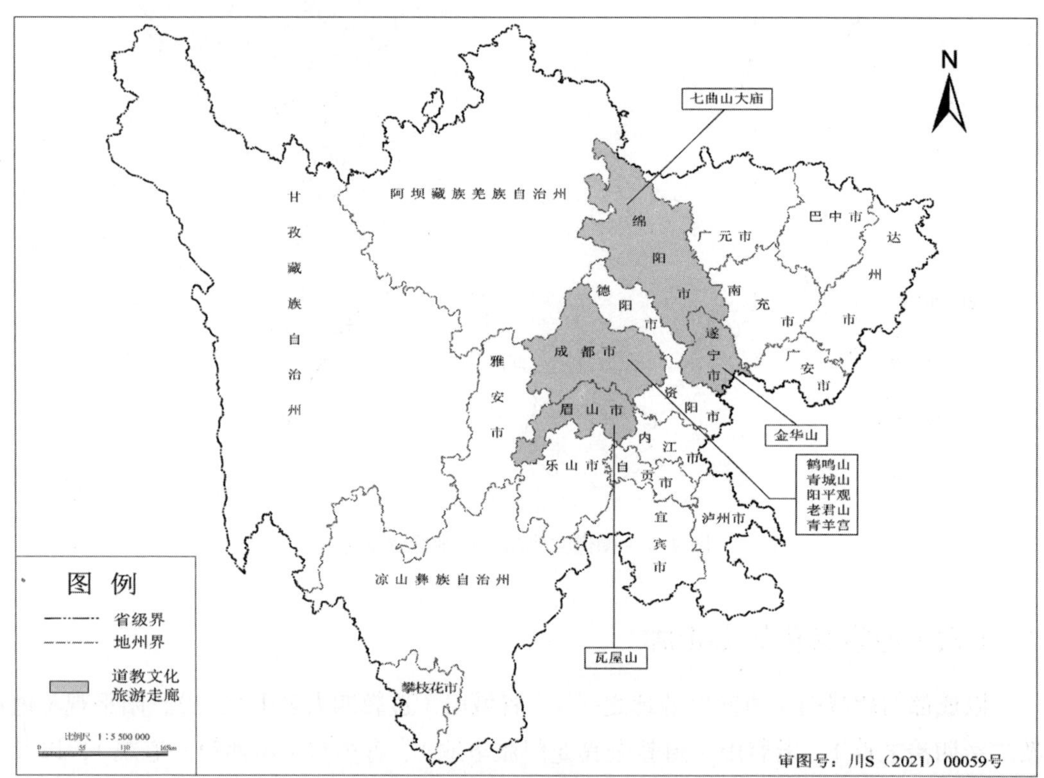

图 4-8 道教文化旅游走廊区位示意

（七）石窟文化旅游走廊

以安岳石窟、广元石窟、巴中石窟、乐山大佛、夹江千佛岩、自贡荣县大佛、宜宾八仙山大佛、资阳半月山大佛、资中重龙山摩崖造像为代表的石窟文化旅游走廊。如果

① 胡孚琛主编：《中华道教大辞典》，北京：中国社会科学出版社 1995 年版，第 55~56 页。

② 卿希泰：《有关道教发源于四川的几个问题》，《世界宗教研究》2001 年第 4 期。

说，以克孜尔石窟、莫高窟、麦积山石窟、天梯山石窟、云冈石窟、龙门石窟为代表的北方石窟书写了中国石窟史的上半阕，那么，四川石窟就是中国石窟史的下半阕。①根据四川省石窟（含摩崖造像）专项调查工作的调查结果，全省共有石窟寺（含摩崖造像）2134处，总量居全国第一位。除攀枝花外，全省20个市（州）均分布有石窟遗存。其中，14个市（州）的石窟数量超过100处，4个市（州）超过200处，2个市（州）少于10处（见图4-9）。②可以说，作为“中国晚期石窟寺及造像艺术发展的集大成者”，四川石窟“将中国大规模开窟造像的时间向后延续了500年”，不仅见证了东西方文明的交流互鉴和中华文明多元一体格局的形成过程，而且“具有极高的历史价值、艺术价值、科学价值、情感价值和利用价值”。③

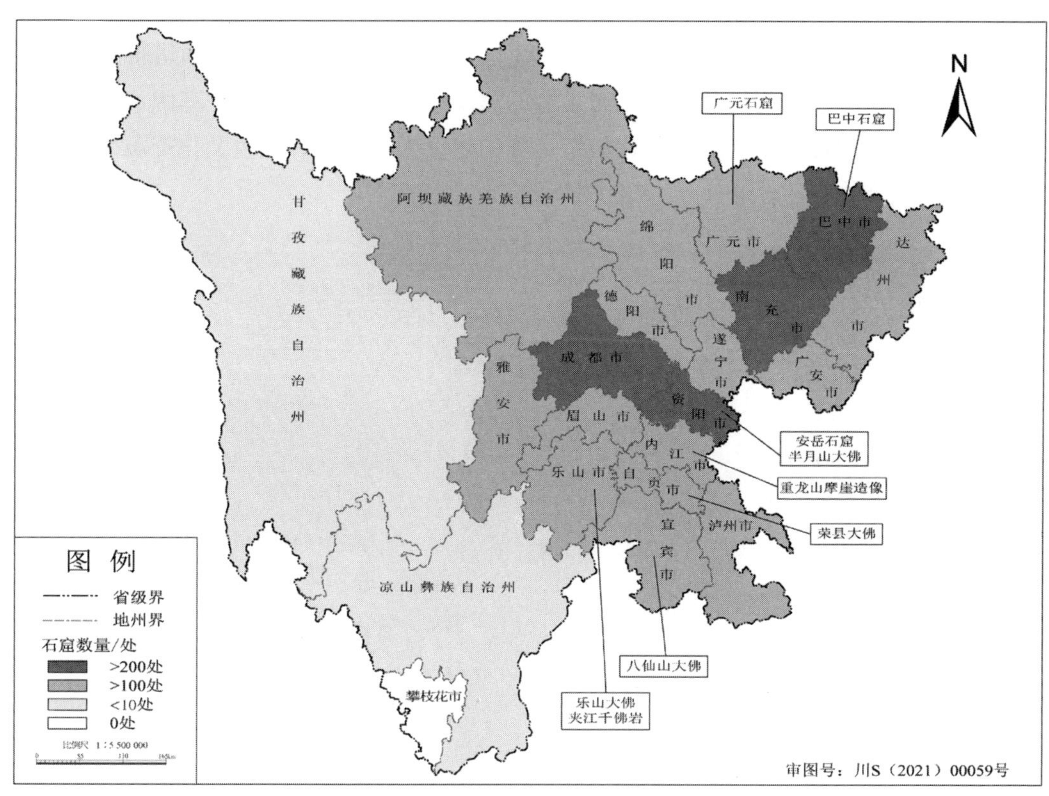

图4-9　石窟文化旅游走廊区位示意

（八）红色文化旅游走廊

以巧渡金沙江、飞夺泸定桥、彝海结盟、爬雪山过草地、三线建设峥嵘岁月等经典故事和体验场景为主线，包括成都、攀枝花、泸州、绵阳、广元、乐山、南充、广安、

① 萧易：《考古，串起全新的“蜀”——〈寻蜀记〉的写作角度》，《光明日报》2021年9月30日第11版。
② 吴晓铃：《摸清四川石窟家底》，《四川日报》2021年8月10日第5版。
③ 孙雪静、孙华：《川渝石窟的历史与价值》，《遗产与保护研究》2017年第3期。

达州、雅安、巴中、资阳、阿坝、甘孜、凉山在内的红色文化旅游走廊（见图 4-10）。四川既是川陕革命根据地中心区域，也是邓小平、朱德、陈毅等老一辈无产阶级革命家的家乡，还是中国工农红军长征经过的主要地区。四渡赤水、巧渡金沙江、彝海结盟、飞夺泸定桥、爬雪山过草地等经典战役和重大事件都发生在四川境内。[①] 可以说，四川是红色文化基因的传承脉络最清晰、历史链条最完整的省份之一。具体而言，四川的红色文化旅游资源主要包括将帅故里、川陕苏区、长征丰碑、川军抗战、三线建设、抗震救灾、改革开放伟大成就等九大主题。据四川省文化和旅游厅的统计，截至 2020 年 12 月，全省共有红色文化旅游资源点 3238 个，且 21 市（州）均有红色文化旅游资源分布。其中，甘孜、广元、巴中的红色文化旅游资源点数量位居全省前三。截至 2020 年 12 月，全省共有 4A 级及以上红色旅游景区 43 家。其中，5A 级旅游景区 5 家。2019 年全省共实现红色旅游收入 600 多亿元，接待游客 1.3 亿多人次。[②] 由此可见，四川得天独厚的红色文化资源优势，既为红色文化旅游走廊的建设提供了传承红色文化基因、讲好红色文化故事的重要内容，也为红色文化旅游走廊的建设提供了用好红色文化资源、发展红色文化旅游的有力支撑。

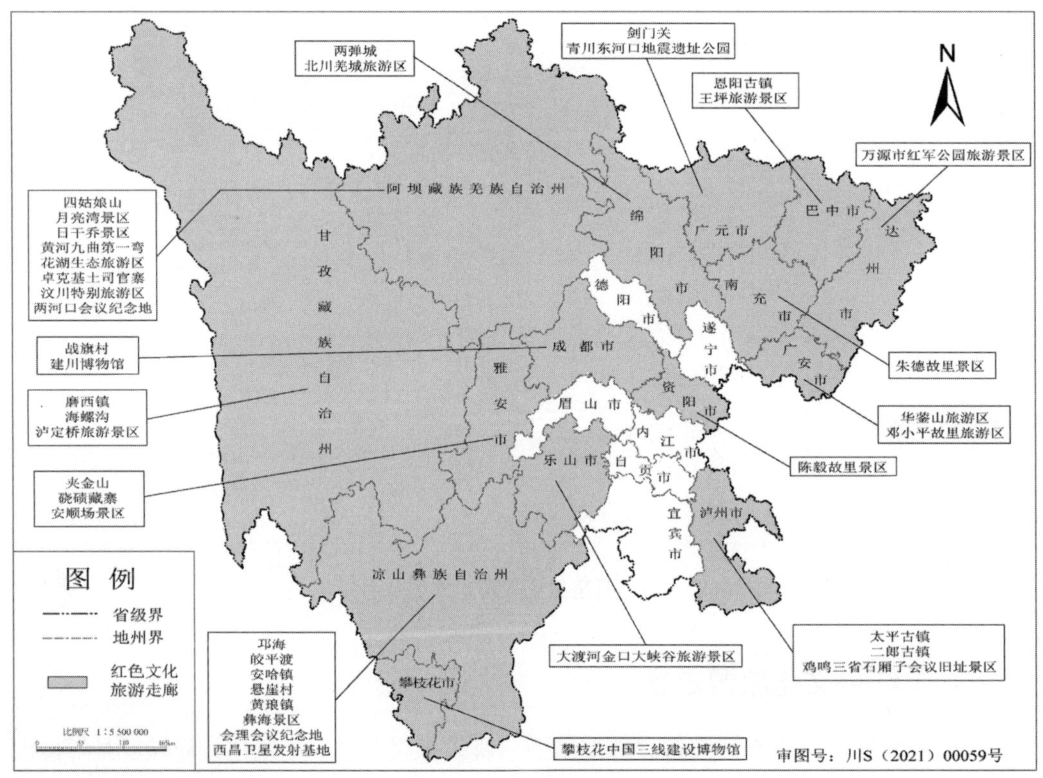

图 4-10　红色文化旅游走廊区位示意

① 杨艺茂：《11 条红色旅游精品线路亮相》，《四川日报》2021 年 4 月 10 日第 4 版。

② 杨艺茂：《四川红色旅游资源点达 3238 个》，《四川日报》2021 年 6 月 19 日第 1 版。

（九）温泉文化旅游走廊

以螺髻山温泉、贡嘎神汤、花水湾温泉、光雾山温泉为代表，包括成都、德阳、绵阳、雅安、乐山、巴中、泸州、宜宾、攀枝花、甘孜、凉山在内的温泉文化旅游走廊（见图 4-11）。据不完全统计，全省共有 365 处地热温泉，温泉资源位居全国第三。目前已形成以海螺沟冰川森林公园、花水湾温泉度假旅游区、凯地里拉温泉旅游区、查呈沟天浴温泉景区、飞云温泉景区、若尔盖河它温泉谷景区为代表的 10 余处温泉旅游区和 100 余处温泉旅游点。[①] 四川省文化和旅游厅发布的《四川省冬季旅游发展愿景暨四川省发展冬季旅游三年行动计划》更是明确将着力建设世界知名的温泉康养度假胜地作为擦亮“安逸四川·冬游天府”品牌，提升四川冬季旅游吸引力、供给力、竞争力的三大行动之一。[②] 在四川发布的 8 条冬季旅游精品线路中，更有 4 条都同温泉有关（大峨眉世界遗产温泉暖冬旅游线、大贡嘎雪山温泉度假旅游线、大竹海温泉文化养生旅游线、大蜀道年俗温泉文化体验旅游线）。温泉文化旅游走廊的建设，不仅将成为四川发展冬季旅游的重要工作内容，而且将成为“十大”文化旅游品牌建设的重要组成部分。

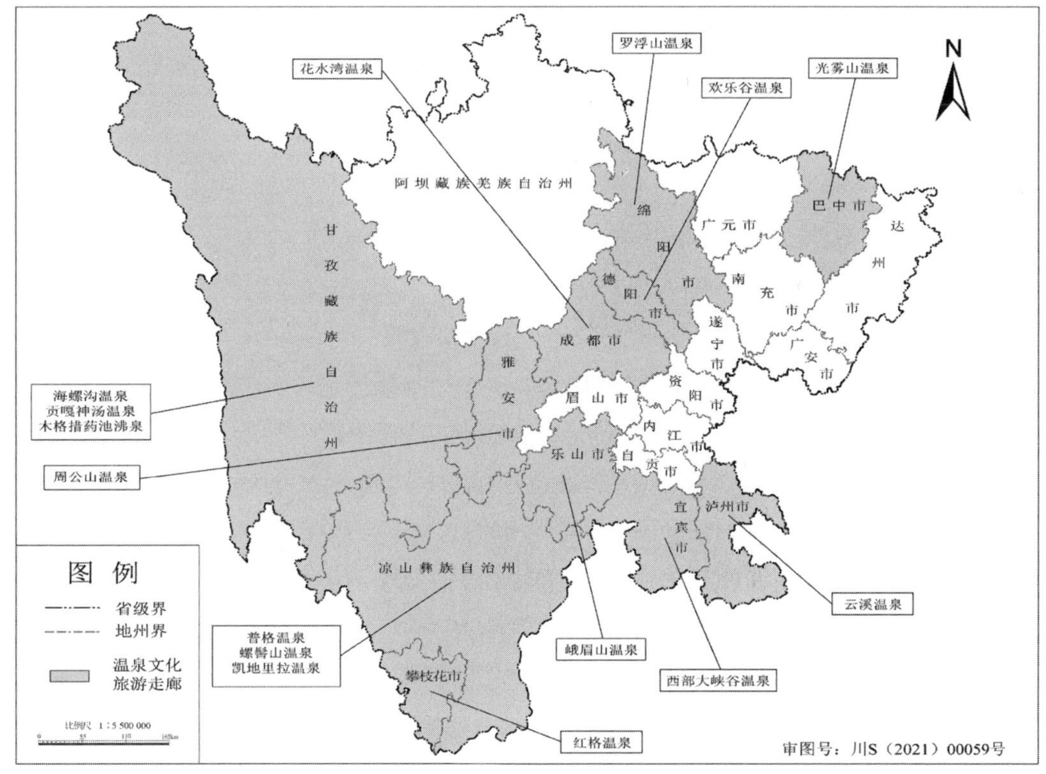

图 4-11　温泉文化旅游走廊区位示意

① 游飞、杨艺茂:《四川冰雪和温泉旅游节在海螺沟开幕》,《四川日报》2019 年 11 月 21 日第 1 版。

② 何羽佳:《我省发布发展冬季旅游三年行动计划》,《四川经济日报》2019 年 11 月 22 日第 2 版。

（十）藏羌彝文化旅游走廊

以甘孜、阿坝、凉山为核心区，以绵阳（北川羌族自治县、平武县）、乐山（金口河区、马边彝族自治县、峨边彝族自治县）、雅安（石棉县、汉源县、宝兴县）、攀枝花（仁和区、盐边县、米易县）的部分地区为辐射区，以成都为城市枢纽的藏羌彝文化旅游走廊（见图 4-12）。藏羌彝文化走廊是指由藏羌彝系统民族文化构成的特色民族文化分布带。[①] 藏羌彝文化旅游走廊则是指依托藏羌彝文化走廊内的各民族文化资源建设的以藏羌彝系统民族文化为主要特色的民族文化旅游带。四川既是全国唯一的羌族聚集区，也是全国最大的彝族聚集区，还是康巴藏区的核心区。从这个意义上讲，四川是藏羌彝文化走廊中唯一包含藏、羌、彝三个民族聚集区的省（自治区）。[②] 自中共四川省委九届九次全会通过的《关于深化文化体制改革　加快建设文化强省的决定》明确提出加快建设以"藏羌彝文化走廊"为核心区域的民族文化产业带以来，《文化部"十二五"时期文化产业倍增计划》和《文化部"十二五"时期文化改革发展规划》分别将"藏羌彝文化产业走廊"列入文化产业重点工程之一。此外，原文化部、财政部专门印发

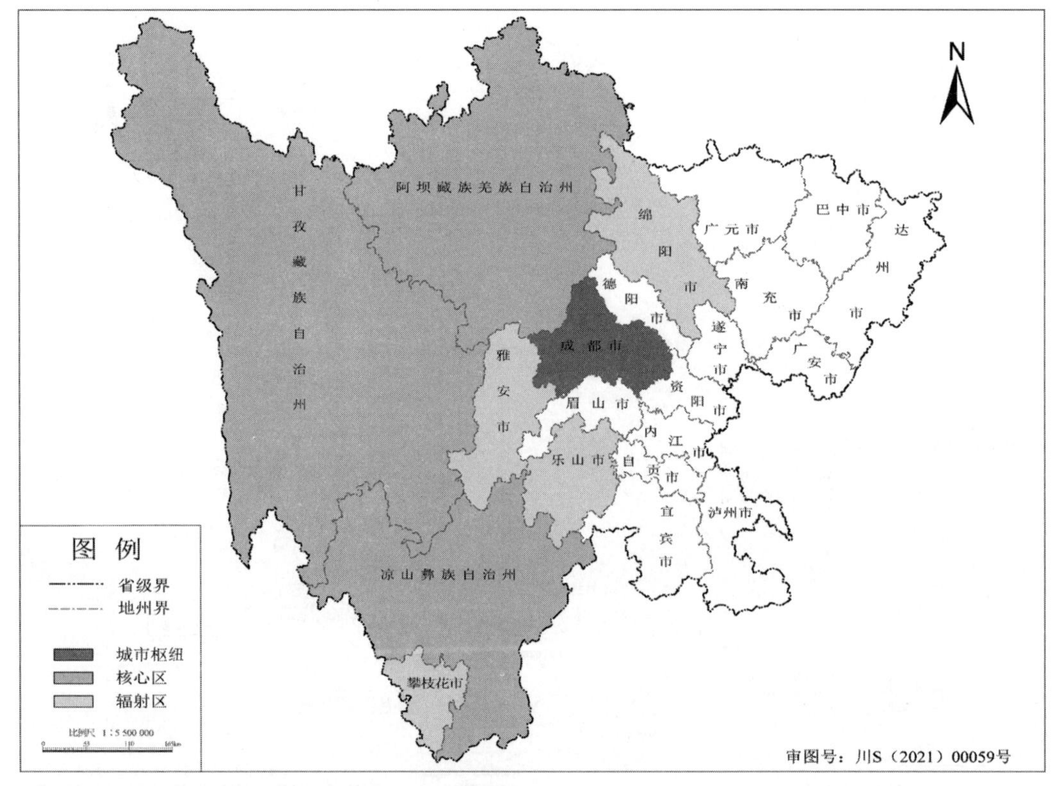

图 4-12　藏羌彝文化旅游走廊区位示意

① 徐学书：《"藏羌彝走廊"相关概念的提出及其范畴界定》，《西南民族大学学报（人文社科版）》2016年第7期。

② 常雄飞：《揭开藏羌彝文化产业走廊神秘面纱》，《四川日报》2014 年 10 月 21 日第 1 版。

了《藏羌彝文化产业走廊总体规划》，原四川省文化厅也发布了《藏羌彝文化产业走廊四川行动计划（2018—2020年）》。然而，仅就文化产业而言，由于相关地区的文化产业链“缺环”、文化企业经营人才缺乏等原因，四川区域的藏羌彝文化产业走廊建设情况并不理想。在文旅融合发展的大背景下，建设藏羌彝文化旅游走廊的提法和做法，或许更符合藏羌彝地区通过富集的民族文化资源、丰富的历史文化遗存、多样的民族文化形态来拉动旅游，带动以旅游业为核心的服务业发展，引导少数民族群众的就近就业增收，实现文旅融合赋能藏羌彝地区乡村文化振兴和产业振兴的现实需求。

二、增强成都文旅经济发展核心区的引领功能

由于全省各地资源和发展情况各不相同，为使全省各地将文化和旅游发展同经济社会发展统筹起来一体推进，以优势地域辐射后发地区、以成熟景区带动潜力资源，在全省“一干多支、五区协同”战略部署下，四川提出“一核”引领、“五带”协同的文化和旅游发展布局。其中，“一核”是指成都文旅经济发展核心区，即成都。

成都是四川省省会，地处四川盆地西部、青藏高原东缘。成都具有悠久而独特的历史渊源，文化积淀极其深厚，文人辈出，是中国十大古都之一，也是国务院首批公布的历史文化名城之一。早在距今4500年至3700年，“宝墩文化”就在成都平原兴起，自秦代兴建成都大城2000多年以来，成都一直是中国西南地区的政治和经济中心。成都是全国著名的重点旅游城市，“4+1”的世界遗产资源享誉世界，有国家A级旅游景区91家（国家5A级旅游景区1家、国家4A级旅游景区45家、国家3A级及以下旅游景区共45家）、4个自然保护区，以及众多省市级风景片区。在万事达卡发布的“2017年全球20个增长最具活力旅游目的地”榜单（国际入境过夜游客数量增长排名）中，成都位列全球第二；在美国《国家地理》杂志评选的全球“2017年21个必去旅游目的地城市”中，成都是中国唯一入选的旅游目的地。

在艺术创作方面，成都相继涌现出《哪吒之魔童降世》《十万个冷笑话》等一批现象级文创IP，孵化出电影《家园》、舞剧《努力餐》、川剧《烈火中永生》等一批文艺精品，打造出《伎乐·24》《天府之歌》系列作品等一批原创音乐作品。成都市川剧研究院青年川剧演员虞佳获第29届中国戏剧梅花奖，成都艺术剧院创作演出的舞剧《努力餐》获第12届中国舞蹈荷花奖，成都作家廖小琴（笔名麦子）创作的《大熊的女儿》和成都作家王林柏创作的《拯救天才》获第十届全国优秀儿童文学奖。成都共有33件文艺作品获得全省最高规格的综合性文艺类奖项——第九届四川省巴蜀文艺奖，占获奖总量的55%。其中，戏剧3件，占五分之三；电影4件，占五分之四；音乐2件，占五分之二；美术2件，占三分之一；曲艺4件，占五分之四；舞蹈3件，占五分之三；民间文艺3件，占五分之三；摄影3件，占五分之三；书法2件，占五分之二；杂技1件，占五分之一；电视3件，占二分之一；文艺评论3件，皆由成都获得。由于成都拥有丰

富的驻地高校和艺术机构资源，以及对优秀文艺人才的强大虹吸效应，因此，成都的文化生产和艺术创作具有得天独厚的优势，尤其是在文艺评论、电影和曲艺等艺术门类具有压倒性优势。

在文化遗产方面，成都是中西部地区拥有世界遗产项目数量最多的城市，拥有世界遗产 2 项、世界预备遗产 2 项。截至 2019 年 12 月，成都共拥有不可移动文物 6832 处、博物馆（纪念馆）和美术馆共 158 个、非物质文化遗产 177 项、地名文化遗产 709 处、历史名人 471 名、地域乡村文化名人 271 名、历史掌故（史志传说）347 个。截至 2019 年 12 月，成都共拥有市级以上非物质文化遗产代表性项目 133 大项、177 子项。其中，国家级 22 项、省级 53 项、市级 102 项。

在公共服务方面，根据国家市场监督管理总局印发的《2020 年全国公共服务质量监测情况通报》，在全国 31 个省（自治区、直辖市）共 110 个监测城市中，成都以 83.73 分名列 2020 年度全国公共文化服务满意度第一。根据文化和旅游部公布的第五次全国文化馆评估定级上等级文化馆名单，成都市级及各县（市、区）的 22 个文化馆全部被评定为“一级文化馆”。在全国的副省级省会城市中，仅有 3 个城市的市级及各县（市、区）文化馆全部被评定为“一级文化馆”。在全国各大城市中，只有成都的市级及各县（市、区）两级文化馆、图书馆均被评定为“国家一级馆”。尤其值得一提的是，成都图书馆首创的社保卡“零门槛”免注册服务，不仅实现了市、县、乡、村全域四级图书借阅“通借通还”，而且让全市 2000 多万市民共享 2 亿篇（册）数字文献。此外，成都市文化广电旅游局为有效破解基层公共文化服务动态监管难题而开发建设的“文旅 e 管家——成都市公共文化服务绩效管理平台”、成都市文化广电旅游局将街头艺术表演纳入公共文化管理范畴的“成都街头艺术表演”项目、成都市文化馆启动的旨在提升公共文化服务品质的“公共文化服务体验师”项目，都不仅起到了较好的提质增效作用，而且产生了较好的引领带动作用。

在文化资源方面，根据四川省文化和旅游资源普查工程公布的数据，成都共有地方戏曲剧种、古籍、传统器乐乐种、美术馆藏品、非物质文化遗产、文物六大类文化资源 924531 个，其中国家级资源 70 个。文化资源总量位居全省第一。

从文化经济指标来看，成都文化创意产业规模不断扩大。成都重点发展传媒影视、创意设计、音乐艺术、信息服务、文体旅游等核心领域，已初步构建起特色鲜明、附加值高、原创性强、成长性好的现代文化创意产业体系。文化创意产业集群化、特色化、差异化发展态势良好。成都文化创意产业增加值从 2016 年的 633.6 亿元增至 2020 年的 1805.96 亿元，增长近 3 倍，年均增幅超 30%（见表 4-1）。尤其值得一提的是，尽管受新冠疫情的影响，2020 年成都文化创意产业增加值不仅同比增长 23.7%，占地区生产总值的比重还首次突破 10%，成为全市新兴支柱产业和重要经济增长点。

表 4-1 “十三五”时期成都市文化创意产业增加值及占地区生产总值变动情况

指标 年份	文化创意产业增加值（亿元）	占地区生产总值比重（%）	同比增幅（%）
2016	633.6	5.21	27.3
2017	793.0	5.71	25.2
2018	1172.9	7.64	51.4
2019	1459.8	8.58	24.5
2020	1805.96	10.19	23.7

在园区基地方面，截至“十三五”期末，全市共有国家级文化产业示范园区（基地）8 个、省级文化产业示范园区（基地）25 个、市级文化产业示范园区（基地）31 个、市级文创产业功能区 6 个。此外，还有 55 个文创镇（村）、194 条文创街区、1897 个文创空间。

在旅游资源方面，成都共有旅游资源 29907 个，旅游资源总量位居全省第二。其中，优良级旅游资源 5129 个，占全省总数的 17.15%；五级旅游资源 231 个，占全省总数的 0.77%；四级旅游资源 470 个，占全省总数的 1.57%。

从旅游经济指标来看，成都的国内旅游收入从 2016 年的 2425.58 亿元增至 2019 年的 4551.34 亿元，增长 1.88 倍。尽管受新冠疫情的影响，2020 年的国内旅游人数同 2016 年相差不大，然而，该数据已是恢复至上年同期 73.8% 的结果。国内旅游收入也达到 3002.13 亿元，恢复至上年同期的 66.0%（见表 4-2）。

表 4-2 “十三五”时期成都市旅游业的主要经济指标

年份	星级饭店数（个）	入境游客人数（万人次）	国际旅游外汇收入（万美元）	国内游客人数（万人次）	国内旅游收入（亿元）
2016	113	268.17	149544.54	19756.48	2425.58
2017	103	301.34	136498.80	20703.81	2946.24
2018	91	340.61	144660.88	24017.29	3616.87
2019	87	381.43	194588.75	27643.07	4551.34
2020	89	23.31	4426.40	20395.32	3002.13

“十四五”时期，成都文旅经济发展核心区将以高质量建设践行新发展理念的公园城市示范区为统领，聚焦发展天府文化，突出成都旅游的都市型、国际化和综合性特点，加快打造“三城三都”①，建成具有国际影响力的世界文化名城、全国演艺中心、现代文化和旅游发展引领极与动力源。推动历史文化保护与城市更新相结合，将天府文化

① 2017 年 12 月召开的中共成都市委十三届二次全会提出：“要通过全面塑造发展环境提升城市软实力，积极建设世界文化名城（后确定为‘世界文创名城’）、旅游名城、赛事名城，高标准打造国际美食之都、音乐之都、会展之都，通过塑造‘三城三都’城市品牌，提升城市文化沟通能力和全球传播能力。”

元素有机融入公园城市建设，打造城市文化新地标。加强天府文化创新供给，建设天府文化国际传播交流体系，提升天府文化凝聚力、创造力、影响力。汇聚全球文化创意设计要素资源，推动现代时尚、传媒影视、动漫游戏、音乐艺术、商务会展等重点产业跨越式发展，打造一批具有国际影响力的文创产业功能区。优化城旅一体的景观体系、美好生活的体验空间、主客共享的旅游休闲服务，重点在古蜀文化旅游、大熊猫文化旅游、“烟火成都”都市休闲、“雪山下的公园城市”旅游等方面形成发展新优势，进一步做优做强“中国最佳旅游城市”品牌。

在文创发展方面，成都在“十四五”时期将按照“东进、南拓、西控、北改、中优”差异化发展要求，高质量构建“极核辐射、一圈环构、两翼齐飞”的全市文创发展新格局（见图 4-13）。

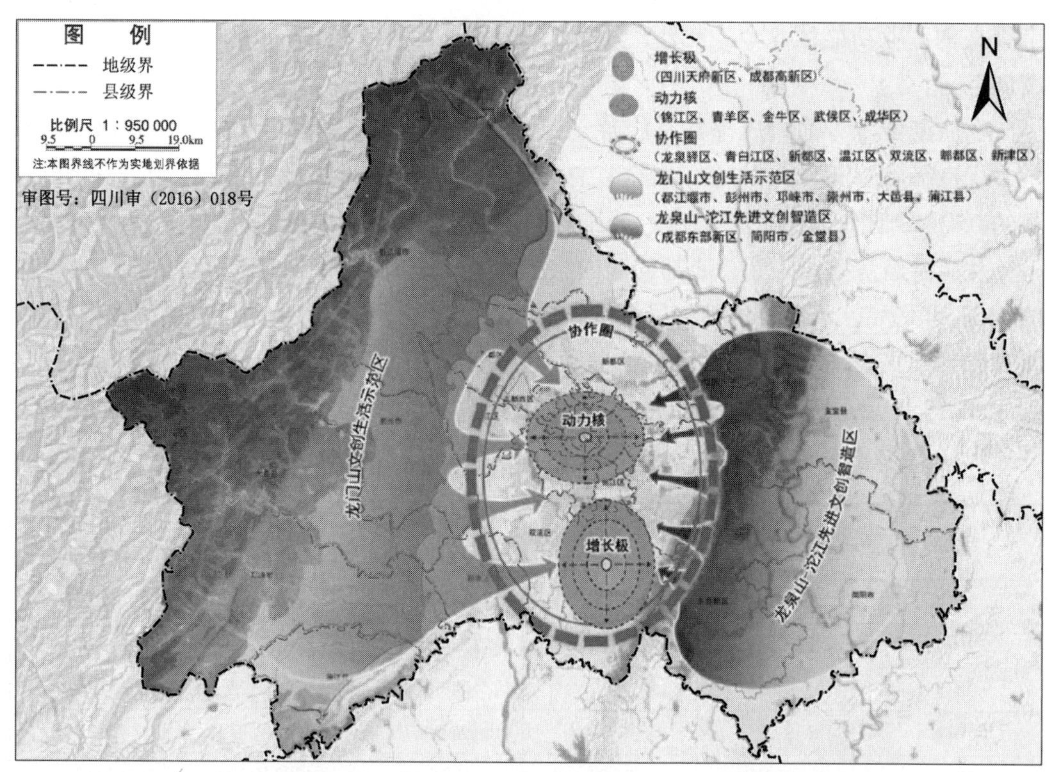

图 4-13 成都“极核辐射、一圈环构、两翼齐飞”的文创发展格局示意

一是包括四川天府新区、成都高新区在内的增长极。四川天府新区主要以视频、音频为产业重点细分领域，建设中国视听谷。成都高新区主要聚焦发展影视动漫、数字音乐、数字传媒、电竞游戏等数字文创细分领域。二是包括锦江区、青羊区、金牛区、武侯区、成华区在内的动力核，大力发展现代时尚、传媒影视、文博文创、音乐艺术、动漫游戏等重点领域。三是包括龙泉驿区、青白江区、新都区、温江区、双流区、新津区在内的协作圈。协作圈内的各区结合各自的资源禀赋和要素优势，做强特色文创产

业。例如，新都区依托“三星堆—熊猫基地”中轴线的区位优势，发挥“天府沸腾小镇”“三河理想村”等网红 IP 的辐射效应，建设天府文化音乐文创中心。又如，双流区以“泛欧泛亚航空枢纽”为依托，重点发展国际时尚、空港赛事、诗意栖居、创意创造、休闲乐活五大产业集群，建设“天府文创之港”。四是包括都江堰市、彭州市、邛崃市、崇州市、大邑县、蒲江县在内的龙门山文创生活示范区。在发展思路上，逐步从生产导向转向人本导向，大力发展“文创 + 林盘”“文创 + 农业”“文创 + 商贸”“文创 + 旅游”“文创 + 世界遗产”等新业态。五是包括成都东部新区、简阳市、金堂县在内的龙泉山—沱江先进文创智造区。在发展思路上，立足成渝相向发展，激发龙泉山东侧和沱江沿线区域文创活力，大力发展“文创 + 先进制造”“文创 + 体育赛事”等新业态。

在旅游发展方面，成都在“十四五”时期将按照“东进、南拓、西控、北改、中优”的差异化发展要求，高质量构建“双圈共振、一核引领、两极支撑、三带共兴”的全市公园城市全域旅游空间布局（见图 4-14）。

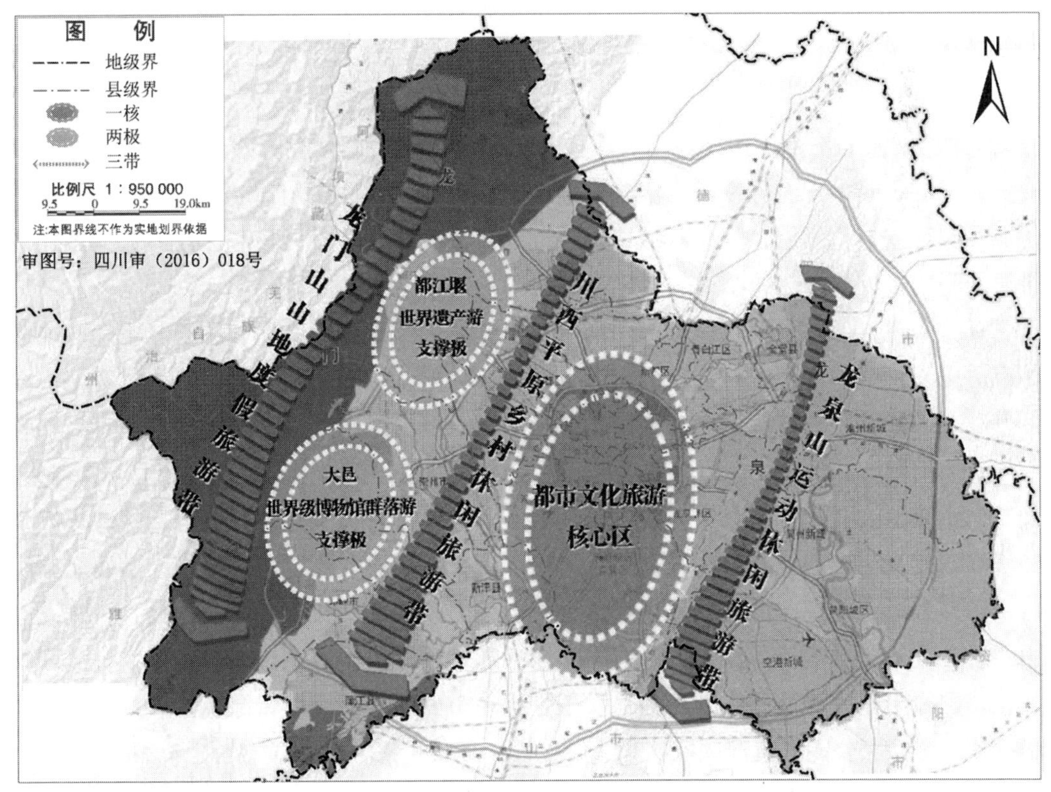

图 4-14　成都“双圈共振、一核引领、两极支撑、三带共兴”的全域旅游空间布局示意

一是“双圈共振”，即依托古蜀、三国、诗歌、大熊猫、世界遗产等天府文化，协同开发环龙门山、环龙泉山文旅资源，增强成都旅游辐射引领功能，实现“双圈共振”、联动发展。二是“一核引领”，即围绕锦江区、青羊区、金牛区、武侯区、成华区和天府新区、高新区“5+2”区域，打造都市文化旅游核心区。三是“两极支撑”，即依托都江堰市作为世界自然遗产、世界文化遗产、世界灌溉工程遗产“三遗”之城和天府青城康养休闲旅游度假区的特有优势，打造都江堰世界遗产游支撑极，同时依托大邑·安仁中国博物馆小镇、西岭雪山—花水湾、新场古镇、子龙池和优质乡村文化旅游资源，打造大邑世界级博物馆群落游支撑极。四是“三带共兴”，即依托都江堰市、彭州市、邛崃市、崇州市、大邑县、蒲江县的龙门山山地区域的优越自然生态和历史文化资源，打造龙门山山地度假旅游带。依托东部新区、龙泉驿区、青白江区、简阳市、金堂县的城市绿心优势，打造龙泉山运动休闲旅游带。依托新都区、温江区、双流区、郫都区、新津区等川西平原地带的美丽乡村、川西林盘、特色小镇、观光农业等资源，打造川西平原乡村休闲旅游带。

三、推动“一核”与“五带”的协同联动发展

在“一核”引领、“五带”协同的文化和旅游发展布局中，“五带”是指环成都文旅经济带（包括乐山、雅安、绵阳、德阳、资阳、遂宁、眉山）、川南文旅经济带（包括泸州、宜宾、自贡、内江）、川东北文旅经济带（包括南充、广元、达州、巴中、广安）、攀西文旅经济带（包括凉山、攀枝花）、川西北文旅经济带（包括阿坝、甘孜）。

在发展思路上，充分发挥环成都、川南、川东北、攀西、川西北文旅经济带的比较优势，实现差异化发展，强化区域协作，推动成都文旅经济发展核心区与五大文旅经济带协同联动（见图 4-15）。

具体来说，一是拓展环成都、川南、川东北文旅经济带的文化和旅游新空间，加强城市历史文化保护利用，打造宜居宜业宜游城市环境，探索川西林盘、巴蜀村寨保护性开发和合理利用，打造一批优秀旅游目的地城市、乡村民宿集群，创建一批国家级和省级旅游休闲城市、街区、乡村旅游集聚区。加快各类文化市场主体和文化产业要素聚集，发展文化旅游、文化创意、文化装备等优势产业，发挥特色文化贸易优势，打造环成都经济圈城市文化产业支点，建设嘉陵江文化产业带、川南文创港。二是推动攀西文旅经济带转型升级，培育一批区域市场竞争力和引领力较强的文化产品和文化品牌，建设凉山州脱贫攻坚全域实景博物馆，加快安宁河谷和金沙江沿岸农文旅融合发展，打造彝族文化和国际阳光康养度假旅游目的地。三是推动川西北文旅经济带绿色发展，依托大熊猫、若尔盖国家公园和黄河国家文化公园建设，促进生态、文化、旅游、科教融合发展，创建一批生态旅游示范区，建设具有地域和民族风格的特色文化产业集群，打造藏羌文化体验和国际生态文化旅游目的地。在此基础上，重点建设 1 个世界旅游名城（成都）、8 个国际旅游城市（乐山、自贡、广元、攀枝花、宜宾、西昌、阆中、九寨沟县城）、7 个区域旅游中心城市（泸州、绵阳、南充、广安、达州、雅安、松潘县城）、8 个特色旅游城市（德阳、遂宁、内江、资阳、眉山、巴中、康定、马尔康）（见图 4-16）。

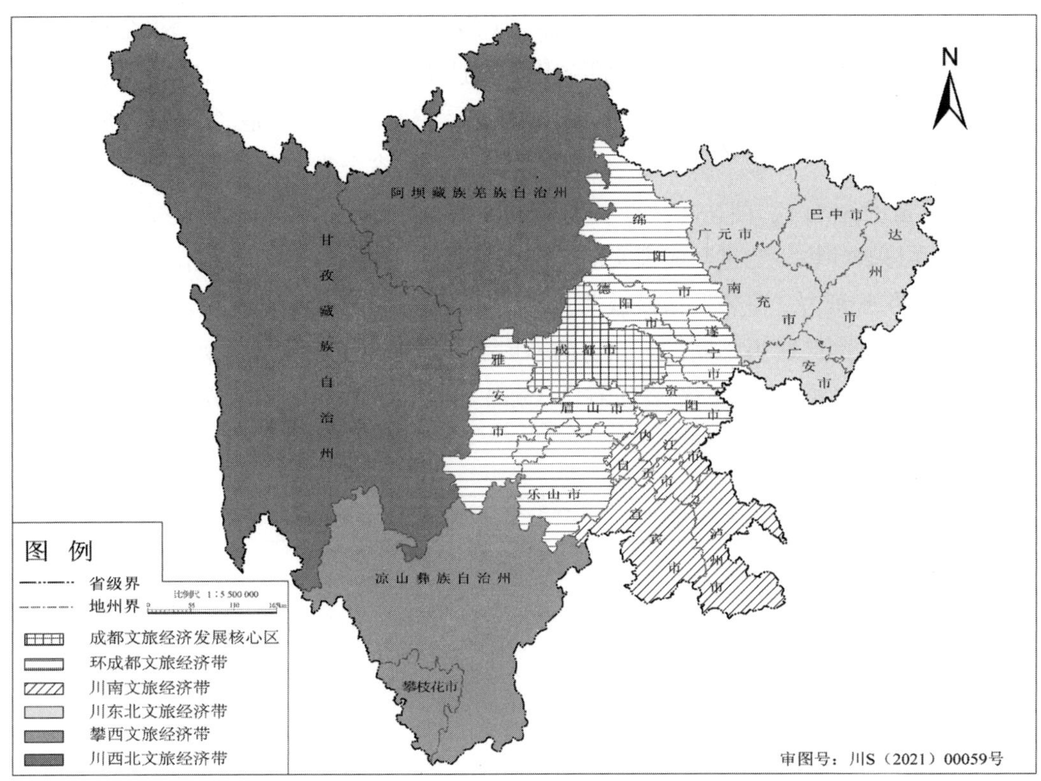

图 4-15　四川“一核”引领、“五带”协同的文化和旅游发展布局示意

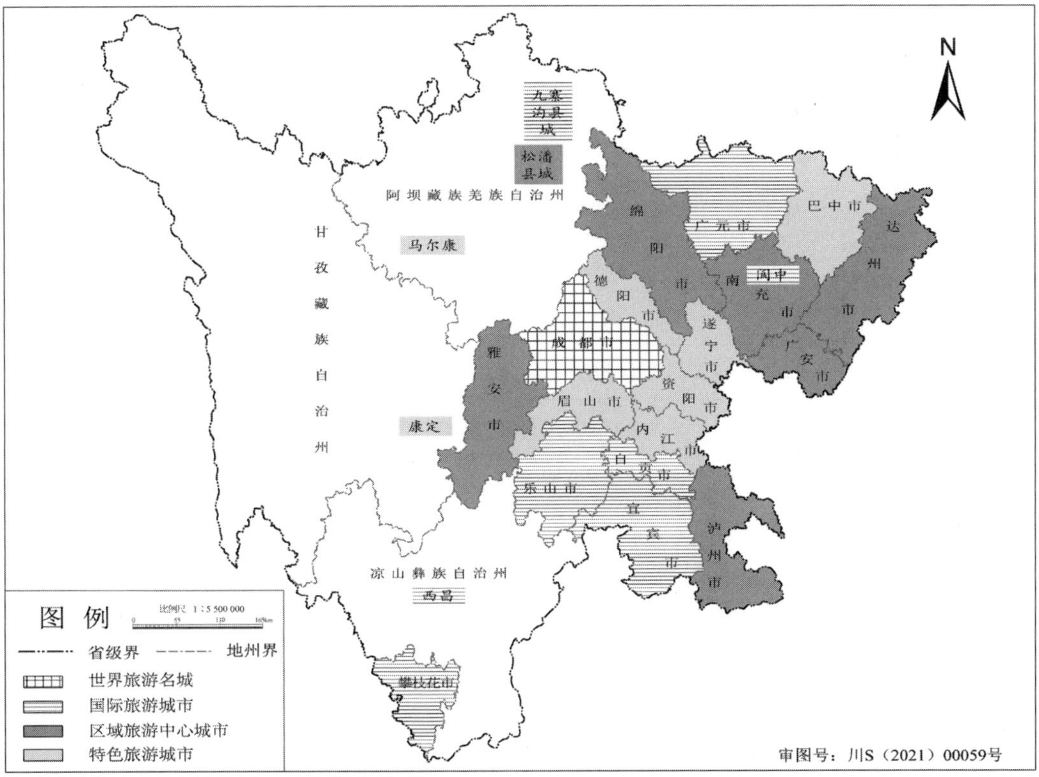

图 4-16　四川“一核五带”区域协调发展格局示意

在艺术创作方面，“五带”区域内的各市（州）共有27件文艺作品获得全省最高规格的综合性文艺类奖项——第九届四川省巴蜀文艺奖，占获奖总量的45%（见表4-3）。从获奖情况来看，存在艺术创作的极不均衡现象。具体来说，一是“一核”（成都）与“五带”的不均衡。“一核”共有33件文艺作品获奖，占全省获奖总量的55%。在电影（占获奖总量的80%）、曲艺（占获奖总量的80%）、文艺评论（全由成都获得）等艺术门类存在显著优势。二是环成都文旅经济带与其他“四带”的不均衡。环成都文旅经济带的作品获奖量占“五带”区域获奖总量的44.4%，整个川西北文旅经济带仅有1件作品获奖。三是同区域内不同市（州）的不均衡。川东北文旅经济带中仅有南充一市获奖，且获奖数量（5件）名列全省所有市（州）的第二。这种不均衡现象极大地影响到艺术创作的相对平衡与良性发展。

表4-3　四川“一核五带”区域的第九届四川省巴蜀文艺奖获奖情况

所属区域	所属市（州）	报送单位或作者	作品名称
成都文旅经济发展核心区（33件）	成都	成都市京剧研究院	京剧《陈毅回川》
	成都	四川人民艺术剧院有限责任公司	话剧《苍穹之上》
	成都	四川艺术职业学院	川剧《诗酒太白》
	成都	峨眉电影集团有限公司	纪录片《寻羌》
	成都	峨眉电影集团有限公司	故事片《大路朝天》
	成都	峨眉电影集团有限公司、四川峨眉电影音像	纪录片《红旗漫卷西风》
	成都	成都天音奇林影视传媒股份有限公司	故事片《李雷和韩梅梅》
	成都	成都市音乐家协会	戏曲女高音与乐队《春夜喜雨》
	成都	四川省歌舞剧院有限责任公司	音乐剧《熊猫秘境》
	成都	邓枫（成都）	中国画《花动一山春色》
	成都	周天（成都）	中国画《花语》
	成都	成都市非物质文化遗产保护中心	琵琶弹唱《让美丽成都更加灿烂》
	成都	四川省曲艺研究院	四川清音《桑叶天下》
	成都	彭州市曲艺家协会	四川谐剧《山乡趣话》
	成都	成都市非物质文化遗产保护中心	四川谐剧《月儿圆了》
	成都	四川师范大学	民族民间舞《天鼓》
	成都	四川大学	民族民间舞《都荷忆象》

续表

所属区域	所属市（州）	报送单位或作者	作品名称
成都文旅经济发展核心区（33 件）	成都	四川音乐学院舞蹈学院	现代舞《遇见日子》
	成都	孟燕、杨麟翼、袁庭栋、江功举（成都）	图书《蜀中风俗图咏》
	成都	四川蜀菁文化传播有限公司	工艺品《幽篁里的宝贝》
	成都	李祥林（成都）	图书《民俗事象与族群生活——人类学视野中羌族民间文化研究》
	成都	袁蓉荪（成都）	摄影画册《空谷妙相——时光里的中国佛窟》
	成都	谢康（成都）	摄影组照《今日大凉山》
	成都	岳军（成都）	摄影组照《街头巷尾摄影系列》
	成都	汤文俊（成都）	行草书《旻禅翁　杨源仁诗》
	成都	孙培严（成都）	篆书《篆论一则》
	成都	四川艺术职业学院	空竹《小亲妹嘢》
	成都	四川星空影视文化传媒有限公司	电视剧《那些年，我们正年轻》
	成都	四川广播电视台	纪录片《三国的世界》
	成都	四川广播电视台	纪录片《汶川十年・我们的故事》
	成都	唐林（成都）	图书《四川美术史》（中册・五代两宋卷）
	成都	管苠棡（成都）、唐波（成都）	图书《巴蜀山水画叙论・巴蜀山水审美与山水画传承变革研究》（一、二、三卷）
	成都	焦阳（成都）	图书《教育戏剧对儿童素质影响的实证研究》
环成都文旅经济带（12 件）	乐山	乐山文化发展研究中心	民族民间舞《生如夏花》
		乐山市民间文艺家协会	《外来文明的印记・中国嘉定往事》
		峨眉山广播电视台	《故宫文物南迁・峨眉记忆》
	绵阳	绵阳市文学艺术界联合会	混声合唱《将进酒》
		刘卫东（绵阳）	中国画《信徒》
		唐龙（绵阳）	草书《随园诗话补遗》选录

续表

所属区域	所属市（州）	报送单位或作者	作品名称
环成都文旅经济带（12件）	德阳	德阳市文学艺术界联合会	无伴奏混声合唱《Ma Go Do——火把》
		德阳市舞蹈家协会、德阳舞蹈学校、德阳市歌舞团有限公司	当代舞《梦回三星堆》
	遂宁	遂宁市川剧团	川剧《苍生在上》
		遂宁市杂技团	钻圈《台圈——跨越》
	眉山	李长青（眉山）	泥塑《乡村戏班》
		杨江帆（眉山）	行书《杜甫怀锦水居止二首中堂》
川南文旅经济带（6件）	宜宾	宜宾市映三江农村数字电影院线有限公司	故事片《最后一公里》
		江安县文化馆	四川谐剧《酒壮英雄胆》
		宜宾市酒都艺术研究院杂技团	高空节目《中国结》
		宜宾广播电视台	纪录片《李庄纪事》
	自贡	自贡市杂技团演艺有限责任公司	坛技《青花韵》
		王纯（自贡）	漆画《盛世龙舞》
川东北文旅经济带（5件）	南充	四川省大木偶剧院	木偶剧《丝路驼铃》
		何仁军（南充）	油画《老兵》
		秦鲭（南充）	油画《山里山外》
		程金玉（南充）	摄影组照《渡情》
		南充市杂技团	技巧《力量·勇》
攀西文旅经济带（3件）	凉山	凉山州文学艺术界联合会	歌曲《金不换银不换》
		凉山文化广播影视传媒集团有限公司	电视剧《索玛花开》
	攀枝花	陈文建（攀枝花）	楷书《围炉夜话选抄》
川西北文旅经济带（1件）	阿坝	黄继舟（阿坝）	摄影画册《中国四姑娘山》

在文化和旅游资源方面，根据四川省文化和旅游资源普查工程公布的数据，“五带”区域内不同市（州）的文化和旅游资源也存在较为明显的不均衡分布现象（见表4-4）。

表 4-4　四川“一核五带”区域的文化和旅游资源分布情况

（单位：个）

所属区域	所属市（州）	文化资源	旅游资源	优良级旅游资源（三、四、五级）	五级旅游资源	四级旅游资源
成都文旅经济发展核心区	成都	924531	29907	5129	231	470
环成都文旅经济带	乐山	64570	13962	3066	90	231
	雅安	54175	12027	2556	106	223
	绵阳	173375	16811	3356	102	429
	德阳	58470	5774	1050	24	75
	资阳	18988	3507	601	20	47
	遂宁	49664	4890	730	24	106
	眉山	15754	6767	885	42	88
川南文旅经济带	泸州	116202	7854	1823	88	412
	宜宾	86646	11144	3034	94	354
	自贡	64659	5649	1490	46	101
	内江	36552	5322	931	20	111
川东北文旅经济带	南充	186694	10646	1543	69	120
	广元	14319	9181	2345	80	187
	达州	43129	9642	1406	51	226
	巴中	98327	8275	1621	42	176
	广安	20701	7970	1376	59	264
攀西文旅经济带	凉山	40145	20658	3391	102	422
	攀枝花	14793	3838	648	17	59
川西北文旅经济带	阿坝	59208	15641	3677	205	424
	甘孜	26088	36106	6305	308	754

从天府旅游名县的分布情况来看，环成都文旅经济带有 8 个、川东北文旅经济带有 7 个、成都文旅经济发展核心区有 6 个、川西北文旅经济带有 5 个、川南文旅经济带有 3 个、攀西文旅经济带有 2 个（见图 4-17）。

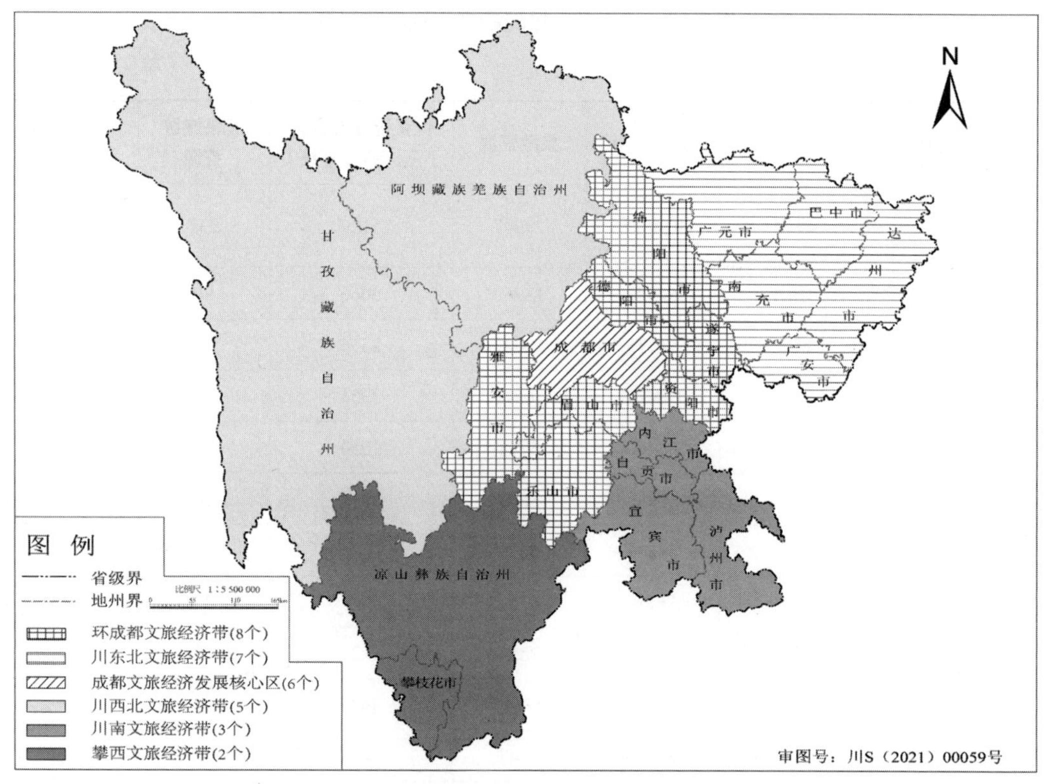

图 4-17　四川“一核五带”区域的天府旅游名县分布情况

在公共服务方面，根据国家市场监督管理总局印发的《2020 年全国公共服务质量监测情况通报》，四川省以总分 82.03 分在全国 31 个省（自治区、直辖市）的公共文化服务满意度排名中名列第四。在全国 110 个监测城市中，除成都（83.73 分）名列第一外，处于环成都文旅经济带的雅安（82.53 分）、遂宁（81.09 分）、眉山（80.74 分），处于川南文旅经济带的自贡（81.55 分），处于川东北文旅经济带的南充（82.56 分），也都取得了不错的成绩。

根据文化和旅游部公布的第五次全国文化馆评估定级上等级文化馆名单，全省共有 179 个上等级馆。其中一级馆 113 个、二级馆 35 个、三级馆 31 个。成都文旅经济发展核心区有 23 个上等级馆（含四川省文化馆），且皆为一级馆；环成都文旅经济带有 55 个上等级馆，其中一级馆 36 个；川南文旅经济带有 30 个上等级馆，其中一级馆 18 个；川东北文旅经济带有 38 个上等级馆，其中一级馆 27 个；攀西文旅经济带有 10 个上等级馆，其中一级馆 7 个；川西北文旅经济带有 23 个上等级馆，其中一级馆 2 个（见表 4-5）。

表 4-5　四川“一核五带”区域的各级文化馆分布

（单位：个）

所属区域	所属市（州）	上等级馆数量	一级馆数量	二级馆数量	三级馆数量
成都文旅经济发展核心区（23）	成都	23	23	0	0
环成都文旅经济带（55）	乐山	12	6	5	1
	雅安	9	8	1	0
	绵阳	10	7	2	1
	德阳	7	6	0	1
	资阳	4	3	0	1
	遂宁	6	4	2	0
	眉山	7	2	3	2
川南文旅经济带（30）	泸州	8	6	2	0
	宜宾	11	4	5	2
	自贡	5	4	1	0
	内江	6	4	1	1
川东北文旅经济带（38）	南充	9	9	0	0
	广元	8	5	3	0
	达州	8	7	0	1
	巴中	6	2	2	2
	广安	7	4	3	0
攀西文旅经济带（10）	凉山	4	2	0	2
	攀枝花	6	5	1	0
川西北文旅经济带（23）	阿坝	7	2	2	3
	甘孜	16	0	2	14

注：上等旅馆数量 = 一级馆数量 + 二级馆数量 + 三级馆数量。

全省共有公共图书馆 207 个，其中，一级馆 56 个、二级馆 45 个、三级馆 42 个、无等级馆 50 个、未参评馆 14 个。成都文旅经济发展核心区有 23 个公共图书馆（含四川省图书馆），且皆为一级馆；环成都文旅经济带有 55 个公共图书馆，其中，一级馆 15 个、二级馆 16 个、三级馆 21 个；川南文旅经济带有 33 个公共图书馆，其中，一级馆 5 个、二级馆 7 个、三级馆 11 个；川东北文旅经济带有 39 个公共图书馆，其中，一级馆 11 个、二级馆 17 个、三级馆 4 个；攀西文旅经济带有 24 个公共图书馆，其中，一级馆 2 个、二级馆 3 个、三级馆 1 个；川西北文旅经济带有 33 个公共图书馆，其中，二级馆 2 个、三级馆 5 个（见表 4-6）。

表 4-6　四川“一核五带”区域的各级公共图书馆分布

（单位：个）

所属区域	所属市（州）	一级馆数量	二级馆数量	三级馆数量	无等级或未参评馆数量
成都文旅经济发展核心区（23）	成都	23	0	0	0
环成都文旅经济带（55）	乐山	0	4	6	2
	雅安	2	2	5	0
	绵阳	5	4	1	0
	德阳	2	3	2	0
	资阳	2	1	1	0
	遂宁	2	1	2	1
	眉山	2	1	4	0
川南文旅经济带（33）	泸州	3	3	1	2
	宜宾	0	1	8	2
	自贡	1	0	2	4
	内江	1	3	0	2
川东北文旅经济带（39）	南充	2	4	0	4
	广元	4	2	1	1
	达州	3	3	2	0
	巴中	1	4	1	0
	广安	1	4	0	2
攀西文旅经济带（24）	凉山	1	2	1	15
	攀枝花	1	1	0	3
川西北文旅经济带（33）	阿坝	0	2	2	10
	甘孜	0	0	3	16

全省共有登记备案的博物馆 292 个。其中，成都文旅经济发展核心区有 121 个、环成都文旅经济带有 61 个、川南文旅经济带有 38 个、川东北文旅经济带有 44 个、攀西文旅经济带有 11 个、川西北文旅经济带有 17 个（见表 4-7）。

表 4-7　四川“一核五带”区域的博物馆分布

（单位：个）

所属区域	所属市（州）	博物馆数量
成都文旅经济发展核心区（121）	成都	121

续表

所属区域	所属市（州）	博物馆数量
环成都文旅经济带（61）	乐山	11
	雅安	13
	绵阳	12
	德阳	11
	资阳	1
	遂宁	6
	眉山	7
川南文旅经济带（38）	泸州	16
	宜宾	14
	自贡	4
	内江	4
川东北文旅经济带（44）	南充	9
	广元	12
	达州	7
	巴中	12
	广安	4
攀西文旅经济带（11）	凉山	7
	攀枝花	4
川西北文旅经济带（17）	阿坝	11
	甘孜	6

尤其值得一提的是，在人员编制不足、专业人才不够的情况下，四川省突破“向编制要人”的传统思维，以全省志愿者队伍建设为抓手，直接由省财政安排5600万元资金，采取以奖代补政府购买公益性岗位的方式，招募活跃在广大农村的有文艺专长、热心社会公益、乐于组织基层群众文化活动的文化志愿者、大学生村官、高年级留守学生等群众文艺骨干和文化能人4.62万名，开展村民喜闻乐见的演出、阅读、公益性文化讲座、艺术培训等文化活动，管理和维护村级文化活动室、广播室、图书室等公共文化设施，辅导和培训本村群众文艺队伍和文艺爱好者等，协助当地开展非遗传承和保护、文化市场管理、农村文化产业发展等工作。① 在公共文化服务机制创新上，针对基层文化工作管理缺人才、服务不经常、设施设备闲置、群众主体地位不突出等问题，宜宾市珙县珙泉镇文化站在全国率先成立农民文化理事会，开展公共文化阵地“共建共管共

① 付远书:《四川：为公共文化服务效能提升注入新动力》,《中国文化报》2021年6月17日第6版。

用”机制的探索。珙县试点初见成效后，珙县专门成立工作小组，领导全县 17 个乡镇全部成立农民文化理事会。由珙县县级文化理事会牵头，各个乡镇农民文化理事会和相关社会文艺团体共同承担具体工作，采取“政府搭台、群众唱戏”的方式，由县政府提供必要的资金奖补，将以往相对单一、小型的节日活动升级为综合性群众“大舞台”。在丰富多彩的菜单式文化活动中，人民群众当主角，文化权益得到有力保障。[①]2020 年，珙县农民文化理事会机制创新及其标准化研究被四川省文化和旅游厅推荐申报 2020 年国家标准、行业标准修订计划项目和行业标准化研究项目。

在园区基地方面，截至“十三五”期末，全省共有国家级文化产业示范园区（基地）16 个、省级文化产业示范园区（基地）70 个（见表 4-8）。从文化产业示范园区（基地）的分布情况来看，主要集中于成都文旅经济发展核心区和环成都文旅经济带（占全省总数的 52.8%）。其中，成都又占全省文化产业示范园区（基地）总数的 38.4%。全省共有国家中医药健康旅游示范基地创建单位 3 个、四川省中医药健康旅游示范基地 5 个、国家工业遗产旅游基地 1 个、四川省工业旅游示范基地 15 个、四川省科技旅游示范基地 10 个（见表 4-9）。从特色旅游示范园区（基地）的分布情况来看，虽然也呈现出高度集中于成都文旅经济发展核心区和环成都文旅经济带的特点（共占全省总数的 64.7%），但环成都文旅经济带（占全省总数的 44.1%）的优势要远大于成都文旅经济发展核心区（占全省总数的 20.6%）。

表 4-8　四川“一核五带”区域的文化产业示范园区（基地）分布

（单位：个）

所属区域	所属市（州）	国家文化产业示范园区数量	四川省文化产业示范园区数量	国家文化产业示范基地数量	四川省文化产业示范基地数量
成都文旅经济发展核心区（33）	成都	1	5	7	20
环成都文旅经济带（21）	乐山	0	0	1	1
	雅安	0	1	0	0
	绵阳	0	1	0	5
	德阳	0	0	1	2
	资阳	0	0	0	0
	遂宁	0	1	1	4
	眉山	0	1	0	2

① 陈叙：《新中国 70 年来乡村文化建设的历程与走向研究》，《中华文化论坛》2019 年第 6 期。

续表

所属区域	所属市（州）	国家文化产业示范园区数量	四川省文化产业示范园区数量	国家文化产业示范基地数量	四川省文化产业示范基地数量
川南文旅经济带（11）	泸州	0	0	0	5
	宜宾	0	0	0	1
	自贡	0	0	1	2
	内江	0	0	0	2
川东北文旅经济带（10）	南充	0	1	0	2
	广元	0	1	2	3
	达州	0	0	0	0
	巴中	0	0	0	1
	广安	0	0	0	0
攀西文旅经济带（6）	凉山	0	0	1	4
	攀枝花	0	0	0	1
川西北文旅经济带（5）	阿坝	0	0	1	3
	甘孜	0	0	0	1

表 4-9　四川“一核五带”区域的特色旅游示范园区（基地）分布

（单位：个）

所属区域	所属市（州）	国家中医药健康旅游示范基地创建单位数量	四川省中医药健康旅游示范基地数量	国家工业遗产旅游基地数量	四川省工业旅游示范基地数量	四川省科技旅游示范基地数量
成都文旅经济发展核心区（7）	成都	1	2	1	1	2
环成都文旅经济带（15）	乐山	0	0	0	2	1
	雅安	0	1	0	1	0
	绵阳	1	1	0	2	2
	德阳	0	0	0	1	0
	资阳	0	0	0	0	0
	遂宁	0	0	0	1	0
	眉山	0	1	0	1	0
川南文旅经济带（6）	泸州	0	0	0	1	1
	宜宾	0	0	0	2	1
	自贡	0	0	0	0	0
	内江	1	0	0	0	0

续表

所属区域	所属市（州）	国家中医药健康旅游示范基地创建单位数量	四川省中医药健康旅游示范基地数量	国家工业遗产旅游基地数量	四川省工业旅游示范基地数量	四川省科技旅游示范基地数量
川东北文旅经济带（3）	南充	0	0	0	2	0
	广元	0	0	0	0	0
	达州	0	0	0	1	0
	巴中	0	0	0	0	0
	广安	0	0	0	0	0
攀西文旅经济带（2）	凉山	0	0	0	0	2
	攀枝花	0	0	0	0	0
川西北文旅经济带（1）	阿坝	0	0	0	0	1
	甘孜	0	0	0	0	0

在旅游景区方面，截至“十三五”期末，全省共有国家5A级旅游景区15家、国家4A级旅游景区323家、国家3A级旅游景区372家（见表4-10）。从3A级及以上旅游景区的分布情况来看，环成都文旅经济带（占全省总数的22.4%）、川东北文旅经济带（占全省总数的22.4%）、川西北文旅经济带（占全省总数的19.7%）、川南文旅经济带（占全省总数的15.5%）的旅游景区资源较为丰富。从5A级旅游景区的分布情况来看，川东北文旅经济带（占全省总数的33.3%）、川西北文旅经济带（占全省总数的33.3%）、环成都文旅经济带（占全省总数的26.7%）囊括了全省的绝大多数5A级旅游景区资源。

表4-10　四川“一核五带”区域的3A级及以上旅游景区分布

（单位：家）

所属区域	所属市（州）	5A级旅游景区数量	4A级旅游景区数量	3A级旅游景区数量
成都文旅经济发展核心区（80）	成都	1	52	27
环成都文旅经济带（159）	乐山	2	14	11
	雅安	1	21	14
	绵阳	1	17	14
	德阳	0	7	10
	资阳	0	2	9
	遂宁	0	9	3
	眉山	0	10	14

续表

所属区域	所属市（州）	5A 级旅游景区数量	4A 级旅游景区数量	3A 级旅游景区数量
川南文旅经济带（110）	泸州	0	13	7
	宜宾	0	19	34
	自贡	0	8	9
	内江	0	10	10
川东北文旅经济带（159）	南充	2	9	24
	广元	1	21	20
	达州	0	13	21
	巴中	1	21	5
	广安	1	7	13
攀西文旅经济带（62）	凉山	0	15	34
	攀枝花	0	4	9
川西北文旅经济带（140）	阿坝	3	26	24
	甘孜	2	25	60

从旅游经济指标来看，成都文旅经济发展核心区的星级饭店数从 2016 年的 113 家减至 2019 年的 87 家，入境游客人数从 2016 年的 268.17 万人次增至 2019 年的 381.43 万人次，国际旅游外汇收入从 2016 年的 149544.54 万美元增至 2019 年的 194588.75 万美元，国内游客人数从 2016 年的 19756.48 万人次增至 2019 年的 27643.07 万人次，国内旅游收入从 2016 年的 2425.58 亿元增至 2019 年的 4551.34 亿元。受新冠疫情的影响，虽然 2020 年的入境游客人数锐减至 23.31 万人次，国际旅游外汇收入锐减至 4426.40 万美元，但与此同时，2020 年的国内游客人数已恢复至上年同期的 73.8%。国内旅游收入也达到 3002.13 亿元，恢复至上年同期的 66.0%（见表 4-11）。

表 4-11 “十三五”时期成都文旅经济发展核心区的旅游业发展情况

年份	星级饭店数（家）	入境游客人数（万人次）	国际旅游外汇收入（万美元）	国内游客人数（万人次）	国内旅游收入（亿元）
2016	113	268.17	149544.54	19756.48	2425.58
2017	103	301.34	136498.80	20703.81	2946.24
2018	91	340.61	144660.88	24017.29	3616.87
2019	87	381.43	194588.75	27643.07	4551.34
2020	89	23.31	4426.40	20395.32	3002.13

环成都文旅经济带的星级饭店数从 2016 年的 126 家减至 2019 年的 101 家，入境

游客人数从 2016 年的 25.00 万人次增至 2019 年的 29.11 万人次，国际旅游外汇收入从 2016 年的 5406.00 万美元增至 2019 年的 6699.20 万美元，国内游客人数从 2016 年的 23467.00 万人次增至 2019 年的 37650.33 万人次，国内旅游收入从 2016 年的 2187.00 亿元增至 2019 年的 3872.82 亿元。受新冠疫情的影响，虽然 2020 年的入境游客人数锐减至 1.07 万人次，国际旅游外汇收入锐减至 196.51 万美元，但与此同时，2020 年的国内游客人数已恢复至上年同期的 85.48%。国内旅游收入也达到 3301.80 亿元，恢复至上年同期的 85.26%（见表 4-12）。

表 4-12 “十三五”时期环成都文旅经济带的旅游业发展情况

年份	星级饭店数（家）	入境游客人数（万人次）	国际旅游外汇收入（万美元）	国内游客人数（万人次）	国内旅游收入（亿元）
2016	126	25.00	5406.00	23467.00	2187.00
2017	124	24.42	5804.01	27883.46	2742.55
2018	119	25.99	5691.32	32478.74	3303.86
2019	101	29.11	6699.20	37650.33	3872.82
2020	100	1.07	196.51	32183.41	3301.80

川南文旅经济带的星级饭店数从 2016 年的 52 家减至 2019 年的 47 家，入境游客人数从 2016 年的 0.78 万人次减至 2019 年的 0.70 万人次，国际旅游外汇收入从 2016 年的 228.64 万美元增至 2019 年的 229.47 万美元，国内游客人数从 2016 年的 14384.83 万人次增至 2019 年的 22825.05 万人次，国内旅游收入从 2016 年的 1251.08 亿元增至 2019 年的 2225.07 亿元。受新冠疫情的影响，虽然 2020 年的入境游客人数锐减至 0.08 万人次，国际旅游外汇收入锐减至 14.75 万美元，但与此同时，2020 年的国内游客人数已恢复至上年同期的 75.44%。国内旅游收入也达到 1632.34 亿元，恢复至上年同期的 73.36%（见表 4-13）。

表 4-13 “十三五”时期川南文旅经济带的旅游业发展情况

年份	星级饭店数（家）	入境游客人数（万人次）	国际旅游外汇收入（万美元）	国内游客人数（万人次）	国内旅游收入（亿元）
2016	52	0.78	228.64	14384.83	1251.08
2017	46	0.57	159.00	18077.03	1584.78
2018	49	0.48	153.52	20640.76	1902.72
2019	47	0.70	229.47	22825.05	2225.07
2020	44	0.08	14.75	17219.67	1632.34

川东北文旅经济带的星级饭店数从 2016 年的 74 家减至 2019 年的 62 家，入境游客

人数从 2016 年的 1.23 万人次增至 2019 年的 1.93 万人次，国际旅游外汇收入从 2016 年的 370.69 万美元增至 2019 年的 530.76 万美元，国内游客人数从 2016 年的 15563.62 万人次增至 2019 年的 24984.83 万人次，国内旅游收入从 2016 年的 1248.23 亿元增至 2019 年的 2340.79 亿元。受新冠疫情的影响，虽然 2020 年的入境游客人数锐减至 0.08 万人次，国际旅游外汇收入锐减至 16.37 万美元，但与此同时，2020 年的国内游客人数已恢复至上年同期的 89.62%。国内旅游收入也达到 2111.12 亿元，恢复至上年同期的 90.19%（见表 4-14）。

表 4-14　“十三五”时期川东北文旅经济带的旅游业发展情况

年份	星级饭店数（家）	入境游客人数（万人次）	国际旅游外汇收入（万美元）	国内游客人数（万人次）	国内旅游收入（亿元）
2016	74	1.23	370.69	15563.62	1248.23
2017	64	1.20	296.35	18053.19	1524.25
2018	63	0.98	227.21	20585.37	1858.63
2019	62	1.93	530.76	24984.83	2340.79
2020	61	0.08	16.37	22393.87	2111.12

攀西文旅经济带的星级饭店数从 2016 年的 38 家增至 2019 年的 40 家，入境游客人数从 2016 年的 0.24 万人次增至 2019 年的 0.73 万人次，国际旅游外汇收入从 2016 年的 64.38 万美元增至 2019 年的 152.99 万美元，国内游客人数从 2016 年的 6143.68 万人次增至 2019 年的 7838.78 万人次，国内旅游收入从 2016 年的 544.20 亿元增至 2019 年的 946.07 亿元。受新冠疫情的影响，虽然 2020 年的入境游客人数锐减至 0.03 万人次，国际旅游外汇收入锐减至 13.13 万美元，但与此同时，2020 年的国内游客人数已恢复至上年同期的 64.88%。国内旅游收入也达到 588.98 亿元，恢复至上年同期的 62.26%（见表 4-15）。

表 4-15　“十三五”时期攀西文旅经济带的旅游业发展情况

年份	星级饭店数（家）	入境游客人数（万人次）	国际旅游外汇收入（万美元）	国内游客人数（万人次）	国内旅游收入（亿元）
2016	38	0.24	64.38	6143.68	544.20
2017	36	0.24	63.02	6737.00	640.00
2018	37	0.20	53.30	7217.50	774.13
2019	40	0.73	152.99	7838.78	946.07
2020	40	0.03	13.13	5085.73	588.98

川西北文旅经济带的星级饭店数从 2016 年的 24 家减至 2019 年的 23 家。受 2017 年 8 月 8 日发生的九寨沟县 7.0 级地震的影响，入境游客人数从 2016 年的 13.65 万人次锐减

至2019年的0.89万人次，国际旅游外汇收入从2016年的2553.29万美元减至2019年的178.15万美元。相比之下，此次地震对国内游客的影响不大。国内游客人数从2016年的5040.88万人次增至2019年的6441.74万人次，国内旅游收入从2016年的441.74亿元增至2019年的589.02亿元。受新冠疫情的影响，虽然2020年的入境游客人数锐减至0.05万人次，国际旅游外汇收入锐减至11.90万美元，但与此同时，2020年的国内游客人数比上年同期增长4.09%。国内旅游收入也达到637.12亿元，比上年同期增长8.17%（见表4-16）。

表4-16 "十三五"时期川西北文旅经济带的旅游业发展情况

年份	星级饭店数（家）	入境游客人数（万人次）	国际旅游外汇收入（万美元）	国内游客人数（万人次）	国内旅游收入（亿元）
2016	24	13.65	2553.29	5040.88	441.74
2017	25	8.41	1832.44	4555.71	398.94
2018	23	1.56	378.56	4581.94	386.39
2019	23	0.89	178.15	6441.74	589.02
2020	22	0.05	11.90	6705.21	637.12

就四川"一核五带"区域的文化发展情况而言，在文化资源、艺术创作、公共服务、园区基地等方面存在三个"不均衡"：一是"一核"与"五带"的不均衡；二是环成都文旅经济带与其他"四带"的不均衡；三是同区域内不同市（州）的不均衡。就四川"一核五带"区域的旅游发展情况而言，在旅游资源方面呈现出"四带"（环成都文旅经济带、川东北文旅经济带、川西北文旅经济带、川南文旅经济带）比"一核"（成都文旅经济发展核心区）强的特点；从特色旅游示范园区（基地）的分布情况来看，尽管高度集中于成都文旅经济发展核心区和环成都文旅经济带，然而，环成都文旅经济带的优势要远大于成都文旅经济发展核心区；从旅游经济指标来看，虽然成都文旅经济发展核心区和环成都文旅经济带的旅游经济指标都具有明显的领先优势，但川东北文旅经济带和川南文旅经济带的实力不容小觑，攀西文旅经济带和川西北文旅经济带也具有基于特色资源优势的巨大发展潜力。

事实上，中共四川省委、四川省人民政府提出的"一核"引领、"五带"协同的文化和旅游发展布局，正是在深刻意识到不同区域之间文化和旅游发展不平衡、不充分的矛盾后作出的重大文旅发展战略部署。在"一核五带"区域的文化发展方面，除资源禀赋外，其他方面的不均衡在很大程度上是由成都对省内外优秀文化人才的强大虹吸效应造成的。但这并不意味着"五带"内的各市（州）不能有所作为。从环成都文旅经济带的乐山、川南文旅经济带的宜宾、川东北文旅经济带的南充的文化发展经验和文化建设成绩来看，通过深挖特色文化资源、创新公共文化服务、做强特色文化产业、推进精神文明建设，同样可以大有作为。在"一核五带"区域的旅游发展方面，成都文旅经济发展核心区的“三城三都”建设，以及在旅游集散、旅游购物、离境退税等方面不断提升的便捷服务，将进一步在整体上增强四川的旅游吸引力和文旅供给力，从而有效发挥成都对全省文旅发展的战略引领功能和辐射带动作用。环成都文旅经济带的古蜀文明和大熊猫文化等文旅资源、川南文旅经济带的长江文化和民俗文化等文旅资源、川东北文旅经济带的巴文化和蜀道文化等文旅资源、攀西文旅经济带的彝文化和“三线”文化等文旅资源，以及川西北文旅经济带的藏羌民族文化和长征文化等文旅资源，都是形成各具特色、优势互补、同频共振的四川文旅错位协同联动发展格局的重要基础和有力支撑。

【调研报告】

设立成渝地区双城经济圈文化一体化发展示范区，实现区域文化高质量发展

内容提要

成渝地区双城经济圈的区域文化建设和文化经济发展面临着中心城市的背向发展、不同地区的差距较大、协同发展机制不健全等一系列现实挑战和突出问题。对这些挑战的积极回应和问题的有效解决，直接关系到成渝地区双城经济圈的文化发展前景，值得中央以及重庆和四川方面的高度重视。通过中央政策的支持和相关区域的合作，设立成渝地区双城经济圈文化一体化发展示范区，是推动成渝地区双城经济圈的文化体制改革与文化产业发展的重大战略和有益探索。

习近平总书记主持召开的中央财经委员会第六次会议强调：“成渝地区双城经济圈建设是一项系统工程，要加强顶层设计和统筹协调，突出中心城市带动作用，强化要素市场化配置，牢固树立一体化发展理念，做到统一谋划、一体部署、相互协作、共同实施，唱好‘双城记’。”

重庆在全国率先开展的“文化大部门制”探索及配套的文化体制改革[①]，《成渝城市群发展规划》对成都的西部文创中心定位及成都的相应部署，都走在了中西部乃至全国的前列，有望为推动中西部地区的文化大发展大繁荣，拓展全国文化经济增长的

---

① 2013年12月31日，重庆市文化委员会正式挂牌，由原重庆市文化广播电视局和原重庆市新闻出版局合并组建。重庆市文化委员会在公共文化服务方面大力探索在不改变管理权属的前提下如何有效整合不同行业、地区、体制内的公共文化资源；在文艺创作方面探索建立国有剧院联盟和公益演出新机制；在广播影视方面探索符合媒体运行规律的体制机制；在文物保护方面探索管理、活动和运行机制等方面的创新。参见侯文斌：《重庆市文化委员会将加强四方面工作》，《中国文化报》2013 年 12 月 17 日第 1 版。

新空间，提供具有探索性、先导性、示范性的区域文化建设和文化经济发展的经验与借鉴。

然而，成渝地区双城经济圈的区域文化建设和文化经济发展也面临着诸多现实挑战和突出问题。对这些挑战的积极回应和问题的有效解决，直接关系到成渝地区双城经济圈的文化建设成就和文化经济水平，值得中央以及重庆和成都方面的高度重视。通过中央政策的大力支持和成渝地区的紧密合作，设立成渝地区双城经济圈文化一体化发展示范区，是推动成渝地区双城经济圈的文化体制改革和文化产业发展的重大战略和有益探索。

一、成渝地区双城经济圈文化一体化发展所面临的问题

（一）中心城市的背向发展

虽然国家发展和改革委员会、住房和城乡建设部联合印发的《成渝城市群发展规划》早已明确提出“充分发挥地区比较优势，补齐短板、消除瓶颈，强化协同、优化格局，探索走出一条中西部地区城市群建设的新路子”的要求，但作为成渝地区双城经济圈的“双中心”，重庆和成都的协调合作机制仍然受制于区域行政体制方面的障碍而缺乏有效沟通与深入合作。因此，无论《重庆市文化发展“十三五”规划》，还是《成都市文化产业发展“十三五”规划》，都缺乏基于成渝城市群的整体观察点和现实切入点。成渝地区双城经济圈内各市（区、县）在文化产业发展规划与空间布局方面竞争大于合作、有机联系不紧、分工协作不够等现实状况直接影响到了整个成渝地区双城经济圈的文化体制改革和文化产业发展。因此，在成渝地区双城经济圈内各市（区、县）目前编制的“十四五”规划中，有必要将成渝地区双城经济圈作为顶层设计的重要立足点和出发点。

（二）不同地区的差距较大

重庆和成都的中心城区，以及德阳、眉山、资阳①的文化发展现状各不相同，甚至差距较大。2019 年，成都实现文化创意产业增加值 1459.8 亿元，占地区生产总值的比重为 8.6%，但成渝地区双城经济圈内不少市（区、县）的文化产业增加值占地区生产总值的比重还不足 3%。此外，地处成渝地区中部，受益于成都“东进”、重庆“西拓”双向辐射的叠加效应的重庆市荣昌区、潼南区、大足区、铜梁区（重庆市的主城新区）和四川省资阳市、遂宁市、内江市，也属于成渝地区双城经济圈的“辐射区”。然而，即使某些文化资源比较丰富的市（区、县），同样未能很好地发挥区域文化中心的职能，对兄弟市（区、县）和城镇的辐射带动作用也不明显。

① 四川省已明确提出并大力推进“成德眉资同城化发展”，成立由中共四川省委常委、中共成都市委书记担任组长的四川省推进成德眉资同城化发展领导小组，并印发了《成德眉资同城化发展暨成都都市圈建设三年行动计划（2020—2022 年）》《成德眉资同城化发展暨成都都市圈建设 2020 年度重点工作任务》。因此，“德眉资”可视为成渝地区双城经济圈的“协同区”。

（三）协同发展机制不健全

虽然重庆和成都文艺界的民间互动向来频繁。四川和重庆两地文联及下属各文艺家协会也已就如何发挥文艺先行作用、切实加强全方位合作、助推成渝地区双城经济圈建设进行了多次对接和协商，并形成了一致意见。但由于重庆和成都分属不同的行政区，因此，从公共文化服务来说，成渝地区双城经济圈公共文化服务一体化和平等化的发展成本共担机制和公共利益共享机制尚未真正破题。从文化产业发展来说，显性或隐性的地方保护主义、文化市场“条块”分割、区域文化行政壁垒林立、文化生产要素流动不畅等影响成渝地区双城经济圈文化一体化发展的问题依然不少，而且尚未形成统筹协调解决问题的高效工作机制。

上述现实挑战和突出问题，都直接影响着成渝地区双城经济圈的文化一体化发展水平。设立成渝地区双城经济圈文化一体化发展示范区，是我国文化体制改革进入攻坚期和深水区后，面对直接影响和制约成渝地区双城经济圈文化大发展大繁荣的体制性问题和跨区域障碍，基于成渝地区双城经济圈系统性、整体性、协同性发展的视角和高度，以全面深化改革的使命感、责任感、主动性，以成渝地区双城经济圈的文化体制改革为中心环节，以成渝地区双城经济圈的文化产业创新为重点任务，稳妥、有序、协调地推进成渝地区双城经济圈文化体制改革和文化产业发展的客观需要。

二、成渝地区双城经济圈文化一体化发展示范区的定位

成渝地区双城经济圈文化一体化发展示范区的定位是：借鉴国际国内城市经济圈发展的先进经验，根据“统一谋划、一体部署、相互协作、共同实施”的要求，充分利用沟通西南西北、连接国内国外的独特区位优势，全面发挥巴蜀文化同根同源的文化资源优势、文化创新优势、文化经济优势，积极推动国家“一带一路”倡议和长江经济带战略的契合互动。着力实施“文创+”战略，大力推进“文创+”同金融、科技、城市、工业、商业、农业、旅游等领域的深度融合发展，积极探索具有示范意义和推广价值的文化体制改革和文化产业发展的新政策、新模式、新经验，努力将成渝地区双城经济圈建设成为中西部文化体制改革探索区、中西部文化经济政策先行区、中西部文化创意融合试验区。探索出一条中西部地区城市经济圈文化一体化发展的新路子，为打造具有全国影响力的跨区域文化一体化发展示范区，建设充满文化创造活力、文化生活品质优良、文化生态环境和谐、文化产业发展迅猛的双城经济圈作出积极的贡献。

（一）中西部文化体制改革探索区

成渝地区双城经济圈的文化体制改革是破解制约成渝地区双城经济圈文化一体化发展的体制性矛盾和深层次困难，夯实成渝地区双城经济圈文化大繁荣大发展的体制机制基础的立足点和出发点，也是成渝地区双城经济圈文化一体化发展示范区建设的破题点和发力点。成渝地区双城经济圈的文化体制改革，宜由重庆和成都联合组建“成渝地区双城经济圈文化一体化发展示范区领导小组”入手，通过定期召开的成渝地区双城经济

圈党委宣传部部长联席会议制度，从成渝地区双城经济圈文化发展的整体利益出发，打破区域文化行政壁垒、建立区域协同工作机制，为中西部文化体制改革提供鲜活经验和有益启示。

（二）中西部文化经济政策先行区

成渝地区双城经济圈文化体制改革与文化产业创新工作的推进，需要文化经济政策的不断完善。这就需要党委宣传部门、文旅行政部门和文化发展智库通过实践摸索和试点总结：一方面，将在实践中行之有效的文化经济政策进行总结和推广；另一方面，将不能适应实际需求的文化经济政策进行调整和修正。在此基础上，冲破区域行政边界对文化生产要素配置的体制性约束，不断探索文化经济政策创新之路。通过文化经济政策创新和政策形成机制创新，进一步推动文化经济政策制定的民主化和科学化。为此，建议成立“成渝地区双城经济圈文化一体化发展示范区领导小组咨询委员会”，以及具有海内外智力资源整合能力的“成渝地区双城经济圈文化一体化发展智库”。

（三）中西部文化创意融合试验区

成渝地区双城经济圈文化一体化发展示范区着力实施的“文创+”战略是以跨要素、跨平台、跨产业的方式，通过文化与创意元素同金融、科技、城市、工业、商业、农业、旅游等经济社会领域的深层次跨界融合，有助于提升产业内涵、激发消费潜能、推动业态变革，实现结构优化的融合发展战略。值得一提的是，文化经济强调的是文创在同实体经济深度融合的过程中，从品质、设计、创意等方面提升相关产业的产品和服务附加值，创造需求和有效满足日益挑剔且愿意为之付费的消费者，从而在促进产品和服务创新，满足多样化消费需求方面发挥核心带动作用的经济发展模式。因此，文化经济的涵盖面不仅包括传统的文创企业，而且包括已经或可能将科技、商业同文化、创意进行有机融合的各类企业。显而易见，这种融合发展战略对于依托成渝地区的特色文化资源和相关领域优势，重塑成渝地区双城经济圈的“双中心”文化经济地理，具有重要的现实意义和示范功能。

三、成渝地区双城经济圈文化一体化发展示范区的任务

（一）文化体制机制创新

成渝地区双城经济圈文化一体化发展示范区的首要任务就是以制度创新为发力点，着力扫除成渝地区双城经济圈文化一体化发展道路上的障碍。通过文化体制机制创新，大力推动成渝地区双城经济圈突破区域障碍、减少前置审批、简化审批流程、提高行政效率的“简政放权”改革，有序推进文化领域的对内合作深度和对外开放广度，实现由“办”变“管”、坚持“放”“管”结合，在规范中激活文化市场，在成渝地区双城经济圈文化一体化发展示范区逐步探索出一套简化、专业、规范、高效、共享、开放的现代文化管理体制与运行机制。

（二）文化政策环境创新

作为中西部文化经济政策先行区，成渝地区双城经济圈文化一体化发展示范区不仅要重点落实国家层面各项文化政策的先行先试，并积极借鉴东部发达地区文化政策的先进经验，而且要充分发挥成渝地区双城经济圈文化一体化发展示范区作为文化政策“试验田”的重要功能，以问题和需求为导向，积极探索重庆和成都乃至四川相关政策的集成创新，充分激发成渝地区双城经济圈的文化市场活力，不断优化成渝地区双城经济圈的文化政策环境，加快形成成渝地区双城经济圈的政策环境优势，从而整体提升成渝地区双城经济圈文化政策环境的吸引力和竞争力。

（三）文化合作机制创新

成渝地区双城经济圈文化一体化发展示范区的最大挑战就是成渝双城地区之间缺乏常态化、深度化、一体化的联系、互动、配合。如果不能解决因区域行政边界意识所导致的文化资源、政治资源、经济资源各自独占状况以及由此带来的本地利益为大、文化市场分割、地方保护主义等一系列的发展理念、合作意识、运行机制等方面问题，那么，不仅成渝地区双城经济圈文化一体化发展示范区的建设无从谈起，成渝地区双城经济圈的文化一体化发展也将成为一句空话。因此，应从成渝地区双城经济圈整体优化发展的高度，探索和建立起健全、高效、可持续的文化合作机制。这是决定成渝地区双城经济圈文化一体化发展示范区成败的关键。

（四）文化发展模式创新

成渝地区双城经济圈文化一体化发展示范区要走的是一条以创意增强活力，以创新激发动力，以改革释放潜力，以“文创 +”同金融、科技、城市、工业、商业、农业、旅游等领域的跨界、渗透、融合、裂变、提升为特点的“文创 +”引领型“开放—共享—协同—均衡”式发展模式。通过提高成渝地区双城经济圈的文化开放水平，实现成渝地区双城经济圈文化资源的平等共享，推进成渝地区双城经济圈“差异化”与“双中心”的互动和协调，实现成渝地区双城经济圈“核心区”“协同区”“辐射区”的文化一体化均衡发展。

（五）文艺创作展演创新

巴蜀文化同源同根，既有差异也有互补。成渝两地在文艺创作上具有深度合作的基础和可能。早在 2015 年 11 月，四川省川剧院和重庆市川剧院就开始联手启动“巴蜀名院”优秀川剧演出系列活动。迄今为止，两地川剧院已开展了 20 余场大型交流活动，在成渝两地演出了《江姐》《李亚仙》等一大批脍炙人口的经典川剧。但这种两地文艺创作的“成品”交流模式还远远不够，成渝地区双城经济圈的文艺创作展演交流，应该贯穿从创作到展演的全过程。只有这种创新，才容易产生裂变效应。

（六）文化艺术教育创新

2020 年 7 月 2 日，由四川音乐学院和四川美术学院倡议，川渝 68 所高校联合发起的“成渝地区双城经济圈高校艺术联盟”在成都成立。同根同源的四川音乐学院和四川美术学院还签订了《校际框架合作协议》，并从共同建立成渝文化产业规划处、共同探讨建设美育专业等四个方面入手推动两校的协同合作。重庆市大渡口区人民政府和四川音乐学院也签订了战略合作协议，共同建设钓鱼嘴音乐半岛。但上述合作依然未能真正实现文化艺术教育的“在地化”。为此，不妨以同根同源又正好互补的四川音乐学院和四川美术学院分别在重庆和成都建设新校区（四川音乐学院重庆校区和四川美术学院成都校区）① 为突破口，进一步推动成渝地区双城经济圈教育一体化发展试验区 ② 建设。

执笔人：马健

调研时间：2020 年

① 如果建设四川音乐学院重庆校区和四川美术学院成都校区暂时遇到体制机制上的困难，也可先建设四川音乐学院重庆研究院和四川美术学院成都研究院，从研究生培养入手推进相关工作。

② 2020年4月27日，重庆市教育委员会与四川省教育厅签署推动成渝地区双城经济圈建设教育协同发展框架协议。按照合作协议，双方将共同编制实施《成渝地区教育协同发展行动计划》，打造具有全国重要影响力的教育一体化发展试验区、改革创新试验区、协同发展示范区、产教融合先行区。参见匡丽娜：《川渝签署协议推动教育资源共建共享》，《重庆日报》2020 年 4 月 28 日第 5 版。

第五章　四川文化和旅游发展主体报告

一、天府旅游名县

（一）天府旅游名县的评选背景

中共四川省委、四川省人民政府印发的《关于大力发展文旅经济　加快建设文化强省旅游强省的意见》提出："建设一批天府旅游名县。每年命名 10 个天府旅游名县，通过 5 年时间建成 50 个旅游特色鲜明、产业实力雄厚、发展环境优良、服务设施完善、综合效应突出且在国内外具有较高知名度和美誉度的天府旅游名县，引领全省旅游高质量发展。"中共四川省委办公厅、四川省人民政府办公厅印发的《关于开展天府旅游名县建设的实施意见》（川委办〔2019〕9 号）进一步指出，开展天府旅游名县建设，是深入学习贯彻习近平总书记对四川工作系列重要指示精神、落实"一干多支、五区协同""四向拓展、全域开放"战略部署，推动县域文化旅游经济高质量发展，整体提升四川旅游品质的重要举措。开展天府旅游名县建设，有利于促进四川文化和旅游由资源优势转化为发展优势，加快推动文旅融合发展，进一步提升文化旅游的供给力、四川旅游的吸引力、巴蜀文化的影响力；有利于构建具有四川特色的文旅产业体系，提升全省旅游建设管理水平，培塑享誉国内外的县域旅游品牌，让全域旅游旺起来；有利于营造县域旅游发展比学赶超、争当先进的良好氛围，夯实全省文化和旅游大发展的基础，激发县域改革创新和转型发展的活力，推动县域经济社会可持续发展。

（二）天府旅游名县的评选条件

根据中共四川省委办公厅、四川省人民政府办公厅印发的《关于开展天府旅游名县建设的实施意见》，天府旅游名县分为候选县、命名县两个层次，命名县在候选县中遴选产生（见表 5-1 和表 5-2）。

表 5-1 天府旅游名县候选县的评选条件

基本条件	具体要求
1. 党委政府高度重视。	明确将旅游业作为支柱产业或先导产业，建立起党政主要负责人牵头、各部门（单位）联动、全社会参与的文化旅游发展体制机制。编制出台旅游规划，制定并有效实施促进文化和旅游业发展的政策措施。本级财政年度安排文化旅游发展资金不低于 1000 万元（深度贫困地区不低于 500 万元）。
2. 资源保护利用科学合理。	把生态保护、文化和自然遗产保护、文物保护放在首位，开展文化旅游资源普查并做到“家底”清楚，保护利用、综合评估管理有效。近一年没有发生重大生态环境、文化旅游资源破坏事件。
3. 旅游产业体系基本形成。	至少拥有 1 家国家 4A 级旅游景区（或省级旅游度假区、省生态旅游示范区）；1 个省级及以上工业、农业、体育、研学、康养等旅游示范基地（区），或获评为全国休闲农业与乡村旅游示范县（市、区）和四川省旅游强县（市、区）、乡村旅游强县（市、区）等。开展国家全域旅游示范区建设。
4. 旅游公共服务设施配套完善。	旅游集散中心、咨询服务中心、信息服务、便民服务、景区停车场、汽车营地等功能健全有效，自驾游、自助游服务体系完善，“厕所革命”达标。开展智慧旅游建设。
5. 文化旅游品牌形象特色鲜明。	县域旅游品牌形象识别度、知名度、美誉度高，县域文化和旅游品牌塑造和宣传推广有效，市场感召力强。上年度县域旅游接待游客不低于200万人次（深度贫困地区不低于80万人次）。
6. 文化旅游市场秩序良好。	近一年未发生较大旅游安全的责任事故和严重损害游客权益、在全国产生重大负面影响的责任事件。

表 5-2 天府旅游名县命名县的评选条件

基本条件	具体要求
1. 旅游经济规模显著提升。	上年度旅游总收入不低于 50 亿元（深度贫困地区不低于 25 亿元）、接待游客不低于 500 万人次（深度贫困地区不低于 300 万人次），其中过夜游客中省外和境外游客占比不低于 15%。
2. 全域旅游发展格局形成。	县域旅游发展全域化、旅游供给品质化、旅游治理规范化、旅游效益最大化，旅游产业要素齐全、结构完善、规模壮大、质量提升，达到国家全域旅游示范区创建要求。
3. 融合发展成效明显。	文旅融合、产业融合、产城融合发展，形成“旅游 +”和“+ 旅游”大旅游发展格局，孵化一批新产业、新业态，观光、休闲、度假业态协调发展，拥有一批国家级高品质文化旅游品牌。
4. 创新示范作用突出。	文化和旅游发展体制机制有创新和突破，在产品开发、市场管理、绿色发展、脱贫攻坚、促农增收、解决就业、扩大开放等方面形成可借鉴可推广的经验，在全省乃至全国具有示范引领作用。
5. 旅游服务优质高效。	旅游综合监管制度体系完善，市场监管能力强，投诉处理机制健全，旅游从业人员服务意识与服务能力较强。旅游安全管理机制完善、制度健全。
6. 综合评估达到优良。	县域旅游游客满意度不低于 80%。现场检查考核和第三方评估综合得分在良好以上。

根据中共四川省委办公厅、四川省人民政府办公厅印发的《关于进一步做好天府旅游名县建设工作的通知》（川委厅〔2021〕8 号）有关精神，四川省文化和旅游产业领导小组办公室在认真总结前两批天府旅游名县评选实践经验的基础上，组织修订了《天府旅游名县评选办法》和《天府旅游名县考核评分细则》，新制定了《天府旅游命名县

提升建设考评办法》和《天府旅游命名县提升建设考评细则》(见表 5-3 和表 5-4)。

表 5-3 《天府旅游名县评选办法(修订)》所修订的主要内容①

条目	原内容	修订内容
第三条	天府旅游名县每年命名 10 个，经过 5 年努力，力争建成 50 个天府旅游名县。	天府旅游名县实施分类评定。对成都市市辖区实行单列评选，原则上每年评选 1 个命名区，对候选区指标实行单列管理，原则上每年递补 1 个候选区。将成都市的县(市)与其他市(州)的县(市、区)一起评选，每年评选命名 10 个天府旅游名县，候选县缺额递补，保持 30 个总量不变。
第十五条	根据第三方评估、现场考核结果，综合评估提出天府旅游名县命名县建议名单。	根据现场检查、大数据评估、游客抽样调查与暗访、主流媒体评价、行业组织评价、产业领导小组成员单位评价等 6 个环节考评结果，提出天府旅游名县命名县(区)建议名单。
第十八条	常态督查。采取现场抽检、委托第三方明查与暗访等方式督促候选县、命名县提升发展，其结果作为评定与复核验收的重要依据。	常态监督。采取现场抽检、第三方明查暗访与大数据评估等方式督促候选县、命名县提升发展，其结果作为评定、奖惩和动态管理的重要依据。

表 5-4 《天府旅游名县考核评分细则(修订)》所修订的主要内容②

<table>
<tr><th colspan="2">一、调整综合效益指标</th></tr>
<tr><th>修订内容</th><th>修订理由</th></tr>
<tr><td>1. 适当降低 1.1.3 入境过夜游客人数指标分值(由 1 分调为 0.5 分)。</td><td rowspan="3">考虑疫情等不可抗力原因，预计未来较长时间入境游发展缓慢。川委办〔2019〕9 号文件要求到 2023 年所有命名县旅游总收入均达到 100 亿元。此外，总床位数是发展休闲度假旅游的重要支撑，可衡量一个地方旅游产业发展水平，其数据由国家统计平台提供，便于考核。</td></tr>
<tr><td>2. 调高 1.1.1 旅游总收入最低指标，由 40 亿元(三州三县民族地区 20 亿元)调为 50 亿元(30 亿元)。</td></tr>
<tr><td>3. 新设 1.1.6 项总床位数考核指标(分值为 0.5 分)。</td></tr>
<tr><th colspan="2">二、增补“天府旅游名牌”等涉旅品牌</th></tr>
<tr><th>修订内容</th><th>修订理由</th></tr>
<tr><td>1. 将天府旅游名镇、名村、名宿、名导、名品和美食等系列“天府旅游名牌”，分别纳入 2.2 特色自然、2.3 特色人文、2.5 特色新业态、2.6 特色城镇与街区、2.7 乡村旅游、3.2 特色住宿、3.3 特色美食、3.4 特色商品等相应考核指标中。</td><td rowspan="2">鼓励各地积极创建“天府旅游名牌”以及各类涉旅品牌，推动新业态培育。</td></tr>
<tr><td>2. 增补相关部门品牌(包括国家生态文明建设示范市县、草原公园、气象公园、中国天然氧吧、国家一级博物馆、非遗扶贫工坊、休闲农业重点县、一二三产业融合发展示范园区等)，分别纳入 2.2 特色自然、2.3 特色人文、2.5 特色新业态、2.7 乡村旅游、3.8 文化和旅游产业园区等相应考核指标中。</td></tr>
</table>

① 四川省文化和旅游厅规划指导处:《〈天府旅游名县评选办法(修订)〉〈天府旅游命名县提升建设考评办法〉解读》，http://wlt.sc.gov.cn/scwlt/hyjd/2021/5/6/284c7876dc214e58a1fa485f7de4ba32.shtml，2021 年 5 月 6 日。

② 四川省文化和旅游厅规划指导处:《〈天府旅游名县考核评分细则(修订)〉〈天府旅游名县考核评分细则(修订)〉解读》，http://wlt.sc.gov.cn/scwlt/hyjd/2021/5/6/a0d25383167a40eb9a6ef3bf935e114d.shtml，2021 年 5 月 6 日。

续表

<table>
<tr><th colspan="2">三、明确完善部分指标</th></tr>
<tr><th>修订内容</th><th>修订理由</th></tr>
<tr><td>1. 突出度假旅游指标。调高 2.4 精品景区指标中度假旅游分值（国家级、省级旅游度假区分别由 1 分、0.4 分调高到 1.2 分、0.6 分）。新增市（州）级旅游度假区考核指标（每 1 个得 0.2 分）。</td><td rowspan="9">根据我省旅游发展新要求，鼓励各地发展休闲度假旅游，创建高等级品牌，促进产品结构转型升级和高质量发展。坚持日常管理与创建工作相结合，引导各地加强平时旅游市场管理。统一标准，客观量化评审，避免主观评价。鼓励承接涉文旅培训、会议等活动，引导各地加强人才培养，加强文旅市场日常管理，关注网上在线平台游客评价。</td></tr>
<tr><td>2. 强化重大项目和龙头企业引领。对 2.2 特色自然中“滑雪、游船等参与性、体验性强的项目”明确“必须是单体项目，实际投资额不低于 200 万元，年接待游客不少于 5 万人次”；对 3.6 中文化和旅游龙头企业明确“文旅为主营产业，其经营收入占总收入 50% 以上”。</td></tr>
<tr><td>3. 规定了低等级品牌累计得分上限，如二星级旅游饭店、丙级旅游民宿每个加 0.05 分，此项累计不超过 0.1 分。</td></tr>
<tr><td>4. 增加了惩罚性扣分项。将 2.4 精品景区、2.5 旅游新业态、4.2.2 旅游厕所建设与管理中缺陷性扣分和惩罚性扣分区分开来，并增加特色住宿（3.2）、特色美食（3.3）、特色商品（3.4）惩罚性扣分项。</td></tr>
<tr><td>5. 在 2.8 特色重大活动中，新增指标“近三年，承接国家（省）级涉文旅培训、节会、展赛等活动，分别加 0.2 分、0.1 分，累计不超过 0.2 分”。</td></tr>
<tr><td>6. 在 4.6 人才培养指标中，新增文旅志愿者队伍建设、乡村能人和非遗传人培养等考核指标内容。</td></tr>
<tr><td>7. 将 4.7“旅游安全”改为“旅游秩序与安全”，新增旅游秩序指标（包括旅游市场综合监管、投诉处理、文明旅游宣传等内容）。</td></tr>
<tr><td>8. 在特色住宿（3.2）、特色美食（3.3）中，新增了国内外主流在线旅行社平台（美团、携程等）游客评价指标。</td></tr>
<tr><td>9. 删除了资源普查等阶段性工作指标。</td></tr>
<tr><th colspan="2">四、规范有关指标内容表述</th></tr>
<tr><th>修订内容</th><th>修订理由</th></tr>
<tr><td>1. 将 2.8 特色重大活动中“如国际田径联合会铜标及以上等级的马拉松赛事”内容，修改为“世界田联白金精英标牌赛事及以上等级的马拉松赛事或由国家体育总局或总局相关单项运动协会主办的国际性体育赛事”。</td><td rowspan="4">根据省直有关部门提出的修改意见。</td></tr>
<tr><td>2. 将 4.2.1 旅游厕所中“旅游景区、旅游度假区、生态旅游示范区、旅游线路沿线等旅游活动场所须有为旅游者服务的公共厕所（含移动式），旅游公路沿线车程 30 分钟内须设置有旅游厕所，数量充足，位置合理”内容，修改为“主要游客集中场所步行 10 分钟、旅游公路沿线车程 30 分钟内须设置旅游厕所或市政公厕。主要游客集中场所对外服务临街单位厕所至少有 3 处免费向游客开放”。</td></tr>
<tr><td>3. 将 4.2.2 旅游厕所中“无蚊蝇、无异味、无秽物（地面或池面）”内容，修改为“达到‘四净、三无、两通、一明’”。</td></tr>
<tr><td>4. 将“深度贫困地区”修改为“三州三县民族地区”等。</td></tr>
</table>

（三）天府旅游名县的建设情况

截至2021年12月，全省已评选出三批共31个天府旅游名县（见表5-5和图5-1）。[①]开展天府旅游名县建设，让全省183个县（市、区）同台竞争，既激发了各地比学赶超的动力，也迸发出了制度创新的火花。2020年以来，由于受新冠疫情的影响，四川省旅游业受到较大的冲击，相关统计数据不具有一般性的参考价值。因此，本报告主要以2019年命名的第一批天府旅游名县为代表进行分析。

2019年，第一批天府旅游名县命名县的旅游总收入达1896.27亿元，占全省183个县（市、区）同年度旅游总收入（11594.32亿元）的16.36%，同比增长均值为19.28%，超过全省同年度旅游总收入同比增幅（14.70%）近5个百分点。其中，排前两位的成都市青羊区和南充市阆中市的增幅达到惊人的30%以上，排名第三的甘孜州稻城县也达27.38%。在全年游客接待量方面，第一批天府旅游名县全年共接待游客15679.95万人次，占全省同年度游客接待总量（75514.78万人次）的20.76%。[②]

2019年，10个天府旅游名县命名县的文旅经济对当地税收贡献率达到15%以上；文旅产业对当地经济增长贡献率超过25%。2019年，10个天府旅游名县命名县的旅游收入占农民纯收入的比重超过13%，累计带动24.58万贫困人口脱贫增收。如果算上候选县的话，2019年，第一批天府旅游名县命名县（10个）和候选县（30个）共实现旅游收入4811.6亿元，占全省的41.5%；40个县共接待游客3.83亿人次，占全省的50.7%；40个县共有145个项目纳入全省文旅重点项目库，总投资达4600亿元。[③]

表5-5　前三批天府旅游名县命名县名单

第一批天府旅游名县命名县（2019年）	
市（州）	名单
成都市	青羊区
	都江堰市
广元市	剑阁县
乐山市	峨眉山市
南充市	阆中市
宜宾市	长宁县

① 本报告之所以在涉及天府旅游名县时将时间放宽至2021年评选的第三批天府旅游名县，是因为四川省文化和旅游产业领导小组办公室于2021年4月组织修订了《天府旅游名县评选办法》和《天府旅游名县考核评分细则》，并新制定了《天府旅游命名县提升建设考评办法》和《天府旅游命名县提升建设考评细则》。为反映上述变化，我们不仅梳理了政策的变化情况，而且将第三批天府旅游名县纳入统计范围。

② 白骅、陈俊成：《首批“天府旅游名县”交出高质量发展“答卷”》，《中国旅游报》2020年9月21日第5版。

③ 郭静雯、杨艺茂：《看名县“天团”的硬核实力》，《四川日报》2020年9月28日第17版。

续表

广安市	广安区
阿坝州	汶川县
甘孜州	稻城县
凉山州	西昌市
第二批天府旅游名县命名县（2020 年）	
成都市	武侯区
攀枝花市	米易县
绵阳市	北川县
南充市	仪陇县
达州市	宣汉县
巴中市	南江县
雅安市	雨城区
眉山市	洪雅县
阿坝州	理县
甘孜州	康定市
第三批天府旅游名县命名县（2021 年）	
成都市市辖区①	成都市成华区
乐山市	市中区
阿坝州	九寨沟县
德阳市	广汉市
绵阳市	江油市
成都市	邛崃市
广元市	朝天区
遂宁市	大英县
成都市	大邑县
泸州市	江阳区
自贡市	大安区

① 根据四川省文化和旅游产业领导小组印发的《天府旅游名县评选办法（修订）》（川文旅产领〔2021〕1号），天府旅游名县实施分类评定。对成都市市辖区实行单列评选，原则上每年评选 1 个命名区，对候选区指标实行单列管理，原则上每年递补 1 个候选区。将成都市的县（市）与其他市（州）的县（市、区）一起评选，每年评选命名 10 个天府旅游名县，候选县缺额递补，保持 30 个总量不变。

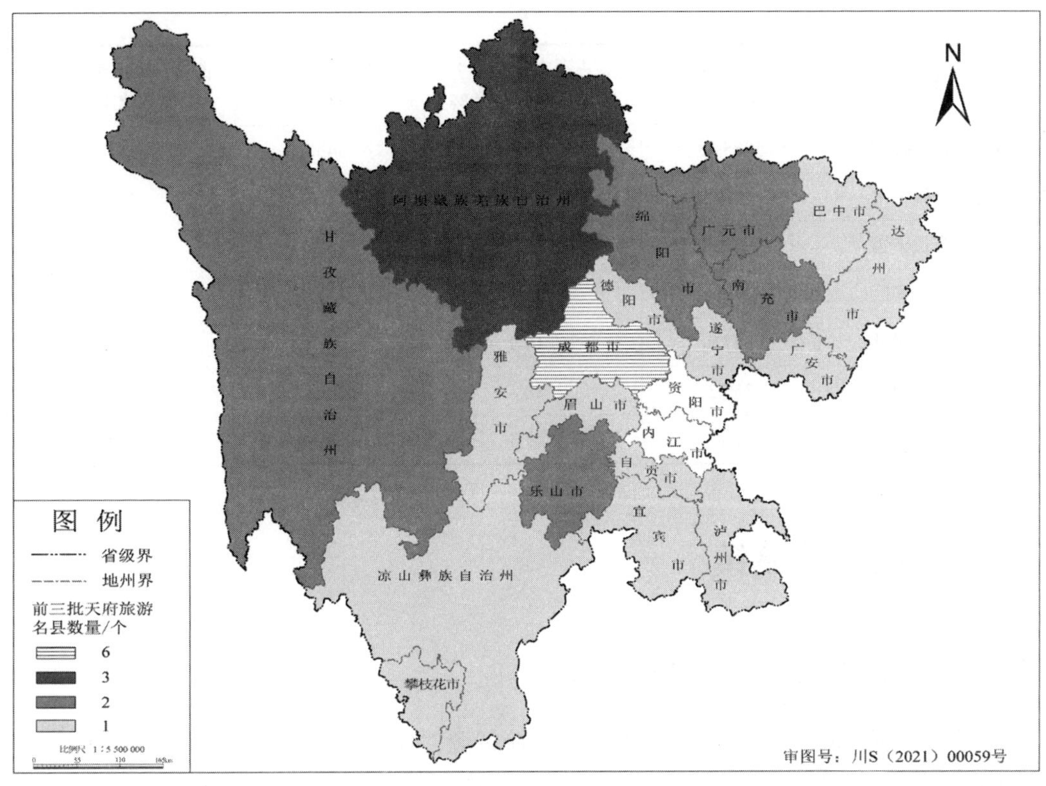

图 5-1　前三批天府旅游名县的各市（州）分布情况

从旅游总收入与游客接待量等数据来看，第一批天府旅游名县的文旅经济已成为推动县域经济转型升级和全域旅游向纵深发展的重要抓手（见表 5-6）。围绕天府旅游名县建设与提升工作，第一批天府旅游名县正在文旅产业的带动下完成产业结构优化调整。例如，凉山州西昌市以旅游业为主导的服务业对地区生产总值贡献率在 2019 年达到 79%，三次产业结构由“2-3-1”转型为“3-2-1”，并跻身全国县域经济综合实力百强县、全国旅游综合实力百强县、中国最具幸福感城市行列。又如，乐山市峨眉山市以文化和旅游为龙头的服务业增加值占地区生产总值比重已达 56%，并获得第一批国家全域旅游示范区等荣誉称号。①

表 5-6　第一批天府旅游名县命名县 2019 年旅游业主要经济指标

县（市、区）	游客人数（万人次）	占所在市（州）游客人数比重（%）	旅游总收入（亿元）	占所在市（州）旅游总收入比重（%）
成都市青羊区	2534.5	9.2	289.1	6.2
成都市都江堰市	2619	9.5	91.7	2.0
广元市剑阁县	1000.2	17.8	122.9	24.5

① 白骅、陈俊成:《首批“天府旅游名县”交出高质量发展“答卷”》,《中国旅游报》2020年9月21日第5版。

续表

县（市、区）	游客人数（万人次）	占所在市（州）游客人数比重（%）	旅游总收入（亿元）	占所在市（州）旅游总收入比重（%）
乐山市峨眉山市	1885.83	26.9	345.8	33.2
南充市阆中市	1441.3	19.7	170.0	22.9
宜宾市长宁县	1201.8	15.2	142.1	17.2
广安市广安区	1696.8	37.8	171.4	37.0
阿坝州汶川县	627.9	19.9	28.7	12.6
甘孜州稻城县	359.3	10.8	39.5	10.8
凉山州西昌市	2280	47.3	268	50.5

二、天府旅游名镇

（一）天府旅游名镇的评选背景

为深入挖掘和保护利用镇域内的特色文旅资源，促进文旅与其他产业深度融合，推动文旅产业科学发展、转型发展、跨越发展，打造文化主题鲜明、产业特色突出、旅游功能完善、生态生产生活融合、宜居宜业宜游的旅游目的地。中共四川省委、四川省人民政府印发的《关于大力发展文旅经济　加快建设文化强省旅游强省的意见》提出“实施文旅特色小镇培育工程。以特色文化、自然风光、文物古迹、特色建筑等独特资源为依托，进一步挖掘、融合、转化、创新城镇文化内涵，完善基础服务设施，加强对外推介宣传，提升综合效益，打造一批主题鲜明、功能完善、宜居宜游宜业的文旅特色小（城）镇”。

四川省人民政府办公厅印发的《关于开展“天府旅游名牌”建设的实施意见》（川办发〔2021〕27号）进一步提出，总结运用“天府旅游名县”建设经验做法，围绕“食、住、行、游、购、娱”旅游全要素，建设一批天府旅游名镇、名村、名宿（旅游民宿）等系列“天府旅游名牌”，并且明确提出开展“天府旅游名镇”建设。要求着力建设一批文化主题鲜明、特色产业突出、旅游功能完善、生态生产生活和谐、宜居宜业宜游的“天府旅游名镇”。每年开展一次评选工作，每次命名原则上不超过10个。同时，不再开展“四川省文化旅游特色小镇”评选，已命名的“四川省文化旅游特色小镇”自动更名为“天府旅游名镇”。

（二）天府旅游名镇的评选条件

四川省文化和旅游厅、四川省住房和城乡建设厅印发的《四川省文化旅游特色小镇评选办法》对四川省文化旅游特色小镇的评选条件进行了详细说明（见表 5-7）。

表 5-7　四川省文化旅游特色小镇的评选条件

基本条件	具体要求
1. 文旅资源富集，文化内涵丰富。	生态环境质量优良；文化和旅游资源类型多样，组合性好，主题突出，在全省乃至全国具有一定的独特性、较强的标杆性；文化和旅游资源聚集，能完整地呈现和表达特定的某一历史时期或某一种文化的地域特色、民族风情、景观风貌或故事情景，具有较高的历史、文化、艺术和科学价值；文化艺术、非物质文化遗产特色鲜明，传承实践富有活力，当地民众参与度高、认同感强，民俗节庆活动具有较大的覆盖面和影响力。
2. 规划编制科学，推进实施有效。	编制有小镇文化、旅游发展规划，与国民经济和社会发展总体规划以及国土空间、交通、卫生健康、生态环境保护、历史文化保护等规划有机衔接，且能有效推进实施。
3. 主题定位明确，内涵彰显充分。	文化氛围浓厚，具有独特性、创新性、系统性，能用文化塑造特色、彰显魅力、培育品牌；小镇空间立体性、平面协调性、风貌整体性、文脉延续性等方面管控有力，能在建筑、景观、文创或动漫等领域设计方面用现代手段表达文化内涵，有完整的视觉符号系统；优秀传统文化得到有效保护传承，能结合自身历史渊源、区域文化、时代要求打造小镇形象，传承传习活动广泛深入开展，历史文脉延续良好，民族传统手工艺品等非物质文化遗产衍生品和文创产品能体现地域特色；社会主义核心价值观得到广泛践行，群众思想道德素质较高。
4. 产业融合发展，要素产品齐全。	文化和旅游与其他产业融合发展，业态丰富、布局合理，符合生态保护红线管控要求。文化和旅游要素产品齐全，创新力、创造力和转化力强，可持续发展模式清晰。
5. 产业效益显著，带动作用良好。	文化和旅游产业效益显著，辖区居民参与积极性高，上年度旅游总收入 5000 万元（含）以上（深度贫困地区不低于 3000 万元），接待游客 50 万人次（含）以上（深度贫困地区不低于 30 万人次）。
6. 配套设施齐全，服务功能完善。	文化和旅游配套设施和公共服务设施健全，管理维护措施有效，服务质量好，旅游接待条件优良。
7. 管理制度健全，监管落实到位。	具有统一有效的运营管理机构，环保基础设施完备，管理运行规范，文化旅游综合市场监管、安全生产以及文化文物保护管理制度机制健全完善，实施效果良好。近 3 年内，未出现重大环境污染和生态破坏事件，未发生重大文物安全事故、影响社会稳定的重大矛盾纠纷、较大及以上文化旅游安全生产事故以及破坏文化和旅游资源重大责任事件。
8. 品质提升明显，品牌培育良好。	文化旅游产品的传播力和影响力强，具有较高的知名度和美誉度。小镇内拥有全国重点文物保护单位、中国少数民族特色村寨（镇）、国家 4A 级及以上旅游景区或省级及以上旅游度假区、省级及以上非物质文化遗产代表性项目和体验基地、省级及以上工业遗产项目、省级及以上民间文化艺术之乡、历史文化名镇名村及传统村落等文化和旅游品牌，以及获评中国美丽乡村和省级及以上特色小城镇、“百镇建设行动”试点镇的文旅特色镇的可优先推荐申报。

四川省文化和旅游厅、四川省住房和城乡建设厅、四川省农业农村厅印发的《天府旅游名镇评选管理办法》对申报天府旅游名镇应具备的基本条件进行了详细说明（见表 5-8）。

表 5-8　天府旅游名镇的评选条件

基本条件	具体要求
1. 资源特色突出。	文化和旅游资源聚集，类型多样，组合性好，特色突出，影响力大，在全省乃至全国具有一定的独特性和较强的标杆性，具有较高的游憩观赏价值或历史文化价值、艺术价值、科学价值。
2. 四至界线清晰。	依托特定区块打造的天府旅游名镇，须有明确的四至边界范围，规划面积控制在 1~10 平方公里以内，空间相对连续，功能分区明确，社区、文化、旅游等多元功能聚合。杜绝房地产倾向化，商用住宅建设用地面积不超过建设用地面积的三分之一。
3. 规划实施有效。	编制有文化旅游发展专项规划，或在其他规划中有体现文化旅游发展的专篇专章，且与国民经济和社会发展总体规划以及国土空间、交通、卫生健康、生态环境保护、历史文化保护等规划有机衔接。规划区内无违法违规占用耕地基本农田情况。
4. 基础配套完善。	交通便捷，进出主干道达到三级及以上公路标准（三州三县民族地区达到四级双车道以上公路标准），内部游览线路设计合理，标识标牌规范清晰；公共服务设施完善，提供有信息咨询、导览解说、旅游投诉、应急救援等服务功能，休闲游憩、餐饮住宿、娱乐购物等设施齐全。
5. 监管落实到位	生态环境保护、自然资源保护、安全生产、市场监管等制度机制完善，实施效果好。近 3 年内，依法依规开展各类建设活动，未出现重大环境污染和生态破坏事件，未发生重大自然资源违法行为，未发生重大文物安全事故、影响社会稳定的重大矛盾纠纷、较大及以上文化旅游安全生产事故以及破坏文化和旅游资源重大责任事件。
6. 综合效益显著。	上年度旅游总收入 5000 万元（含）以上（三州三县民族地区不低于 3000 万元），接待游客 50 万人次（含）以上（三州三县民族地区不低于 30 万人次）（发生不可抗拒力情况不做要求），带动当地居民就业增收效果明显。

（三）天府旅游名镇的评选情况

截至 2021 年 9 月，全省已评选出三批共 50 个天府旅游名镇（见表 5-9 和图 5-2）。[①]

表 5-9　前三批天府旅游名镇命名县名单

第一批四川省文化旅游特色小镇（2019 年）	
市（州）	名单
成都市	邛崃市平乐镇
	崇州市街子镇
	大邑县安仁镇
泸州市	合江县尧坝镇
	古蔺县太平镇
自贡市	沿滩区仙市镇

① 本报告之所以在涉及天府旅游名镇时将时间放宽至 2021 年评选的首批天府旅游名镇，是因为四川省人民政府办公厅印发的《关于开展“天府旅游名牌”建设的实施意见》提出开展“天府旅游名镇”建设，同时不再开展“四川省文化旅游特色小镇”评选，已命名的“四川省文化旅游特色小镇”自动更名为“天府旅游名镇”。为反映上述变化，我们不仅梳理了政策的变化情况，而且将首批天府旅游名镇纳入统计范围。

续表

市（州）	名单
德阳市	罗江区白马关镇
绵阳市	江油市青莲镇
广元市	昭化区昭化镇
遂宁市	船山区龙凤镇
内江市	隆昌市南关石牌坊古镇
乐山市	犍为县罗城镇
宜宾市	翠屏区李庄镇
巴中市	恩阳区恩阳古镇
雅安市	雨城区上里镇
眉山市	洪雅县柳江镇
资阳市	乐至县劳动镇
阿坝州	汶川县水磨镇
甘孜州	道孚县八美镇
凉山州	会理市会理古城
第二批四川省文化旅游特色小镇（2020年）	
成都市	双流区黄龙溪古镇
	都江堰市灌县古城
	彭州市白鹿镇
广元市	苍溪县黄猫垭镇
	青川县青溪古城
阿坝州	松潘县川主寺镇
	九寨沟县漳扎镇
攀枝花市	米易县新山傈僳族乡
泸州市	合江县福宝镇
德阳市	绵竹市孝德镇
内江市	东兴区范长江文旅特色小镇
乐山市	市中区苏稽镇
南充市	蓬安县周子古镇
宜宾市	叙州区横江镇
广安市	武胜县宝箴塞镇
巴中市	平昌县白衣古镇
雅安市	石棉县安顺场红色文旅小镇
资阳市	安岳县圆觉洞文旅特色小镇

续表

市（州）	名单
甘孜州	泸定县磨西镇
凉山州	盐源县泸沽湖镇
首批天府旅游名镇（2021 年）	
成都市	龙泉驿区洛带镇
绵阳市	梓潼县“两弹城”
广元市	朝天区曾家镇
南充市	阆中市天宫镇
宜宾市	长宁县双河镇
广安市	武胜县飞龙镇
眉山市	洪雅县七里坪镇
阿坝州	小金县四姑娘山镇
甘孜州	丹巴县甲居镇
凉山州	西昌市东城文旅镇

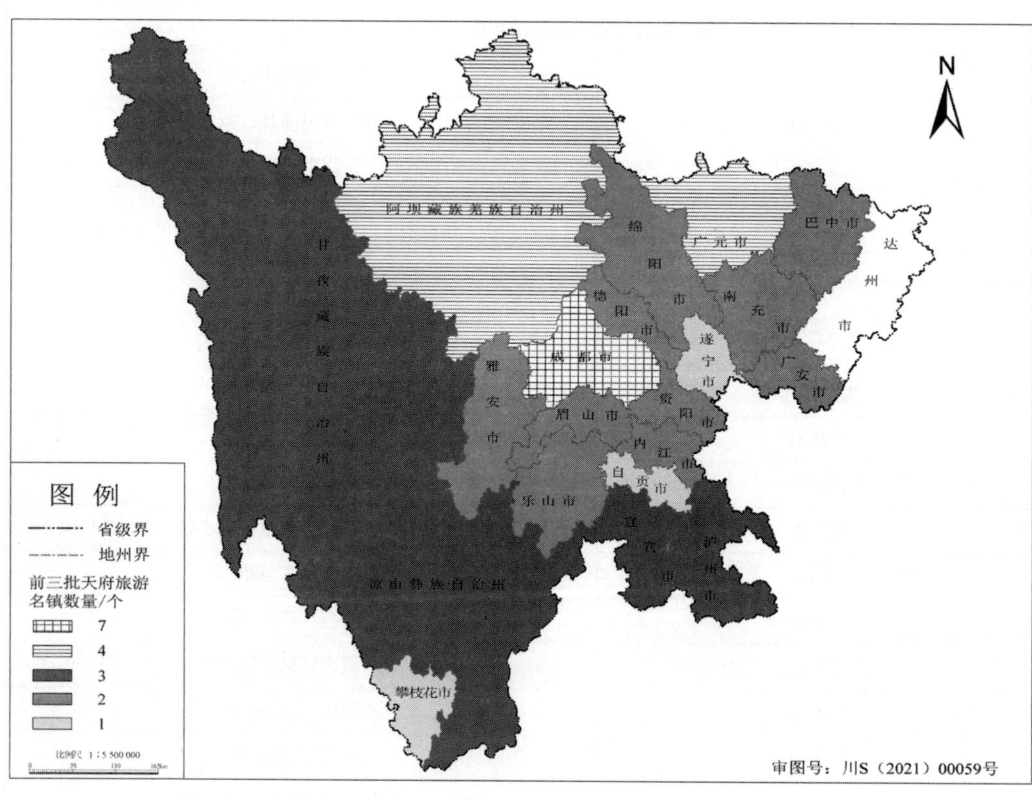

图 5–2　前三批天府旅游名镇的各市（州）分布情况

以位于阿坝州和甘孜州的 8 个小镇为例，这 8 个小镇都参与了第二批四川省文化旅游特色小镇的申报（见表 5-10）。

表 5-10　阿坝州和甘孜州参与申报第二批四川省文化旅游特色小镇的 8 个小镇概况

小镇名称	生态环境	小镇文化	旅游资源	特色产业	入选情况
阿坝州九寨沟县漳扎镇	境内原始森林遍布，动植物资源丰富，种类繁多，栖息着大熊猫等十多种稀有和珍贵野生动物。	镇内有扎如寺、达吉寺等藏传佛教寺庙，国家文化产业示范基地（九寨沟演艺产业群），文化活动“嘛智文化节”“日桑文化节”等。	拥有“世界自然遗产”“世界生物圈保护区”“绿色环球 21”三项国际桂冠，首批 5A 级旅游景区（九寨沟景区）、3A 级旅游景区（甘海子景区）、中国传统村落中查村。	依托境内丰富的旅游资源，积极培育壮大特色优势产业，初步形成了食、住、行、游、购、娱一体化的服务网络。	入选第二批四川省文化旅游特色小镇
阿坝州松潘县川主寺镇	—	藏羌回汉多民族文化相互融合又独立发展，形成了独具特色的多民族风情文化。拥有非物质文化遗产唐卡绘画、川盘花灯舞和迪夏表演。	拥有全国重点文保单位（红军长征纪念碑）、4A 级旅游景区（德吉梅朵风情街），以及红石公园、七藏沟、红星岩、奇峡沟、雪宝顶、德勒达格跑马场等。	唐卡绘画与制作、名贵高原药材采挖、高原中药材种植、高原无公害有机蔬菜种植、藏族文化艺术表演。	入选第二批四川省文化旅游特色小镇
阿坝州金川县观音桥镇	植被茂盛，空气清新、自然资源丰富。	藏传佛教文化浓郁，如观音菩萨的来历、绰斯甲观音菩萨的传说、锅庄舞、丧歌嘛孜、唐卡画、咂酒酿制技术、半边帐篷婚俗等。	拥有国家 4A 级旅游景区（观音桥景区）、省级文物保护单位（观音庙）、容中尔甲演艺中心，以及特色宾馆酒店、游客中心、煨桑广场、观音桥广场、自驾游营地等。	坚持以构建全域、全时、多元旅游格局为抓手，围绕“商、文、宗、闲、情”，着力推进文旅、农旅、商旅融合发展。	落选第二批四川省文化旅游特色小镇
阿坝州茂县凤仪镇	镇内房前屋后果园环绕、绿树成荫、溪流淙淙，宛如“世外桃源”。	拥有中国古羌城、中国羌族博物馆、非物质文化遗产传习中心、羌文化广场、羌王官寨、银龟圣山、金龟神山、木比塔、坪头羌寨等文化景观、景点及特色建筑。	拥有国家一级文保单位和中国唯一的羌族博物馆，拥有“瓦尔俄足”“羌年”“羌笛”“羌碉”等国家、省、州、县级非物质文化遗产项目。拥有国家 4A 级旅游景区 2 家、国家 3A 级旅游景区 1 家，以及省级乡村旅游示范村 2 个，中国乡村旅游模范村 1 个。	坚持以构建全域、全时、多元旅游格局为抓手，围绕“商、养、学、闲、情、奇”，着力推进三产融合发展。	落选第二批四川省文化旅游特色小镇

续表

小镇名称	生态环境	小镇文化	旅游资源	特色产业	入选情况
阿坝州汶川县映秀镇	处于世界自然遗产大熊猫保护区范围内，空气、地表水、噪声均为一级标准。	拥有以“家国情怀，大爱传承”为主题的大爱文化，以映秀娘子岭为核心展示的茶马古道文化。	涵盖漩口中学遗址、震中纪念馆、抗震建筑群等，是伟大抗震救灾精神的发源地，具有丰富的爱国主义教育资源。	建设完成家国情怀、应急管理、生态文明三大精品课程，开展党政干部专题培训、公职人员入职进阶培训、青少年学生研学旅行培训，打造特色培训产业。	落选第二批四川省文化旅游特色小镇
甘孜州泸定县磨西镇	拥有完整的7个垂直气候带谱和8个植被带谱，植物群落丰富，有“天然氧吧”之美誉；珍稀动植物荟萃，被誉为珍稀植物的基因库、珍稀动物的乐园，荟萃了中国大多数古老原始的生物种类，被称为“第四纪冰期动植物的避难所”。	地处康定木雅文化圈的边缘，主要有茶马古道文化、多元民族文化、宗教文化、红色文化、民俗文化等。	拥有五级旅游资源20种，四级旅游资源34种，三级以上优良级旅游资源共116种，以圣洁的高山雪山、磅礴的冰川景观、丰富的雪域温泉、多样的生物资源、奇特的红石景观、厚重的文化底蕴而闻名于世。	产业主题鲜明、文化旅游业态丰富、布局合理，符合生态保护红线管控要求，旅游要素齐全、游客认可度较高。藏彝文化浓厚、红色资源丰富。	入选第二批四川省文化旅游特色小镇
甘孜州丹巴县甲居镇	连绵的山脉绿树成荫，清晰的山泉甘甜无比，负氧离子浓度高、无污染，是典型的“春观花、夏避暑、秋赏红、冬沐阳”目的地，适宜观光、休闲和康养。	东女文化是人类母系氏族文化的不朽传承，以“古碉”和“藏寨”为代表的嘉绒古建筑是中华传统建筑艺术的熠熠瑰宝。	拥有特色独具的碉楼藏寨、多姿多彩的民族风情、源远流长的东女遗风，还拥有包括第一支藏族红军武装（藏民独立师）和红五军团政治部遗址在内的红色遗址。	小镇规模化发展观光农业和种养殖业，全链条培育食宿娱购供给服务产业，实现农旅结合、文旅融合和商旅整合发展。	入选首批天府旅游名镇
甘孜州白玉县建设镇	博美山森林原始林面积广阔，生物资源丰富多样，公园面积980公顷，有金雕、斑尾榛鸡、盘羊、苍鹰等国家重点保护动物，以及滴水岩、达乌草原、月亮湖等生态资源。	拥有独具特色的藏族原生态“指舞锅庄”，技艺精湛的“金属手工锻造”技艺，以及源远流长的藏传佛教文物古迹，还有红军长征革命遗址、烈士陵园等红色文化。	博美山、达乌草原等自然风光有“生态氧舱”之美誉。博美山、白玉寺、滴水岩、达乌草原汇成了集自然风光、科普康养、文物古迹、特色建筑、雕塑文化、非遗展销为一体的小镇精品旅游线路。	拥有高原藏菊研培中心、农业试验试种基地、民族手工艺展示销售中心、非遗体验基地、南派藏医药制剂中心、热鲁雪山旅行社等。	落选第二批四川省文化旅游特色小镇

从这些小镇的基本情况来看，都属于文化内涵丰富、资源特色突出、文旅资源类型多样，组合性好、主题突出，在全省乃至全国具有一定的独特性、较强的标杆性，能完整地呈现和表达特定的某个历史时期或某种文化的地域特色、民族风情、景观风貌或故事情景的旅游目的地。将命名小镇纳入全省文化和旅游产品重点宣传推介范畴，在省内外宣传推广中予以重点推介；组织专家团队对命名小镇发展规划、业态创新、产品开发、商品营销、运营管理等方面给予指导；对产品开发、宣传推广、人才培训、基础设施建设等方面给予倾斜支持；对命名小镇所在地政府或街道办事处给予适当奖补等激励政策也极大地激发了各地的创建热情，并取得了一定的效果。但从目前的天府旅游名镇申报和评选情况来看，还存在两个方面的问题：

一是评选标准“一刀切”。尽管《四川省文化旅游特色小镇评选办法》将“特色文化、文化遗产、自然风光、工业遗存、特色建筑等独特资源”作为文化旅游特色小镇的依托，《天府旅游名镇评选管理办法》也从“文化主题鲜明、产业特色突出、旅游功能完善、生态生产生活融合、宜居宜业宜游”五个方面对天府旅游名镇进行了界定，然而，天府旅游名镇的类型丰富，至少可以从不同维度划分为特色文化型、文化遗产型、工业遗存型、自然风光型、主题乐园型、城郊休闲型、特色建筑型、特色产业型等不同类型。如果不加区分，用同一套“评选管理办法”和“评分细则”加以评选，那么，很多原本在某个方面特色极其鲜明的小镇很可能因为没有“全面发展”而不能入选。为此，建议在对天府旅游名镇进行合理分类的基础上，根据类型的不同制定具有针对性的评选标准。

二是评选结果“排排坐”。在天府旅游名镇的评选过程中，不同批次的评选难度大不一样。虽然某个小镇在一次评选中很可能因面对某个实力雄厚的对手而落选，但在下次评选中则很可能因为竞争对手已经入选而大大增加入选概率。从这个意义上讲，天府旅游名镇申报和评选很像是“排排坐”的游戏。只要有一定的实力，坚持下去总有机会。例如，在 8 个申报第二批四川省文化旅游特色小镇的小镇中，有 3 个小镇（阿坝州松潘县川主寺镇、阿坝州九寨沟县漳扎镇、甘孜州泸定县磨西镇）顺利入选第二批四川省文化旅游特色小镇，1 个小镇（甘孜州丹巴县甲居镇）在一年后入选首批天府旅游名镇。

三、优秀龙头企业

（一）四川省文化旅游产业优秀龙头企业的评选背景

中共四川省委、四川省人民政府印发的《关于大力发展文旅经济　加快建设文化强省旅游强省的意见》提出“培育一批文旅企业”，并明确要求“大力实施文旅优秀龙头企业培育工程，支持通过资源整合、技术创新、品牌输出、跨界经营、兼并重组等方式，做大做强省属国有文旅企业、市（州）文旅企业，打造大型现代文旅集团。引进一批国内外文旅集团投资落户四川。支持企业通过挂牌上市等方式扩大直接融资比重，加大对民营和中小微文旅企业的支持力度”。开展文化旅游产业优秀龙头企业评选，旨在通过评选一批优秀龙头企业，有效发挥龙头企业的引领和示范作用。通过龙头企业“文化 +”“旅游 +”产业发展理念，大力培育新产品、新业态，积极推进文旅同科技、体育、康养、工业等重点领域融合发展。与此同时，通过发挥龙头企业在文化旅游产业协作引领、示范创新、知识输出和营销推广等方面的核心作用，带动越来越多的中小企业朝规模化、专业化、高端化方向发展，进一步激发文化和旅游领域市场主体活力，推进文化旅游产业供给侧结构性改革，加快推进全省文化旅游产业提质增效。

（二）四川省文化旅游产业优秀龙头企业的申报条件

根据四川省文化和旅游产业领导小组印发的《四川省文化旅游产业优秀龙头企业评选办法（试行）》（川文旅产领〔2019〕3 号），四川省文化旅游产业优秀龙头企业是指对全省文化旅游产业的发展做出突出贡献，在行业内具有较强竞争力和影响力的文化旅游领军企业、骨干企业（见表 5-11）。

表 5-11　四川省文化旅游产业优秀龙头企业的评选条件

基本条件	具体要求
1. 企业资质	企业工商注册地和税务登记地在四川省行政辖区、具有独立法人资格、主营业务属于文化和旅游行业的文化企业和旅游企业。
2. 企业规模	文化和旅游核心领域行业企业主营业务收入过 5000 万元、净利润过 500 万元；文化和旅游相关领域行业企业主营业务收入或资产规模过 5 亿元、净利润过 5000 万元。
3. 经济效益	企业具有良好的经济效益，且资产负债状况合理。
4. 社会效益	企业内容生产导向和经营方向正确，社会反映良好。
5. 企业信用	银行信用等级在 A 级及以上（含 A 级），无违法经营和违法占用自然资源行为，产品符合国家产业政策、环保政策，并获得相关质量管理标准体系认证，近 3 年内没有发生产品质量安全事件和重大安全事故。

（三）四川省文化旅游产业优秀龙头企业的发展情况

截至 2020 年 9 月，全省已评选出两批共 12 家四川省文化旅游产业优秀龙头企业（见表 5-12 和表 5-13）。

表 5–12　前两批四川省文化旅游产业优秀龙头企业名单

注册地	企业名称
第一批四川省文化旅游产业优秀龙头企业（2019）	
成都市	四川省旅游投资集团有限责任公司
	四川日报报业集团
	成都文化旅游发展集团有限责任公司
	腾讯科技（成都）有限公司
	华侨城西部投资有限公司
	咪咕音乐有限公司
乐山市	四川省峨眉山乐山大佛旅游集团总公司
	峨眉山旅游股份有限公司
第二批四川省文化旅游产业优秀龙头企业（2020）	
成都市	四川新华出版发行集团有限公司
	四川文化产业投资集团有限责任公司
	域上和美集团有限公司
	成都索贝数码科技股份有限公司

表 5–13　前两批四川省文化旅游产业优秀龙头企业基本情况

企业名称	企业性质	注册资本	实缴资本	所属行业
四川省旅游投资集团有限责任公司	有限责任公司（国有控股）	653800 万元	283029 万元	商务服务业
四川日报报业集团	事业单位（实行企业化管理）	10000 万元	—	报刊出版业
成都文化旅游发展集团有限责任公司	有限责任公司（国有独资）	313500 万元	313500 万元	商务服务业
腾讯科技（成都）有限公司	有限责任公司（台港澳法人独资）	22000 万美元	—	软件和信息技术服务业
华侨城西部投资有限公司	有限责任公司（非自然人投资或控股的法人独资）	1000000 万元	245500 万元	商务服务业
咪咕音乐有限公司	有限责任公司（非自然人投资或控股的法人独资）	110000 万元	110000 万元	文化艺术业
四川省峨眉山乐山大佛旅游集团总公司	有限责任公司（国有控股）	10000 万元	—	住宿业
峨眉山旅游股份有限公司	其他股份有限公司（上市）	52691 万元	—	公共设施管理业
四川新华出版发行集团有限公司	有限责任公司（非自然人投资或控股的法人独资）	59382 万元	59382 万元	批发业

续表

企业名称	企业性质	注册资本	实缴资本	所属行业
四川文化产业投资集团有限责任公司	有限责任公司（非自然人投资或控股的法人独资）	50000 万元	50000 万元	新闻和出版业
域上和美集团有限公司	有限责任公司（自然人投资或控股）	12000 万元	12000 万元	零售业
成都索贝数码科技股份有限公司	股份有限公司（非上市、自然人投资或控股）	8000 万元	8000 万元	计算机、通信和其他电子设备制造业

具体来说，四川省文化旅游产业优秀龙头企业具有三个特征：

第一，企业的区域分布极不平衡。在 12 家企业中，有 10 家企业的注册地都在成都，仅有 2 家企业来自乐山，其余 19 个市（州）无一企业入选。而且，来自乐山的两家企业具有关联关系——四川省峨眉山乐山大佛旅游集团总公司是峨眉山旅游股份有限公司控股股东，持有后者 32.59% 的股份。从某种意义上看，这两家企业可以视为一家。进一步看，全省规模以上文化产业法人单位的区域分布也极不平衡。根据 2017 年年末的统计数据，成都文旅经济发展核心区和环成都文旅经济带的规模以上文化产业法人单位数量占全省总量的 59.4%，营业收入更是占全省规模以上文化产业的 82.3%。相比之下，攀西文旅经济带和川西北文旅经济带的规模以上文化产业法人单位数量分别占全省总量的 4.2% 和 1.4%，营业收入仅分别占全省规模以上文化产业的 0.9% 和 0.2%。①

第二，企业的龙头作用不够明显。纵观这 12 家龙头企业的发展情况，一方面，对全省文化旅游产业发展的带动作用还不够强，另一方面，在全国同行业内的竞争力和影响力还不突出。以数据相对公开的两家企业为例，成都文化旅游发展集团有限责任公司 2019 年的营业收入（20.37 亿元）在中国营业收入排名前 30 的文旅集团中排第 23 位（营业收入平均值为 122.08 亿元），净利润（0.40 亿元）排名第 29（净利润平均值为 5.82 亿元）（见表 5-14）。峨眉山旅游股份有限公司 2019 年的营业收入（11.08 亿元）在中国 15 家景区类上市企业中排名第 5，净利润（2.26 亿元）排名第 3（见表 5-15 和表 5-16）。但营收来源较为单一，游山门票和客运索道收入就占 7 成以上（见表 5-17）。

表 5-14　2019 年度营业收入排名前 30 的中国文旅集团业绩情况

营收排名	集团名称	所属地区	企业性质	营业收入（亿元）	营业利润（亿元）	净利润（亿元）
1	华侨城集团	深圳	中央企业	1309.82	235.85	92.32
2	北京首都旅游集团	北京	市属国企	773.57	21.12	-4.35
3	复星旅游文化集团	上海	民营企业	173.37	20.71	6.09

① 四川省统计局：《产业规模稳步发展　创意产业引领强——2017 四川文化产业“成绩单”》，《四川省情》2018 年第 3 期。

续表

营收排名	集团名称	所属地区	企业性质	营业收入（亿元）	营业利润（亿元）	净利润（亿元）
4	锦江国际集团	上海	市属国企	150.99	17.63	10.92
5	中青旅控股股份有限公司	北京	中央企业	140.54	—	5.68
6	杭州市商贸旅游集团	浙江	市属国企	134.16	15.75	8.60
7	众信旅游集团	北京	民营企业	126.22	—	0.69
8	华住集团	上海	民营企业	112.12	—	17.69
9	北京东方园林环境股份有限公司	北京	市属国企	81.33	—	0.519
10	广州岭南集团控股股份有限公司	广东	市属国企	79.72	3.83	2.59
11	开元旅业集团	浙江	民营企业	69.30	6.37	2.17
12	华强方特文化科技集团	广东	民营企业	53.42	—	8.13
13	河北旅游投资集团	河北	省属国企	50.14	3.05	1.24
14	云南世博旅游控股集团	云南	省属国企	43.98	2.90	0.71
15	浙江省旅游投资集团	浙江	省属国企	40.55	2.42	2.49
16	天津市旅游（控股）集团	天津	市属国企	39.72	0.71	0.25
17	南京旅游集团	江苏	市属国企	39.53	1.94	1.04
18	安徽省旅游集团	安徽	省属国企	36.12	0.96	0.42
19	广东省旅游控股集团	广东	省属国企	25.69	1.33	0.55
20	龙城旅游控股集团	江苏	市属国企	23.6	0.61	−0.23
21	重庆旅游投资集团	重庆	市属国企	21.33	−0.27	0.07
22	西安旅游集团	西安	市属国企	20.93	−0.5	0.27
23	成都文化旅游发展集团	四川	市属国企	20.37	0.02	0.40
24	腾轩旅游集团	北京	民营企业	20.02	—	0.31
25	重庆市涪陵交通旅游建设投资集团	重庆	市属国企	17.85	1.70	1.15
26	南京溧水商贸旅游集团	江苏	区属国企	12.77	2.41	1.73
27	无锡灵山文化旅游集团	江苏	市属国企	12.73	0.72	0.43
28	杭州余杭旅游集团	浙江	区属国企	12.36	10.99	10.88
29	扬州瘦西湖旅游发展集团	江苏	市属国企	10.48	1.34	0.92
30	浙江舟山旅游集团	浙江	市属国企	9.81	2.08	1.19

表 5-15　中国景区类上市企业 2019 年度业绩情况

营收排名	企业名称	所属地区	营业收入（亿元）	净利润（亿元）
1	云南旅游	云南	28.79	0.94
2	宋城演艺	浙江	26.12	13.42
3	黄山旅游	安徽	16.07	3.40
4	曲江文旅	陕西	13.05	0.45
5	峨眉山 A	四川	11.08	2.26
6	西安旅游	陕西	8.64	-0.30
7	丽江股份	云南	7.23	2.03
8	三特索道	湖北	6.77	0.10
9	桂林旅游	广西	6.06	0.55
10	九华旅游	安徽	5.37	1.17
11	天目湖	江苏	5.03	1.24
12	长白山	吉林	4.67	0.75
13	张家界	湖南	4.25	0.11
14	大连圣亚	辽宁	3.19	0.42
15	西藏旅游	西藏	1.88	0.21

表 5-16　峨眉山旅游股份有限公司 2016—2020 年度业绩情况

年份	营业收入（亿元）	营业利润（亿元）	净利润（亿元）
2016	10.41	2.23	1.91
2017	10.79	2.41	1.96
2018	10.72	2.49	2.09
2019	11.08	2.69	2.26
2020	4.67	0.78	0.75

表 5-17　峨眉山旅游股份有限公司 2019 年度营业收入构成情况

行业	行业营业收入（元）	占营业总收入比重（%）	毛利率（%）
游山门票收入	445201979.34	40.19	25.99
客运索道收入	366475570.75	33.08	77.66
宾馆酒店服务业	182289533.89	16.46	19.57
旅行社收入	3751890.07	0.34	—
其他类等	109989807.19	9.93	—
营业收入合计	1107708781.24	100.00	—

第三，资源垄断型企业占比偏高。在12家企业中，有7家企业属于资源优势型企业，3家企业为外省企业的分公司，仅有2家企业为四川本土的自然人投资或控股企业。从7家资源优势型企业的成长路径来看，通过自由竞争做强的企业少，通过行政主导“并大”的企业多。但问题是，“并大”不等于“做大”，“大”也不意味着“强”。仅有2家四川本土企业是通过文旅产品和服务的不断创新而成长壮大起来，并且在全国同行业内具有一定的竞争力和影响力。

如果说，优秀龙头企业是四川文旅产业的主动脉，那么，小微文旅企业就是四川文旅产业的毛细血管。作为四川文旅产业最具活力的微观市场主体，小微文旅企业既是培育优秀龙头企业的摇篮，也是四川文旅产业不断壮大的坚固基石。从文旅产品和服务创新的角度来看，小微文旅企业往往处于充分竞争的细分文旅市场，对文旅消费者的个性化、多样化、多层次文旅需求最为了解。因为能否从瞬息万变的市场中发现宝贵的商机，直接关系到企业的生死存亡。

有时候，一个小小的创意以及由此衍生的文旅产品就能让小微文旅企业起死回生甚至迅速发展。2015年源于成都宽窄巷子景区，之后很快风靡全国的文旅创意产品——“豆芽花”发夹，就是小小创意引发广大需求的典型例子。可以说，小微文旅企业不仅是激发四川文旅创造活力与四川文旅经济活力的源头，而且是实现文旅产品和服务多样化的主角。因此，有关部门能否以自信宽容、多奖少惩、减税降负的态度对待小微文旅企业，就成为直接影响小微文旅企业在文旅产品内容、文旅服务模式、文旅表现形式、文旅传播方式等方面的创新动能，从而决定高品质、多样化、原创性文旅产品和服务的有效供给能力之关键。

【调研报告】

成都文化企业孵化器的调查与分析

内容提要

成都文化企业孵化器及其在孵文化企业的发展情况与存在问题表明，文化企业孵化器的发展方向是以垂直化和专业化为特征的小而精型孵化器。多级筛选机制、综合服务机制、虚实结合机制和共同投资机制的建立，是文化企业孵化器有效应对因政策红利、地产红利和市场红利的消失而带来的风险，从而实现文化企业可持续孵化的重要制度安排与发展战略选择。

国务院办公厅印发的《关于发展众创空间推进大众创新创业的指导意见》（国办发〔2015〕9号）、《关于加快众创空间发展服务实体经济转型升级的指导意见》（国办发

〔2016〕7号）、《关于强化实施创新驱动发展战略进一步推进大众创业万众创新深入发展的意见》（国发〔2017〕37号）、《关于推动创新创业高质量发展打造“双创”升级版的意见》（国发〔2018〕32号）等一系列文件不仅提出大力推进孵化器的建设，而且明确要求重点在文化创意和现代服务业等产业领域先行先试。然而，文化企业的孵化和培育有其自身的规律，并非三五年间就一定能见到成效的。因此，在政府部门投入大量的人力、财力和物力推进文化企业孵化器建设的大背景下，如何未雨绸缪地通过建立一种可持续的孵化机制，确保文化企业孵化器及其在孵文化企业在未来若干年间不因政策红利、地产红利和市场红利的消失而受到过大的冲击，就成为摆在学界和业界面前的一项重大课题。

所谓文化企业孵化器（Cultural Business Incubator），是指专为初创的文化企业提供场地、设施和服务支持，从而减少创业成本，共享创业资源，降低创业风险的新型社会经济组织。文化企业孵化器存在的目的是帮助文化企业家将文化创意与创新理念转化成文化产品与服务。文化企业孵化器面对的对象是具有潜在市场前景的文化创意与创新理念，是处于初创期的文化产业项目。总的来看，学界关于文化企业孵化器的研究还比较粗浅，甚至不乏一些认识上的误区。例如，徐珂将文化企业孵化器不恰当地理解为文化产业孵化器，并认为后者是培养成功的文化企业、文化企业家和文化业态的文化经济组织。[①]虽然“文化产业孵化器”这一名称听上去并无太大问题，并且也有很多人在使用这样的概念。但概念背后反映的却是人们对孵化器所孵化对象的认识误区：孵化器的孵化对象是文化企业，而不是文化产业。这种表述上的误区就如同将原初意义上的孵化器的孵化对象——“鸡蛋”错误理解为孵化器的孵化对象是“一群鸡”乃至“养殖场”。又如，宋延鹏将文化企业孵化器的概念简单地泛化，认为文化产业园就是典型的文化企业孵化器。[②]不可否认，虽然目前已有“将文化产业园区直接建成文化企业孵化器”的想法和做法，但“在文化产业园区内建设文化企业孵化器”的情况还是更为传统和普遍。更关键的问题是，显然并非所有的文化产业园区都是文化企业孵化器。凡此种种不难看出，国内学界和业界关于文化企业孵化器的认知和研究依然存在不少的误区和盲点。

本报告则通过对游戏工场、艺哈创新创业孵化器、西村文化创意孵化园、WorKING文创孵化器、明堂青年文化创意中心、红星路三十五号孵化基地等成都文化企业孵化器及其在孵文化企业的深入调研，根据孵化器及其在孵企业面临的实际问题和现实期待，提出了包括多级筛选机制、综合服务机制、虚实结合机制、共同投资机制在内的文化企业可持续孵化机制（见图5-3）。多级筛选机制是通过“把关”遴选优质在孵文化企业的前提，综合服务机制是从供给侧角度满足在孵文化企业需求的基础，虚实结合机制是

① 徐珂：《文化产业孵化器的功能及设置》，《山东经济》2008年第4期。

② 宋延鹏、徐逸伦：《文化与商业的平衡：政府在创意产业园建设中的角色》，《现代城市研究》2007年第9期。

跨越园区的地理约束获取信息和知识的关键，共同投资机制是文化企业孵化器实现其“造血”功能的保障。

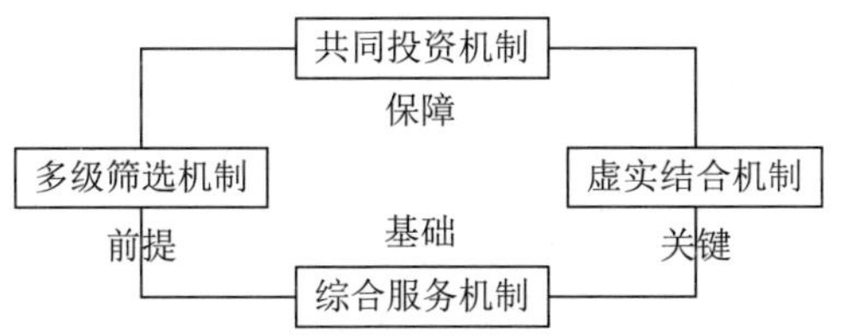

图 5-3　文化企业可持续孵化机制示意

一、多级筛选机制

为全面贯彻党中央和国务院关于创新创业的战略决策部署，很多省市都在大力推进以孵化器为代表的创新创业载体建设。以成都为例，成都市人民政府办公厅印发的《关于加快推进创新创业载体建设若干政策措施的意见》（成办发〔2015〕43 号）提出，“到 2020 年，全市创新创业载体总量达 400 家，孵化场地面积总量达 2000 万平方米”。为了顺利完成这一目标，成都给出了力度颇大的补贴政策（见表 5-18）。政府倾斜性补贴的结果之一，就是一大批以“收房租 + 拿补贴”为主要收入来源的文化企业孵化器如雨后春笋般破土而出。

表 5-18　成都市人民政府支持创新创业载体建设的补贴政策[①]

支持内容	补贴政策
支持改（扩）建创新创业载体	鼓励孵化机构利用闲置厂房、楼宇和存量土地等改（扩）建为创新创业载体，给予改（扩）建总额的 20%（最高不超过 500 万元）的经费补贴。
支持新建创新创业载体	按 20 元 / 平方米的标准，给予新建创新创业载体最高不超过 300 万元的经费补贴。
支持校院地共建创新创业载体	给予校院地共建创新创业载体最高不超过 1000 万元的经费补贴。
支持创新创业载体引进来走出去	1. 支持本土孵化器运营机构在北京、深圳以及美国硅谷等创新创业活跃地区建设创新创业载体，根据异地孵化的绩效，给予每年最高不超过 100 万元经费补贴。2. 支持新引进的知名孵化器运营机构来蓉建设创新创业载体，分级分类给予 100 万元至 500 万元的一次性经费补贴。

由于政府补贴是很多文化企业孵化器除房租以外的主要收入来源，因此，必须满足的“量化指标”也就顺理成章地成了文化企业孵化器所追求的重要指标。例如，成都的专业孵化器获得经费资助时必须同时具备的主要可量化条件就是：第一，可自主支配的孵化场地使用面积达 8000 平方米以上（近郊区县达 5000 平方米以上，远郊市县达 3000 平方米以上）。第二，可自主支配场地内的在孵企业应达 30 家以上（近郊区县、远郊

① 成都市人民政府办公厅：《关于加快推进创新创业载体建设若干政策措施的意见》（成办发〔2015〕43 号），2015 年 12 月 9 日。

市县达 20 家以上），且其主营业务应与孵化器的专业定位一致。为了迎合这些必备的“孵化器资助标准”，成都文化企业孵化器非常看重诸如场地面积、入驻比率、孵化数目、就业人数之类的“硬指标”。

以某家已被科学技术部纳入“国家级科技企业孵化器管理的众创空间”为例，据报道，该文化企业孵化器“每年的文创孵化项目数量超过 400 个”。[①]这些文化产业项目几乎涉及文化产业的各个子产业。虽然文化企业孵化器已经属于所谓的专业孵化器，但细分起来，文化企业又可分为内容生产型、文艺培训型、文艺创作型、娱乐休闲型、创意设计型、网络服务型、经纪代理型、加工制造型、产品销售型、设备生产型等多个不同类型。[②]仅以内容生产型文化企业为例，又可细分为文学创作、音乐制作、舞台表演、影视剧生产、书报刊出版等多种类型。每种类型都具有极强的专业性。因此，成都的很多文化企业孵化器貌似所谓的专业孵化器，然而，孵化器运营机构的专业化程度其实并不高，对在孵文化企业所处的细分子产业与核心产品的理解也不深刻，甚至非常陌生，根本无法为在孵文化企业提供具有专业性和针对性的优质孵化服务。

文化企业孵化器只有做到聚焦于文化产业的某一个细分子产业，走垂直化发展之路，并且严格实施多级筛选机制，才有可能发展成为具有竞争力和生命力的专业孵化器。正如成都某文化企业孵化器的创始人所说：“如果你专注于文化产业中的某一个细分领域，看过 100 个项目，那你一眼就能看出其中的门道。”事实上，政府的扶持政策不应过于关注规模性的量化指标，而应引导孵化器往垂直化和专业化的方向发展。

更重要的是，文化企业孵化器需要建立严格的多级筛选机制，围绕产品（回答能否解决客户“痛点”的问题）、市场（回答是否有足够市场容量的问题）和团队（回答是否有合适创业团队的问题）进行严格的项目筛选（见图 5–4）。具体来说，文化企业孵化器的多级筛选机制至少由三个筛选阶段构成：第一级筛选由文化企业孵化器的资深项目经理以在孵文化企业提交的申请材料为基础，根据直觉和经验进行初选。第二级筛选由孵化器的项目管理团队以在孵文化企业的商业计划书为基础，在同创业团队进行深度交流后进行综合评估并进行复选。第三级筛选由来自政、产、学、研、金、贸、介等各界的孵化器入孵企业评估委员会以尽职调查结论为基础，在创业团队进行汇报和答辩后进行终选。根据文化企业孵化器的有效服务半径来看，一家专业孵化器的在孵文化企业数量不应超过 25 家。

① 陈松：《创“明堂模式”重振少城风采》，《四川日报》2016 年 2 月 17 日第 2 版。

② 马健：《小微文化企业：不可等量齐观的“毛细血管”》，《中国文化报》2015 年 8 月 15 日第 4 版。

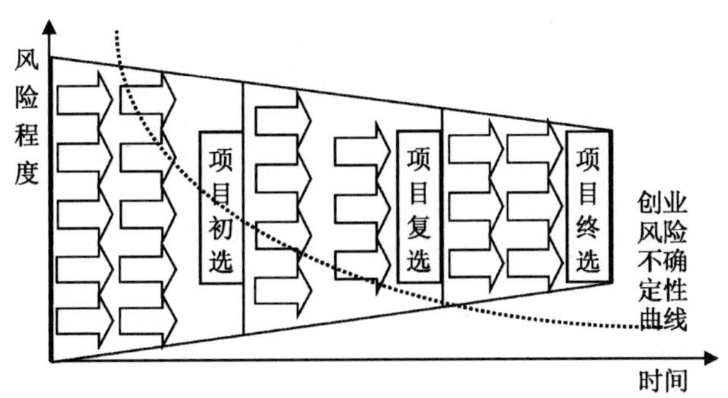

图 5-4　文化企业孵化器多级筛选机制的漏斗模型

二、综合服务机制

从某种意义上讲，文化企业孵化器的本质其实是"创意—创新—创业"综合服务平台。文化企业孵化器为在孵文化企业提供的服务可分为两大类：基础性服务与专业性服务。前者包括办公场地的租金优惠、知识产权与项目申报、工商税务等事务协助、专业机构的中介推荐等内容。后者则包括企业战略与发展辅导、创业团队的系统培训、研发与技术服务平台、企业人才的协助招聘、创业导师的个别辅导、融资信息与渠道服务、市场调研与产品分析、创业沙龙等交流平台。根据我们对成都艺啥创新创业孵化器、西村文化创意孵化园、WorKING 文创孵化器、明堂青年文化创意中心等 8 家文化企业孵化器的 86 家在孵文化企业的调查，文化企业对上述服务的需求度存在很大的差异（见表 5-19 和图 5-5）。

表 5-19　在孵文化企业对成都文化企业孵化器的服务需求调查

服务内容	企业需求度（满分为 5 分）
企业战略与发展辅导	4.85
创业团队的系统培训	4.65
研发与技术服务平台	4.59
办公场地的租金优惠	4.51
企业人才的协助招聘	4.38
创业导师的个别辅导	4.35
融资信息与渠道服务	4.26
知识产权与项目申报	4.22
市场调研与产品分析	4.19
工商税务等事务协助	3.90
专业机构的中介推荐	3.86
创业沙龙等交流平台	3.74

	0–3	3–4	4–4.5	4.5–5
专业性服务		创业沙龙等交流平台	企业人才的协助招聘 创业导师的个别辅导 融资信息与渠道服务 市场调研与产品分析	企业战略与发展辅导 创业团队的系统培训 研发与技术服务平台
基础性服务		工商税务等事务协助 专业机构的中介推荐	知识产权与项目申报	办公场地的租金优惠

0 1 2 3 4 4.5 5

图 5–5　在孵文化企业对成都文化企业孵化器的服务需求分布

在基础性服务方面，文化企业孵化器能够以资源共享的方式为在孵文化企业提供从工商注册、法务咨询、财会代理一直到收发快递、代理订餐、网络管理等企业日常经营所必需的一般性服务。虽然这类基础性服务是企业初创时非常重要，却往往不被重视的服务，但文化企业孵化器在经营、技术、融资等方面为在孵企业提供的针对性指导和具体化建议等专业性服务才是文化企业孵化器的最重要功能。调研发现，一方面，文化企业创业者对文化企业孵化器的专业性服务有着很高的期待；另一方面，不少孵化器的专业性却很让创业者失望。创业者在企业初创时，往往会遇到很多困惑，亟须孵化器运营方提供专业级的辅导。但运营方的第一反应却常常是“你们这个领域我不太懂”“我要咨询一下创业导师”。此后也未必能给出令创业者满意的答案，甚至就此无有下文。

事实上，所谓的专业性服务，就是指运营方的知识储备和从业经验都要高于创业者。从更高的层面，以丰富的经验，提供指导意见，助力企业成长。正如成都某位文化企业创业者所说，孵化器的运营管理人员应该具有丰富的从业经验，最好有过创业的经历，并且深刻理解产业发展的趋势。否则的话，只能是外行“误导”内行。由于文化产业的细分子产业众多，因此，文化企业孵化器必须走细分化发展之路，才有可能为在孵文化企业提供真正的专业性服务。

三、虚实结合机制

由于专业性服务的极端重要性，虚拟孵化模式随之应运而生。文化企业“虚拟”孵化器不提供办公场所等物理空间，在孵文化企业无须进驻孵化器园区，原有的注册地址、政策支持和税务管辖保持不变。文化企业“虚拟”孵化器也不提供基础性服务和外包式服务，而是专注于孵化器的孵化服务（专业体系）、孵化平台（平台体系）和孵化网络（网络体系）建设。一方面，由于成都地处西部内陆地区，与沿海发达地区相比，成都的很多文化企业在信息获取、行业交流、资源整合等方面都处于相对劣势地位。另一方面，成都在手机游戏、原创动画、网络文学、音乐表演、创意设计、演艺娱乐等文化产业的细分子产业中的龙头效应和带动效应正在不断提升。因此，对于成都文化企业孵化器而言，跨越物理空间意义上的园区地理概念，以虚拟化配置提供专业化服务的虚实结合孵化机制就显得非常重要了（见图 5–6）。

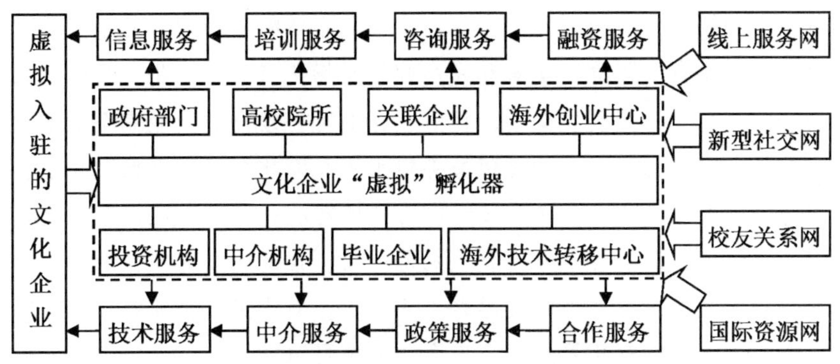

图 5-6　文化企业孵化器的虚拟孵化机制

具体来说，文化企业“虚拟”孵化器的优势主要体现在以下四个方面：

一是线上服务网。文化企业“虚拟”孵化器通过互联网将在孵文化企业、文化企业孵化器、政府部门、高校院所、关联企业、投资机构、中介机构等相关组织进行了有效的网络链接。“虚拟”孵化器不仅将相关资源转移到“云”端，而且将原本需要在线下进行的培训、咨询和服务转移到线上，从而极大地提高了孵化的效率。

二是新型社交网。借助网络视频会议（VC）、基于位置的服务（LBS）、近距离无线通信（NFC）等新的技术手段，文化企业“虚拟”孵化器不仅改变了社交规则，而且改变了社交习惯。在孵文化企业可以在加入“虚拟”孵化器构建的社交网络圈后，轻松地从社交网络的其他“节点”处获取所需要的信息、知识和资源。

三是校友关系网。校友关系不仅体现在高校的校友之中，而且体现在各大孵化器所孵化的企业之中。文化企业“虚拟”孵化器可以有效地为在孵文化企业与已毕业企业建立关联，并在此基础上形成具有互通互助、知识分享和经验传承功能的校友机制。在孵文化企业可以直接或间接地从已毕业企业处获得帮助与建议，寻求指导与合作。

四是国际资源网。由于信息不对称，一些在孵文化企业自以为自己的核心项目非常先进，但其实已经在国际市场上落后了。还有一些在孵文化企业在技术创新或者商业模式方面遇到的难题，国外企业和高校院所完全能够提供相应的支持和帮助。文化企业“虚拟”孵化器则可以利用海外创业中心、海外技术转移中心等国际资源，帮助在孵文化企业解决技术和商业难题，优化在孵企业的发展战略。

总之，文化企业孵化器运营的虚实结合机制，一方面，可以利用孵化平台为实体入驻和虚拟入驻的在孵文化企业提供专业性的孵化服务。另一方面，文化企业孵化器本身就是虚拟孵化网络中心的节点之一。通过正式网络和非正式网络的建构，提高网络关系的广度和密度，获得更多的信息和知识。与此同时，加强同重要网络节点的联系与合作，提高虚拟孵化的效率和效果。

四、共同投资机制

一方面，文化企业孵化器是政府扶持文化产业发展的发力机构，是政府服务功能的延伸，具有一定的社会公益性质。另一方面，文化企业孵化器的本质是孵化文化企业的企业。文化企业孵化器的创立、运营和发展都是市场化行为。因此，虽然政府对文化企业孵化器的扶持显得十分重要和必要，但孵化器的可持续发展不能完全依靠政府的政策倾斜与资金扶持，而要通过自身的增值服务能力强化孵化器的“造血”功能，实现即使政府优惠政策“断奶”，依然能够正常运作的良性发展。调研发现，很多文化企业孵化器的运营方都很清楚，政府补贴总有到头的那一天，但对于如何在“断奶”之前培养其自我“造血”功能却并没有太清晰的思路。事实上，对于文化企业孵化器而言，建立有效的共同投资机制是帮助孵化器自我“造血”的重要途径。

从理论上讲，除房租以外，文化企业孵化器的收入主要来自三个方面：政府补贴收入、股权投资收入和孵化服务收入。但就成都文化企业孵化器的运营状况来看，孵化器获得股权投资收入的难点在于：一方面，真正优秀的文化产业项目并不愿意接受以入股的方式融资；另一方面，文化企业孵化器在进行投资时存在“反正不是我的钱，感觉差不多就投”的状况。孵化器获得孵化服务收入的难点则在于，初创的文化企业没有能力，也不愿意且不习惯为孵化服务付费。为了解决上述问题，必须建立起以资金活化为中心，兼顾政府、孵化器、投资人和在孵企业的四方利益，架构在激励和约束相容机制基础上的资源性共同投资机制（见图 5-7）。

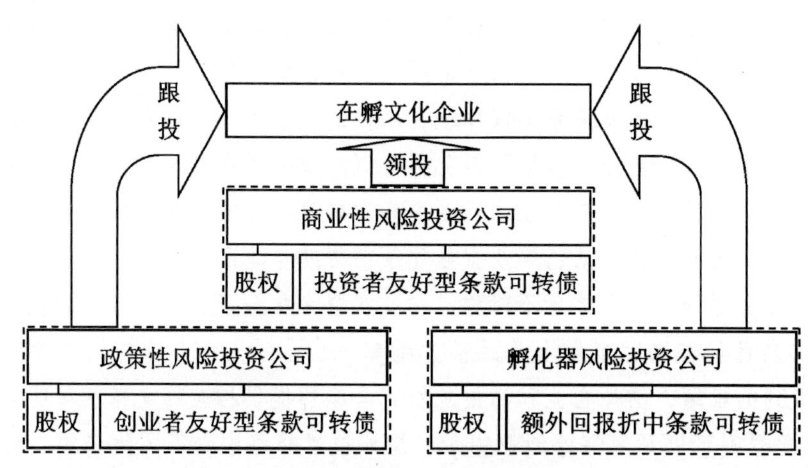

图 5-7　兼顾四方利益的资源性共同投资机制

从投资主体来看，由政府部门成立具有部分“造血”功能，旨在可持续推进文化企业孵化事业，并且不以营利为目的的地方国有的政策性风险投资公司。由文化企业孵化器成立以获取股权投资收入为主要目的的孵化器风险投资公司。社会上的政策性风险投资公司、孵化器风险投资公司与商业性风险投资公司共同构成了在孵文化企业的投资主体。

从金融工具来看，传统的股权投资与可转换债权投资并重。随着现代金融工具的创新与发展，股权工具与债权工具的界限已经越来越模糊了。需要指出的是，虽然可转债

（Convertible Bond）的名字中含有“债券”字样，但可转债的本质绝非人们通常所理解的基础类金融工具中的债券，而是地地道道的期权类金融衍生工具。在孵文化企业之所以应该以可转债来融资，主要是出于三个目的：第一，初创的文化企业往往具有“轻资产”的特点，很难进行标准化估值。可转债则可以暂时跨过这一估值难题，通过接受下一轮投资者的估值来搁置和解决眼前的争议。第二，可转债不会稀释股权，避免了初创文化企业的控制权因融资而产生的转移风险。第三，可转债非常灵活。文化企业可以同时向政策性风险投资公司、孵化器风险投资公司和商业性风险投资公司发行条款各不相同的可转债，满足不同投资者的诉求。

从投资机制来看，采取由创业导师及其关联的商业性风险投资公司进行领投，政策性风险投资公司和孵化器风险投资公司进行跟投的共同投资模式。其中，传统的股权投资与可转换债权投资的比例最好保持在1∶5，从而兼顾创业者与投资者的利益。三类投资公司选择的是条款不同的可转换债权投资：商业性风险投资公司选择的是“投资者友好型条款”——投资者按照事先约定的估值转化为相应比例的股份。政策性风险投资公司选择的是“创业者友好型条款”——投资者按照事先约定的年化利息和投资的本金退出，从而解决了代表政府的政策性风险投资公司旨在可持续推进文化企业孵化事业的资金来源问题。孵化器风险投资公司选择的是“额外回报折中条款”——投资者拿回本金和利息，以及因孵化服务而获得的额外回报，从而在文化企业孵化器获得一定股权投资收入的同时，解决了优质孵化服务“不好收费”的问题。

五、结语：通过四大机制实现可持续孵化

我们对成都文化企业孵化器及其在孵文化企业的深入调研发现，为了实现文化企业的可持续孵化，亟须初步建立和不断完善相互支撑的四大机制：多级筛选机制、综合服务机制、虚实结合机制和共同投资机制。

作为文化企业孵化器可持续发展的前提，多级筛选机制解决的是由文化产业的细分子产业太多而产生的文化企业孵化器貌似“专业”，其实“外行”的问题。根据文化企业孵化器的有效服务半径，通过多级筛选入孵企业的方式，推动文化企业孵化器走垂直化发展之路。

作为文化企业孵化器可持续发展的基础，综合服务机制解决的是创业者对文化企业孵化器的高期望与文化企业孵化器提供的欠专业性服务之间的落差问题。通过孵化器运营管理人员在从业经验、创业经历、战略眼光等方面的更新，推动文化企业孵化器走专业化服务之路。

作为文化企业孵化器可持续发展的关键，虚实结合机制解决的是保持在孵企业的注册地址、政策支持和税务管辖不变的前提下如何建立起线上服务网、新型社交网、校友关系网和国际资源网的问题。通过虚拟入驻，推动文化企业孵化器走跨越物理空间的虚实结合孵化之路。

作为文化企业孵化器可持续发展的保障，共同投资机制解决的是在平衡政府、孵化器、投资人和在孵企业四方利益的约束条件下如何转变政府资金的扶持模式和增强孵化器“造血”功能的问题。通过激励和约束相容机制的建立，推动在孵文化企业的融资走领投与跟投结合，传统的股权投资与可转换债权投资并重的共同投资之路。

多级筛选机制对优质入孵企业的筛选，综合服务机制对在孵企业的专业服务，虚实结合机制所提供的信息、知识和各种网络关系，以及共同投资机制实现的兼顾四方利益的“造血”功能，将有效帮助文化企业孵化器及其在孵文化企业实现可持续发展，并且在未来若干年间不因政策红利、地产红利和市场红利的消失而受到过大的冲击。

执笔人：马健

调研时间：2019 年

第六章 四川文化和旅游发展对策与建议

一、完善文艺评奖机制，促进精品力作的不断涌现，提升巴蜀文化影响力

中共中央办公厅、国务院办公厅印发的《关于全国性文艺评奖制度改革的意见》明确指出，“文艺评奖是推动多出精品、多出人才，促进社会主义文艺繁荣发展的重要手段”，“在繁荣文艺创作生产、丰富社会文化生活、弘扬社会主义核心价值观等方面，发挥了重要作用”。中共四川省委办公厅、四川省人民政府办公厅印发的《全省性文艺评奖管理办法》也指出，文艺评奖是推动四川优秀文艺作品的创作生产，讲好四川故事、传播四川声音、打造巴蜀文化品牌、促进四川文艺繁荣发展的重要手段。四川省人民政府办公厅印发的《四川省重大文艺项目扶持和精品奖励办法（试行）》更是明确要求，每年由四川省财政安排 3 亿元预算，用于扶持重大文艺项目，奖励优秀文艺作品，从而“激励四川省文艺出精品、出人才、出效益、出品牌，推动四川省文艺事业进一步攀高原、登高峰，加快建设文化强省”。中共四川省委书记王晓晖在 2022 四川省文化和旅游发展大会上指出，充分发挥文化铸魂、文化赋能作用，加强艺术精品创作，全面提升巴蜀文化影响力。为此，建议进一步完善四川省的文艺评奖机制，加快建设文化川军，铸就巴蜀文艺高峰，全面提升巴蜀文化影响力。

（一）完善文艺评奖机制的必要性与可行性

1. 完善文艺评奖机制是推动文艺出精品、出人才的手段

习近平总书记在文艺工作座谈会上的讲话指出，虽然改革开放以来，我国的文艺工作者创作生产了大量脍炙人口的优秀文艺作品。但在文艺创作方面，仍然存在抄袭模仿、千篇一律的问题，存在机械化生产和快餐式消费的问题，存在“有数量缺质量”“有‘高原’缺‘高峰’”的现象。为此，习近平总书记明确要求，通过深化文艺体制改革、完善文艺扶持政策、健全文艺管理体制，形成不断出精品、出人才的生动局面。事

实上，完善文艺评奖机制，正是推动多出精品、多出人才，繁荣文艺精品的创作生产、丰富人民的精神文化生活、弘扬社会主义核心价值观、推进文化强省建设的重要手段。

2. 完善文艺评奖机制是显著提升巴蜀文化影响力的途径

中共四川省委、四川省人民政府印发的《关于大力发展文旅经济　加快建设文化强省旅游强省的意见》明确提出，加大文艺创作生产扶持力度，持续推动当代文学艺术创作、影视精品创作，实施舞台艺术精品、重大主题美术创作工程。完善文艺评奖机制，不仅有利于更好地坚持以人民为中心的文艺创作导向，创作生产出更多既满足思想性、艺术性、观赏性有机统一的要求，又能够展现巴蜀文化精神、传承弘扬巴蜀文化的优秀文艺精品，而且有利于更好地坚持把社会效益放在首位，努力实现社会效益和经济效益有机统一，社会价值和市场价值有机统一，文化品位、艺术格调和社会责任有机统一的文艺创作生产价值导向，还有利于更好地坚持尊重和遵循社会主义文艺创作生产规律，尊重和肯定文艺工作者的创作个性和创造性劳动，积极发挥文艺名家大师和文艺精品力作的核心价值引领和先进典型示范的积极作用，显著提升巴蜀文化的影响力。

3. 完善文艺评奖机制是遵循各省市文艺评奖工作的惯例

全国很多省市都有由当地党委政府批准设立的文化艺术政府奖，并且不断完善其评奖工作机制。这既是党委政府为支持文艺事业的繁荣发展而建立起来的文化艺术荣誉体系，也是激励广大文艺工作者积极投身社会主义文艺事业建设的重要举措。例如，甘肃省敦煌文艺奖是中共甘肃省委、甘肃省人民政府对全省优秀文学艺术成果的最高奖励，旨在把体现社会主义核心价值观要求，彰显时代特点、反映社会风貌、弘扬甘肃精神，代表甘肃省文艺创作最高水平，深受群众喜爱、具有广泛社会影响力和市场潜力的作品评选出来，从而推动甘肃省文艺事业繁荣发展。又如，眉山市苏东坡文学艺术奖是由眉山市人民政府颁发的眉山市文艺专业奖项，旨在弘扬社会主义先进文化，繁荣眉山市文学艺术创作，为建设文化强市做出积极贡献。从实践来看，这些文艺奖项的设立，对于激发广大文艺工作者的创作热情、推动当地文艺事业的繁荣发展，都起到了重要作用。

（二）关于完善文艺评奖机制的对策与建议

1. 在奖项设置上，提升巴蜀文艺奖级别与市（州）设奖并举

一方面，与兄弟省（自治区、直辖市）相比，四川省巴蜀文艺奖的奖项级别相对偏低（见表 6-1）。例如，福建省百花文艺奖的颁发单位是中共福建省委和福建省人民政府（省部级奖），四川省巴蜀文艺奖的颁发单位则是四川省文学艺术界联合会（严格来说属于厅局级奖）。另一方面，除攀枝花、德阳、乐山、眉山等市（州）外，还有不少市（州）尚未设立专门的文艺奖项（见表 6-2）。因此，一是建议提升四川省巴蜀文艺

奖的奖项级别，改由四川省人民政府设立和颁发四川省巴蜀文艺奖；二是建议四川省内未设市（州）级文艺奖项的市（州）设立文艺综合类奖项，并由各市（州）人民政府作为文艺奖项的颁发单位。

表 6-1　全国部分省（自治区、直辖市）设立的文化艺术政府奖

省市名称	奖项名称	设奖单位
北京市	北京市文学艺术奖	中共北京市委、北京市人民政府
吉林省	吉林省长白山文艺奖	中共吉林省委、吉林省人民政府
福建省	福建省百花文艺奖	中共福建省委、福建省人民政府
江西省	江西省文学艺术奖	中共江西省委、江西省人民政府
河南省	河南省文学艺术优秀成果奖	中共河南省委、河南省人民政府
甘肃省	甘肃省敦煌文艺奖	中共甘肃省委、甘肃省人民政府
青海省	青海省文学艺术奖	青海省人民政府
宁夏回族自治区	宁夏回族自治区文学艺术奖	宁夏回族自治区人民政府
新疆维吾尔自治区	天山文艺奖	中共新疆维吾尔自治区委员会、新疆维吾尔自治区人民政府

表 6-2　四川省部分市（州）设立的文化艺术政府奖

市（州）名称	奖项名称	设奖单位
攀枝花市	攀枝花文学艺术奖	中共攀枝花市委、攀枝花市人民政府
德阳市	德阳市文学艺术奖	中共德阳市委、德阳市人民政府
乐山市	郭沫若文艺奖	乐山市人民政府
眉山市	眉山市苏东坡文学艺术奖	眉山市人民政府
宜宾市	宜宾市阳翰笙文艺奖	宜宾市人民政府
广安市	广安文艺奖	广安市人民政府
达州市	达州市巴渠文艺奖	中共达州市委、达州市人民政府
雅安市	雅安市金熊猫文学艺术奖	雅安市人民政府
甘孜州	甘孜州文学艺术奖	甘孜藏族自治州人民政府

2. 在评奖数量上，根据实际情况评选并且容许奖项空缺

在相当长一段时间里，我国文艺评奖过多过滥的现象十分突出。文艺奖项越设越多和获奖作品越评越多的现象，不仅让文艺奖项失去了公众的信任，也丧失了应有的权威性。事实上，一个真正具有公信力和权威性的文化艺术政府奖，必须坚持宁缺毋滥原则，严格标准、严格程序、严肃纪律。以全世界最著名的文艺奖项——诺贝尔文学奖为

例，该奖每年评选和颁发一次，在1901年至2021年（其中有7年因故停发），总共仅有118人获得该奖。其中，有114届为一人独享，有4届为两人分享。事实上，四川省内各类文艺奖项也应严格控制获奖作品数量。为此，不宜事先确定各类文艺奖项的每届获奖作品数量，而是根据参评作品的实际情况确定。在《评奖章程》中还可明确说明，每届文艺奖项的“获奖数量‘不超过若干件’”，并注明“可空缺”。通过严格控制获奖作品数量，确保获奖作品质量。

3. 在评奖时限上，可放宽参评文艺作品创作时间的限定

绝大多数文化艺术政府奖目前都将参评作品的创作时间限定于“评奖年”前的若干年内（一般是三年内）。例如，第三届中国文化艺术政府奖动漫奖的评奖时限要求就是在评奖年之前三年内播映、出版、演出的中国动漫作品、技术、形象，以及在此期间取得优秀业绩的中国动漫创作者或相关动漫机构。又如，第九届四川省巴蜀文艺奖（2019年8月开始评奖）的评奖时限要求则是“创作时间为2015年10月至2018年12月期间”的文艺作品。这种限定参评文艺作品创作时间的做法，不仅将很多优秀的文艺作品排除在评奖范围之外，而且让由于种种原因在当年错失参评机会的文艺作品永久性丧失了参评资格。为此，四川省内各类文艺奖项可以在评奖时专设不限创作时间的“专项奖”甚至根本不限创作时间，以便评选出经过历史检验，真正无愧于时代的经典文艺作品。

4. 在参评资格上，当地与外地的文艺工作者相结合

绝大多数地方性文化艺术政府奖都将参评对象限定于本地区内。例如，攀枝花文学艺术奖（文学艺术作品奖）的申报范围就是“由攀枝花作者创作、在省级及以上公开刊物或正规出版社、权威网站发表、出版的拥有著作权的原创文学作品；在市级及以上电视台、广播电台、或市级及以上重大文艺活动中演出、播放、展示的，作者拥有著作权的原创艺术作品”。这种将参评对象限定于本地区内的做法，显然不利于更好地讲述当地故事、传播当地声音、展示当地形象。因此，在四川省内各类文艺奖项的参评资格上，不宜局限于行政区域内的文艺工作者。只要以当地为创作主题的文艺作品，无论作者来自外地还是境外，皆可参评各类文艺奖项。从精神激励和物质奖励层面推动诸如北京歌手赵雷创作演唱的歌曲《成都》之类的优秀文艺精品不断涌现，充分激发关心和热爱当地的海内外文艺工作者的创作热情，积极助力巴蜀文化的创造性转化和创新性发展。

5. 在参评方式上，主动报奖与被动获奖方式相结合

地方性文化艺术政府奖的参评方式几乎都是主动报奖。具体来说，往往还采用初评筛选制（初评后限额上报）或单位推荐制（不接受个人申报）。例如，《雅安市“金熊猫文学艺术奖”评奖办法》明确规定，“各县（区）文联负责组织初评阶段县（区）作品的推荐、初评工作；市级各文艺家协会组织市本级各类作品的推荐、初评。”而且，

“评审办公室一律不接受个人申报的作品”。对于疏离于文联组织的文艺工作者而言，这种评奖制度显失公平。为坚持所有申报主体的规则平等、机会平等、权利平等，四川省内各类文艺奖项的参评规则，不宜单独采用主动报奖方式，而是采用主动报奖与被动获奖相结合的方式。既要鼓励文艺院团、艺术院校、行（企）业文联等有关单位主动推荐优秀文艺作品，也要鼓励文艺工作者个人，尤其是来自新文艺群体的新文艺工作者毛遂自荐、积极参与、共襄盛典，还要鼓励第三方提名的被动获奖方式（被提名人无须准备任何报奖材料，甚至直到公布评奖结果才知道自己曾被提名并且获奖）。

6. 在评委构成上，邀请省外乃至境外专家任评委

绝大多数地方性文化艺术政府奖的评委往往主要邀请本地或本省评委。由于本地文艺界的“圈子”很小，因此，很容易出现人情奖、关系奖，甚至腐败奖。为此，在四川省内各类文艺奖项的评委构成上，不宜邀请本地乃至本省专家，而应邀请不易受利益关系或社会关系影响的省外乃至境外专家担任评委。充分保证四川省内各类文艺奖项的客观性、公正性、独立性，评出无愧于时代的“大作、大戏、大剧、大片”，切实提高四川省内各类文艺奖项的公信力、影响力、权威性。

二、以“三分”理念建设四川省“十大”文旅品牌，提升四川旅游吸引力

中共四川省委、四川省人民政府印发的《关于大力发展文旅经济　加快建设文化强省旅游强省的意见》明确提出，建设大九寨、大峨眉、大熊猫、大香格里拉、大贡嘎、大竹海、大灌区、大蜀道、大遗址、茶马古道“十大”知名文旅精品。这“十大”文旅品牌覆盖了全省 21 个市（州）和大部分文化旅游资源丰富的县（市、区），是四川文化旅游在全国最具核心竞争力的优势资源，也最具巴蜀文化影响力、市场吸引力和综合带动力。四川省人民政府办公厅还专门印发了旨在贯彻落实上述文件精神，持续打造“天府三九大·安逸走四川”金字招牌的《四川省“十大”文化旅游品牌建设方案（2021—2025 年）》，并明确提出“培育形成新的国家级和区域级文化旅游品牌，打造世界级文化旅游品牌，构建多层级、宽领域、特色化、多样化的文旅品牌体系”。

为顺利实现“到‘十四五’末，‘十大’文旅品牌体系基本完备，在国内外市场具有较强的影响力、竞争力和较高的知名度、美誉度，品牌价值进一步提升，有力支撑‘天府三九大·安逸走四川’文旅总品牌”的目标，建议尽快实施四川文旅品牌建设的“三分”战略：分区定位战略、分工协作战略、分步实施战略。

（一）分区定位战略

四川文旅品牌的精准定位，可以形象地比喻为绘制品牌地图的过程。四川省提出的

是建设世界重要旅游目的地的战略目标。一方面，这需要在了解全世界游客的旅游消费心理和旅游产品需求基础上，在世界（文旅）体系中找准自己的合适位置。另一方面，世界知名旅游目的地不是一个抽象的概念，世界知名旅游目的地同时是区域性旅游目的地、全国性旅游目的地、世界级旅游目的地。三类游客的需求大不相同。只有准确把握住这点，才能在四川文旅品牌的定位问题上少走弯路。

第一，作为区域性旅游目的地，四川省要增强对周边省份的辐射力，尤其要重视“4 小时交通旅游圈”的建设（走出四川）。

第二，作为全国性旅游目的地，四川文旅品牌要突出展示的是四川同其他文旅资源大省和文旅产业强省相比而言的独特性、差异性、唯一性（走出西南）。

第三，作为世界级旅游目的地，四川文旅品牌则要向全世界（除中国外）的游客展示四川最具影响力、吸引力、竞争力的世界级文旅资源（走出中国）。

在此基础上，分别制定出四川作为区域性旅游目的地、全国性旅游目的地、世界级旅游目的地的文旅品牌分区营销宣传方案，进行有的放矢地宣传。集中资源，定向推广。启动“今年非去四川不可”计划，每年选择一个省（自治区、直辖市）进行定向宣传，举办“四川—某省（自治区、直辖市）文化旅游年”活动，实施定向优惠：例如，凡该省（自治区、直辖市）居民凭本人有效身份证件，享受四川各收费景区门票挂牌价的五折优惠。又如，凡该省（自治区、直辖市）车牌的 7 座及以下小型客车在四川境内的高速公路行驶，凭省内旅游景点门票或订单享受折扣通行优惠。再如，凡该省（自治区、直辖市）旅游企业组织的赴川包机和旅游专列（包车厢）都给予专项资金补贴。面向海外的定向推广，也可以照此思路开展。

（二）分工协作战略

能否真正建好四川文旅品牌，在很大程度上取决于文旅品牌营销场的有效构建。所谓文旅品牌营销场，是指文旅产品、营销主体、营销宣传等品牌营销变量的时空分布状态和互动作用机制。简单来说，文旅品牌营销场的概念类似于物理学中地球引力场的含义。

首先需要明确的是，构建四川文旅品牌营销场的最重要主体并不是政府，也不是受政府委托进行营销宣传的企业，而是本地居民（主人翁）和外地游客（消费者）。一方面，从某种意义上讲，本地居民就是广义的四川文旅产品（外地游客的人文体验）的重要组成部分。另一方面，外地游客的话题讨论和相互邀约往往才是决定他们是否前往四川的最终影响因素。

第一，传统的政府主导型文旅品牌建设模式往往是花了大钱，不见成效。事实上，政府部门主要是起引导方向和提供资源的作用。为此，建议四川省人民政府成立由分管领导牵头，专门负责引导和协调工作的四川省文化和旅游产业领导小组文旅品牌建设办公室，为四川文旅品牌建设指明大的方向，提供资源保障。

第二，在四川文旅品牌营销场的构建过程中，企业、非政府组织、智库专家和民间高人起到了重要的话题设置和兴趣激发的作用。通过精心谋划，利用政府部门提供的有限预算，让四川文旅产品成为热点话题。通过初始刺激，激发居民和游客的具有杠杆效应的展示心理。为此，建议四川省文化和旅游产业领导小组成立专家咨询委员会，常态化、开放式地有偿接受和采纳来自相关机构、智库专家和民间高人的创意、策划和建言。

第三，在对四川文旅产品的认知上，要牢牢树立“大文旅产品观”——将整个四川视为一个大的文旅产品，而居民风貌（活化的人文体验）和文旅景观（旅游观光的景点）共同构成了作为大文旅产品的四川。为此，有关部门要持续开展“对内注重提品质、对外注重美誉度”管理服务质量提升行动，有力激发全省居民作为主人翁的好客精神，向海内外游客展示全省居民高素质的精神风貌，彰显生命之美、生活之美、人文之美，让海内外游客获得审美上、心灵上、精神上的享受。

第四，四川文旅品牌建设的最好方式并不是生硬的付费广告，而是游客的口碑相传。因此，有关部门要开动脑筋，让游客真正成为四川文旅品牌的最重要营销主体。让各地游客在川生活期间享受到“居民待遇”的各种便利［例如，将四川省及其下辖各市（州）区县的“居民服务中心”升级为同时为居民和游客提供相关服务的各级“居民和游客服务中心”，发售公交 / 轨道交通一日通票、一日 / 两日 / 三日游通票，实施外地 65 岁以上老人同样享受公交免票的居民待遇等政策］，为他们提供绝佳的四川文旅体验，让他们行之顺心、住之安心、食之放心、娱之开心、购之称心、游之舒心，从而将宣传四川作为一种“文化自觉”的行为。

（三）分步实施战略

四川文旅品牌的建设，需要以闭环思维分步实施文旅品牌建设战略（见图 6-1）。

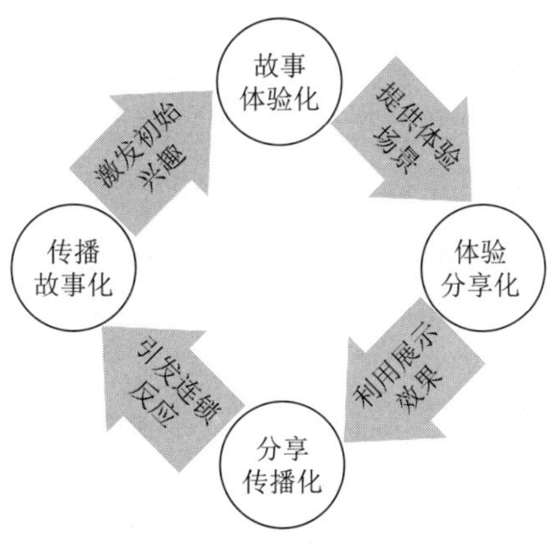

图 6-1 四川文旅品牌的闭环传播模型

第一步是四川文旅品牌的传播故事化（激发初始兴趣）。从大众传播的角度来看，四川给游客的印象很多都来自影视作品。例如，《好雨知时节》等影片的主要拍摄地成都、《神秘的大佛》等影片的主要拍摄地乐山、《杀生》等影片的主要拍摄地桃坪羌寨、《英雄》等影片的外景拍摄地九寨沟、《蜀山传》等影片的外景拍摄地峨眉山、《卧虎藏龙》等影片的外景拍摄地蜀南竹海、《画壁》等影片的外景拍摄地燕子沟、《观音山》等影片的外景拍摄地金河口大峡谷，都给观众（游客）留下过深刻的印象。为此，建议四川省文化和旅游厅成立四川省影视创作服务中心，为影视作品的在川拍摄提供包括外景取景咨询、群众演员招募、拍摄资源协调在内的一系列服务。四川省影视创作服务中心甚至可以从剧本的改编环节入手，有意识地主动嵌入能够整体呈现四川居民风貌和文旅景观的影片内容。[①] 通过“巧传播”，激发游客的初始兴趣。

第二步是四川文旅品牌的故事体验化（提供体验场景）。四川文旅品牌的故事体验化是指，运用场景空间设计和游客行为引导等策略，让游客在能够讲述四川故事的体验场景中以听、看、说、拍等个性化的方式参与故事情境的活动。通过记忆关键点的设置，调动和激发游客的感官、情感和行为，让游客对四川文旅产品留下深刻印象。首先，要将四川故事体验点进行有意识的保护和生活化的处理（例如，有意识地保留和保护某些重要影片的拍摄现场）。其次是场景个性化。场景个性化既可以满足游客内心的自我诉求，也很可能让这次体验成为他们终生难忘的记忆。再次是场景戏剧化。通过有趣、轻松、好玩，并且有情怀、有温度、有参与的戏剧化手段进行精心设计，真正抓住游客的眼球和兴趣。最后是场景虚拟化。借助相关科技手段构建的场景虚拟化体验点，为游客创造出一个现实世界都无法呈现的“虚拟现实”的四川难忘之旅。

第三步是四川文旅品牌的体验分享化（利用展示效应）。就本质而言，游客的分享体验实际上是一种追求自我实现和精神满足的自觉行为。因此，有关部门要有意识地利用游客分享体验的展示效应，帮助游客更好地分享他们的四川旅游体验。首先，四川故事体验点要让每个游客产生主角的“C 位感”[②]，从而让游客深切地体会到骄傲感、自豪感、难忘感，乃至马上分享的急迫感；其次，四川故事体验点要帮助游客及时和清晰地记录下游客的精彩一刻；最后，四川故事体验点还要为游客的及时分享提供技术上的保障。例如，四川故事体验点可以放置几台自动拍摄照片的照相机和自动拍摄视频的摄像机，游客只需要扫描二维码即可免费下载自己的照片和视频；又如，四川故事体验点可以为游客准备若干足以表达体验后感悟的好玩而有趣的文字内容供游客选择和加工，让体验者产生强烈的分享欲望；再如，在每个四川故事体验点安装无线基站（AP），为市民和游客提供免费上网信号，实现四川故事体验点的“免费 Wi-Fi 全覆盖”。

第四步是四川文旅品牌的分享传播化（引发连锁反应）。由于移动互联网终端具有天然的社交属性，因此，以关系网为基础的社会化传播发挥着越来越大的裂变传播威力

① 课题组顾问周涛认为，四川要强化对原创IP的支持，建议启动“四川原创IP支持计划”，尤其是推动中文小说的影视化。这些原创 IP 不仅本身的经济价值巨大，而且可以在植入地方元素的基础上影视化。

② C 位，即 Carry 或 Center，在网络流行语中是指核心位置的意思。

和连锁反应效果，并成为“微时代”四川文旅品牌建设的重要策略。四川文旅体验的分享传播主要有三种驱动力。第一种驱动力是事件驱动。通过对游客心理的精准把握和对网络文化的深刻理解，以最新发生的某个热点事件作为切入点，制造具有趣味性和（四川）关联性的话题，从而引起游客的积极关注和主动转发，甚至让相关受众（游客的朋友）再加工、再创造、再传播。第二种驱动力是内容驱动。只要在文字、图片、视频上用心构思，四川文旅体验的内容，总能引起游客的情感共鸣和热情回应，从而在社会化传播空间中占有一席之地。第三种驱动力是技术驱动。随着虚拟现实技术和人工智能技术的日臻成熟，游客的日常生活数据和旅行需求数据都在不断累积，社会化传播将变得越来越自动化、智能化、效率化。

总之，只要稳步推进四川文旅品牌建设的“三分”战略，自然会取得超乎预期的裂变传播威力和连锁反应效果。

三、开展天府文化强县建设，推动县域文化的发展，提升文化旅游供给力

党的二十大报告关于“推进文化自信自强，铸就社会主义文化新辉煌”的新部署和关于“增强文化自信，围绕举旗帜、聚民心、育新人、兴文化、展形象建设社会主义文化强国”的新要求，为加快建设新时代文化强省、全面建设社会主义现代化四川进一步指明了方向。

（一）开展天府文化强县建设的背景

党的十八大以来，四川深入学习贯彻习近平总书记对四川工作系列重要指示精神，高度重视文化建设工作，大力推动文化繁荣兴盛。中共四川省委、四川省人民政府印发的《关于大力发展文旅经济　加快建设文化强省旅游强省的意见》明确提出“把我省建设成为社会主义核心价值观广泛践行、文化事业繁荣发展、文旅产业深度融合的文化高地和世界重要旅游目的地”。在文化建设方面，省委办公厅、省政府办公厅印发的《建设文化强省中长期规划纲要（2019—2025）》聚焦和突出“强”这个关键词，进一步提出“实现文化建设由‘大’到‘强’的根本转变，到2025年基本建成文化强省”的发展目标。在旅游发展方面，省委办公厅、省政府办公厅印发的《关于开展天府旅游名县建设的实施意见》则聚焦和聚力“县域”这个主战场，进一步提出通过建设天府旅游名县，统筹县域旅游高质量发展和县域经济创新发展的战略举措。

1. 文化强省建设的现实基础与客观条件

一方面，四川已在“十三五”期间构建起全国战线最长、数量最多、服务最广的公共文化服务网络；全省文化及相关产业增加值的年均增速高于全省同期地区生产总

值现价年均增速 1.4 个百分点。另一方面，四川的文化强省建设也面临诸多问题和挑战。以文化产业为例，从全国范围来看，2020 年全省文化及相关产业增加值占地区生产总值的比重（4.2%）不仅低于全国平均水平（4.43%），而且同北京（10.5%）、浙江（6.95%）、广东（5.6%）等省（直辖市）的差距十分明显。从全省范围来看，2020 年成都文化创意产业增加值（1805.9 亿元）占全省文化及相关产业增加值（2037.1 亿元）的 88.65%。成都同其他市（州）的文化产业发展不平衡不充分问题非常突出。

2. 旅游名县建设与文化强县建设的关系

有关部门已印发《天府旅游名县评选办法》《天府旅游名县考核评分细则》《关于进一步做好天府旅游名县建设工作的通知》等旨在推动全省各县形成对标先进、比学赶超、竞相发展的“赛马”格局的一系列政策措施。截至 2022 年 9 月，全省已评选和命名四批共 39 个天府旅游名县。但在天府旅游名县建设工作开展得如火如荼的同时，一些地方却出现了一手大力抓县域旅游发展，努力创建天府旅游名县，另一手抓县域文化建设的力度却不太够的用力不均现象。为此，有必要在推进天府旅游名县建设的同时，在县域层面建设天府文化强县。通过县域文化建设和县域旅游发展的“两手”并抓，确保文化强省建设和旅游强省建设的齐头并进。

（二）开展天府文化强县建设的意义

1. 建设天府文化强县和建设天府旅游名县可以互为补充

《四川省“十四五”规划》提出的建设目标是高水平建设文化强省旅游强省。在我省开展天府旅游名县建设工作后，一些地方将创建天府旅游名县作为地方文化和旅游发展的重要工作甚至是重中之重工作。但文化建设和旅游发展必须“两手都要抓，两手都要硬”，否则就很难真正实现建成文化强省旅游强省的战略目标。以什么方式来抓？在全省范围内建设天府文化强县，应该说是一个比较好的方式。形象地说，同时开展天府文化强县建设和天府旅游名县建设，是高水平建设文化强省旅游强省的“鸟之两翼”。根据天府旅游名县的建设经验和实际效果推测，聚焦和聚力“县域”这个主战场，可以营造县域文化发展对标先进、比学赶超、竞相发展的良好氛围，增强县域文化体制改革的动力、激发县域文化创新创造的活力、提升县域公共文化服务的效能、推动县域文化产业高质量发展、夯实巴蜀文化繁荣发展的基础，为四川省的县域文化建设闯出新路。

2. 建设天府文化强县是建设新时代文化强省的有力抓手

《四川省“十四五”规划》第十二篇的标题是“促进巴蜀文化繁荣发展，建设文化强省”。那么，建设新时代文化强省应该如何破题？建设新时代文化强省的具体抓手又在哪里？围绕举旗帜、聚民心、育新人、兴文化、展形象，通过制度设计和政策引导，在全社会营造积极参与文化建设的强烈氛围，充分激发各县在文化建设方面的动力和活力，充分发挥各县在文化建设方面的主动性和能动性，充分鼓励各县在建设具有强大凝聚力和引领力的社会主义意识形态、广泛践行社会主义核心价值观、提高全社会文明程度、繁荣发展文化事业和文化产业、增强中华文明传播力影响力等方面探索出创新模式、做出突出贡献，创出值得全省乃至全国借鉴和推广的县域文化建设经验，为高水平建设文化强省先行探路。

3. 天府文化强县的可参与范围要比天府旅游名县大得多

客观而言，并不是所有地方都有条件建设天府旅游名县。但是，天府文化强县建设的可参与范围则大得多。从理论上讲，围绕建设具有强大凝聚力和引领力的社会主义意识形态、广泛践行社会主义核心价值观、提高全社会文明程度、繁荣发展文化事业和文化产业、增强中华文明传播力影响力这五条主线，每个县都大有可为之处！在考评天府文化强县，不必过于追求文化建设的全面出彩。只要在上述五个方面的某些方面成绩特别突出、创新成果显著、具有示范效应，都可以作为天府文化强县考评的重要依据。通过各县积极参与、调动各方力量、整合各种资源，用中国特色社会主义文化和社会主义思想道德占领和巩固城乡思想文化阵地，不断满足人民群众日益增长的精神文化需求，丰富人民群众的精神世界，增强人民群众的精神力量，提升人民群众的精神风貌，促进人民群众精神生活共同富裕，为建成社会主义文化强国夯基铺路。

（三）开展天府文化强县建设的对策

1. 加强组织领导

建设天府文化强县，是学习贯彻党的二十大报告精神和习近平总书记关于坚定文化自信的重要论述以及来川视察重要指示精神，落实“一干多支、五区协同”“四向拓展、全域开放”战略部署，增强文化自信，围绕举旗帜、聚民心、育新人、兴文化、展形象，推动县域文化繁荣发展，推进新时代文化强省建设的重大战略举措。在省级层面，天府文化强县建设的组织领导工作宜由省委宣传部牵头，省委网信办、省文明办、省文旅厅、省文物局、省广电局、省新闻出版局、省版权局、省电影局、省社科联、省文联等单位共同参与。通过党委统一领导、党政齐抓共管、宣传部门组织协调、有关部门分工负责、社会力量积极参与，形成以天府文化强县建设为有力抓手，高水平建设新时代文化强省的工作机制和工作格局。在县域层面，要以全县域为整体，遵循以评促建、以评促变、评建结合、重在建设的原则，以县（区）、乡镇（街道）、村（社区）三级为单元，围绕举旗帜、聚民心、育新人、兴文化、展形象，着眼凝聚群众、引导群众、以文化人、成风化俗，创新方式方法、调动各方力量、整合各种资源，动员和激励广大党员干部群众积极投身于天府文化强县建设、新时代文化强省建设、社会主义文化强国建设，推进文化自信自强，为铸就社会主义文化新辉煌奠定坚实的基础。

2. 完善管理制度

建设天府文化强县，要坚持“申报推荐—竞争遴选—考评认定”的评选方式，结合实际工作需要，完善评选管理制度。一是完善指标体系。按照党委政府高度重视、文化工作成绩突出、文化创造活力凸显、文化创新经验典型、社会综合效益显著等基本评选标准，围绕主流思想引领力显著增强、巴蜀文化影响力显著增强、文艺精品创造力显著增强、文化服务供给力显著增强、文化产业竞争力显著增强、文化发展保障力显著增强等内容，不断完善天府文化强县的考评指标体系。二是突出考评重点。坚持客观公正、优中选强、突出重点的原则，在择优评定综合成绩靠前县的同时，优先考虑在建设具有强大凝聚力和引领力的社会主义意识形态、广泛践行社会主义核心价值观、提高全社会文明程度、繁荣发展文化事业和文化产业、增强中华文明传播力影响力的某个方面或某些方面成绩特别突出、具有示范效应的县。三是强化动态管理。对天府文化强县实施目标量化和动态管理，采取定期复查、暗访检查、大数据评价等方式推动天府文化强县持续提升文化建设水平。

3. 健全激励机制

建设天府文化强县，要加大对天府文化强县的扶持力度，落实好财政、项目、用地、融资、组织人事等激励政策。在财政上，省财政给予天府文化强县一定数额的资金奖励；在项目上，优先支持天府文化强县申报各级各类重点文化项目；在用地上，优先保障天府文化强县的文化公共服务建设用地需求，优先支持天府文化强县申报增减挂钩实施规划；在融资上，优先对天府文化强县的重大文化项目实施财政贴息贷款扶持；在组织人事上，加大对天府文化强县的干部培养考察力度，优先支持天府文化强县的文化人才培养和职业技能培训，把天府文化强县干部在建设天府文化强县过程中的现实表现情况作为干部年度考核、评先评优、提拔使用的重要依据。

四、突破行政区划，构建巴蜀文化旅游产业生态圈，提升文旅产业竞争力

中共中央、国务院印发的《成渝地区双城经济圈建设规划纲要》为成渝地区双城经济圈的建设提供了纲领性指导。构建巴蜀文化旅游产业生态圈，正是深入挖掘巴蜀文化旅游资源、全面融入国家重大区域发展战略、大力推动成渝地区双城经济圈的文旅经济高质量发展、全力建设世界重要旅游目的地和弘扬中华文明的战略高地的重大举措。

所谓巴蜀文化旅游产业生态圈，是在以成渝地区双城经济圈为主体的巴蜀文化圈内，引导文旅企业、文旅人才、文旅资源、知识技术、金融资本等要素资源融合共享，

通过延伸产业链、打通要素链、优化供应链、完善创新链、提升价值链，促进文旅产业“五链”的上下游紧密协作和左右岸高效协同，形成若干个能够实现自发良性循环的巴蜀文化旅游社区和若干条能够实现共建共荣的巴蜀文化旅游走廊，从而持续提升成渝地区双城经济圈的国际文旅竞争力和文旅产业带动力的跨区域文旅产业多维网络体系。

（一）构建巴蜀文化旅游产业生态圈的必要性与可行性

1. 做大巴蜀文化旅游经济总量，增强文旅经济实力的需要

长期以来，四川和重庆互为文化发扬地、旅游目的地、重要客源地，具有先天的历史文化交集和坚实的深度合作基础。巴蜀文化旅游产业生态圈的构建，以巴蜀文化旅游资源的共通、共享、共用为出发点和立足点，通过头部文旅企业带动、文旅资源有效聚集、文旅产业协作共进，聚焦文化艺术、创意设计、现代时尚、数字娱乐、影视传媒等优质赛道，聚力文化体验、主题娱乐、运动休闲、康养度假、研学旅行等消费业态，创造文化旅游消费的新业态、新模式、新场景①，从而做大巴蜀文化旅游产业生态圈的文旅经济总量，整体提升成渝地区双城经济圈的文旅产业能级和文旅发展格局。

2. 提高巴蜀文化旅游发展质量，增强文旅发展活力的需要

随着中国经济由高速增长阶段转向高质量发展阶段，人的活跃度、未来可塑性、生活方式多样性等同个人体验密切相关的“非物质吸引力”日益成为增强一个地区对人口的吸引力和激发新发展活力的关键。作为成渝地区双城经济圈高质量发展的重要内容和建设高品质生活宜居地的重要载体，巴蜀文化旅游产业生态圈通过建设人本化、生态性、共享式的巴蜀文化旅游社区，让人安居乐业并吸引游客旅游；通过建设协调化、创新性、开放式的巴蜀文化旅游走廊，增强巴蜀文化旅游产业生态圈的国际文旅竞争力和文旅产业带动力，从而形成高品质生活和高质量发展互促共进的文旅生态场域，实现成渝地区双城经济圈的文旅产业结构和层次向价值链的高端跃升。

3. 提升巴蜀文化旅游板块分量，增强文旅品牌魅力的需要

推动成渝地区双城经济圈建设，既是进一步优化区域经济布局的国家重大发展战略，也是加快形成新时代西部大开发新格局的重要内容。巴蜀文化旅游产业生态圈的构建，有利于推动成渝地区双城经济圈进一步完善文旅基础设施新布局、形成文旅产业协同新格局、塑造现代文旅产业新体系、培育文旅创新驱动新优势。通过提供特质鲜明的文化旅游产品、打造享誉全球的文化旅游品牌、营造优美宜人的文化旅游环境、输出巴

① 课题组顾问周涛发现，四川的强项是观光旅游，但休闲度假旅游比三亚差很远。问题是，休闲度假旅游正在成为未来旅游的大趋势。在他看来，创造新的文旅业态和新的文旅消费模式是非常重要的突破点。

适安逸的文化生活方式，在西部地区形成能够支撑全国文旅产业高质量发展的新的动力源和重要增长极。通过深刻改变成渝地区双城经济圈的文旅经济地理、文旅产业能级、文旅发展格局，显著提升成渝地区双城经济圈在全国文旅发展大局中的战略位势，从而为加快建设世界重要旅游目的地和弘扬中华文明的战略高地提供强有力的现实支撑。

（二）关于构建巴蜀文化旅游产业生态圈的对策与建议

1. 树立巴蜀文化旅游的系统发展观

巴蜀文化旅游产业生态圈是一个具有开放性、多样性、有序性特征的文旅生态系统。因此，巴蜀文化旅游产业生态圈的构建，必须基于系统发展观，而非线性发展观。第一，优化文旅空间布局。变“各地独自发力”为“全域统筹布局”，跳出“有什么文旅资源提供什么文旅产品”的思维定式，树立“文旅市场需要什么就主动创造什么”的开放思维，积极探索跨区域的全域文化旅游布局新模式。第二，强化文旅产业协同。变“单链延展”为“五链协同”。按照竞争优势法则来规划和建设巴蜀文化旅游社区和巴蜀文化旅游走廊，在更大范围内实现各类要素资源的科学配置和“五链协同”，从而持续增强巴蜀文化旅游产业生态圈的极核引领功能和辐射带动作用。第三，深化文旅市场协作。变“客源互送”为“客源共享”，提升巴蜀文化旅游产业生态圈的客源管理水平和客户服务质量，建立具有吸引力的“蓉进渝出”“渝进蓉出”协作机制，推动巴蜀文化旅游产业生态圈全域实行 144 小时过境免签。

2. 打破文化区和行政区的区划壁垒

巴蜀文化旅游产业生态圈的构建，必须打破文化区和行政区的区划壁垒，串“点”（文化旅游社区）成“线”（巴蜀文化旅游走廊），连“线”成“圈”（巴蜀文化旅游产业生态圈）。第一，建立文化旅游社区“社长制”，推动高品质巴蜀文化旅游社区的整体成势。高度重视涵盖文创空间、文旅地标、网红打卡地等空间载体的文化旅游社区（区域文化中心和旅游目的地）建设。遵循模块化设计和社区化管理的原则，推进生活场景和消费场景的创意叠加，增强文化旅游社区的吸引力和显示度。第二，建立巴蜀文化旅游走廊“廊长制”，推动巴蜀文化旅游走廊的微观主体互利共生。坚持以神聚形、虚实共生、互利共赢，围绕核心主题推动不同文化旅游走廊的差异定位、动态布局、协同发展。重点建设“十大巴蜀文化旅游走廊”：盐文化（美食文化）旅游走廊、酒文化旅游走廊、竹文化旅游走廊、长江文化旅游走廊、蜀道文化旅游走廊、道教文化旅游走廊、石窟文化旅游走廊、红色文化旅游走廊、温泉文化旅游走廊、藏羌彝文化旅游走廊。第三，建立文化旅游产业生态圈“圈长制”，推动巴蜀文化旅游产业生态圈的开放协同。坚持“有核无边”的空间布局原则，加强巴蜀文化旅游产业生态圈的规划引领，在动态调整巴蜀文化旅游产业生态圈覆盖范围的同时，保持“圈内外”各类要素资源的交流、交换、交易，实现开放引领、协同创新、场景赋能。

3. 探索经济区和行政区的适度分离

巴蜀文化旅游产业生态圈的构建，必须坚决破除制约成渝地区双城经济圈一体化发展的各类行政壁垒和体制机制障碍，以促进各类资源要素的高效便捷流动为目标，率先在规划统筹、政策协调、共建共享等方面取得实质性突破，加快探索构建共生共在、相互依存、互惠互利的巴蜀文化旅游产业协同发展利益共同体。第一，建立跨区域高效合作机制。借鉴成德眉资跨区域产业生态圈的建设经验，探索建立巴蜀文化旅游产业生态圈重大文旅规划和重大文旅项目的统筹谋划、联合报批、共同实施的规划管理体制。打通跨区域文化旅游信息服务平台的数据壁垒，促进跨区域文化旅游服务的一体化和均等化，建立文化旅游政务服务的跨区域协调机制。第二，探索跨区域目标考核机制。借鉴遂潼川渝毗邻地区一体化发展先行区的建设经验，探索如何在不同区域间分担文旅项目的征地补偿、拆迁安置、基础设施建设、公共服务配套等前期财政投入。充分发挥目标考核的激励导向功能，探索建立文旅产业跨区域的产值统计制度、财税分成政策、指标分解模式、争端处理机制。第三，完善跨区域协同管理机制。借鉴成都文旅（运动）产业生态圈和成都新消费产业生态圈的建设经验，探索成立跨区域的文旅产业管理机构。在巴蜀文化旅游走廊联合成立跨区域的文化旅游走廊管委会，共同编制文化旅游发展规划、共同组建文旅产业平台公司、共同设立文旅产业投资基金、共同绘制文旅产业地图、共同发布文旅项目机会清单。建立项目审批、招商引资、市场监管等经济管理权限和行政管理权限的适度分离方式与高效运行机制。

五、规范使用文化产业概念，加强和改进统计工作，提升统计数据支撑力

本报告在进行不同市（州）的文化产业数据比较时发现：一方面，成都使用的文化创意产业概念及其统计口径自成一家；另一方面，一些市（州）从未对外公开发布文化产业增加值等相关统计数据。由于全省的文化产业统计工作面临着统计口径不一致、统计数据不完整、各地进展不平衡等问题。因此，一是建议成都在按照国家统计标准规范使用文化产业概念的同时，以文创经济的表述替代文创产业的提法；二是建议在全省范围内加强和改进统计工作，全力开创四川省文化产业统计工作新局面。

（一）严格按国家统计标准规范使用文化产业概念

针对我国少数地区存在的文化产业概念表述不严谨、文化产业统计范围不规范、个别地区使用文化创意产业等新概念来表述文化产业及其某种业态，甚至通过扩大文化产业的统计口径来提高文化产业增加值占地区生产总值比重等现象，国家统计局、中共

中央宣传部于 2018 年 5 月印发的《关于加强和规范文化产业统计工作的通知》（国统字〔2018〕58 号）明确提出规范使用文化产业概念、严格执行国家统计标准、合理制定统计调查项目、充分发挥部门职能作用等要求。该“通知”特别强调，“从国家文化产业统计角度，各地区要坚持以文化属性定位定向，继续统一使用文化产业概念，不宜简单以新概念代替文化产业概念、自行扩大统计口径”。

此后不久，北京市统计局于 2018 年 8 月印发的《关于调整文化相关统计数据发布内容的通告》明确要求，自 2018 年 1—7 月起要按照国家统计局《文化及相关产业分类（2018）》开展文化产业统计监测和数据发布工作，发布内容由原“规模以上文化创意产业情况”调整为“规模以上文化产业情况”。事实上，国家统计局、中共中央宣传部提出的上述要求，是为了进一步强调文化产业的文化属性，把握好意识形态属性和产业属性、社会效益和经济效益的关系，加快构建把社会效益放在首位、社会效益和经济效益相统一的体制机制，推动文化产业高质量发展。

从 2010 年起，成都在对文化产业进行统计的基础上，把创意产业也纳入统计范围，不断推进成都文化创意产业统计工作。时至今日，成都仍然以《成都市文化创意产业分类（2018）》所规定的行业范围为基础开展文化创意产业统计工作。由于文化创意产业的概念及其统计口径，既不符合国家统计局、中共中央宣传部关于加强和规范文化产业统计工作的要求，也不利于统计数据的纵向汇总和横向比较。为严格执行国家统计标准、规范使用文化产业概念、便于统计数据的纵向汇总和横向比较，建议成都不再使用文化创意产业概念及其自成一家的统计口径，而是规范使用文化产业概念，并严格执行国家统计局《文化及相关产业分类（2018）》关于文化产业的定义、范围和编码等国家标准。

（二）使用文创经济的表述来替代文创产业的提法

所谓文创经济，是指从个人文创力和企业全创力中获得产品和服务的核心优势，创造市场需求和就业机会的经济融合发展模式。与文创产业的提法不同，文创经济强调的是在文化创意同实体经济深度融合的过程中，从创意、设计、品质等方面提升相关产业的产品和服务附加值，创造需求和有效满足日益挑剔并且愿意为之付费的消费者，从而在推动产品和服务创新、满足多样化消费需求等方面发挥引领带动作用的经济融合发展模式。从大文创的角度来看，文创经济的涵盖面不仅包括传统意义上的文创产业，而且包括能够将文化、创意同科技、商业进行有机融合的各类企业。企业的这种有机融合和融合创新能力即企业全创力。

根据工业和信息化部公布的数据，2021 年的中国工业产能利用率为 77.5%。[①] 内供

① 《构建新发展格局迈出新步伐——国家统计局相关司负责人解读 2021 年全年主要经济数据》，《经济日报》2022 年 1 月 18 日第 10 版。

和内需之间存在较为严重的结构性失衡。因此，充分发挥成都企业的全创力，从创意、设计、品质入手，以结构、功能、外观为重点，通过文化植入、创意融入、设计提升，设计、研发和生产出具有原创性、个性化、高品质的产品，是实现由“成都制造”向“成都创造”转变，塑造成都制造业新优势并加快成都文创经济高质量发展的重要途径。

由此可见，以文创经济的表述替代文创产业的提法，强调的是文创同工业、商业、旅游等领域深度融合发展过程中对相关产业的产品和服务附加值的提升，以及对经济高质量发展所发挥的引领和带动作用。为保持成都文创政策的连续性、加快建设世界文创名城，进一步探索和总结以创意日常化、创新常态化、产品美学化为特征的文化创意和设计服务与相关产业深度融合发展的成都经验，建议成都在统计上使用文化产业概念的同时，以文创经济的表述替代文创产业的提法。

（三）加强和改进各市（州）的文化产业统计工作

虽然四川的文化产业发展水平稳居西部第一，但与发达地区相比，四川文化产业发展还存在一定的差距。这种差距不仅体现在各市（州）文化产业发展的不平衡不充分，而且体现在各市（州）文化产业统计工作进展的不平衡。为此，应进一步加强和改进各市（州）的文化产业统计工作。

一要加强领导，压实各市（州）的文化产业统计工作责任。文化产业统计工作既是实施宏观调控和监测评价的重要内容，也是推动文化产业繁荣发展的基础性工作。为此，要切实增强做好文化产业统计工作的责任感，加强领导、压实责任。各级党委宣传部门负责牵头抓总，负责好各地文化产业统计工作的安排部署及相关事项的统筹协调。各级统计部门积极主动同相关部门沟通协调，做好培训工作，确保各级各部门的统计人员能熟练掌握网报技能。各级文旅、经信、体育、科技、新闻、出版、林业等有关部门负责本部门本行业文化法人单位的相关统计工作。

二要严格标准，及时掌握文化产业统计工作新要求新方向。一方面，按照国家统计局印发的《文化及相关产业分类（2018）》等最新分类标准，严格执行文化产业定义、范围和编码等国家标准，加强基础性统计数据的采集和上报，建立健全文化单位名录库、拓展重点抽样单位覆盖面，使各项统计数据更真实可靠。另一方面，各市（州）可结合当地文化特色和统计工作实际，开拓文化产业统计新领域，为补充完善分类内容、规范统计标准执行及时提供依据，从而更好地满足地方党委政府对文化产业统计数据的需求。

三要部门联动，建立宣传部门同相关部门的协调联动机制。文化产业统计工作是涉及多部门、多行业、多领域的系统工程，不仅是统计部门的应尽职责，更是各相关部门的分内之事。为此，各市（州）各部门要高度重视文化产业统计工作，将其纳入重要议事日程、摆在更加突出位置，建立党委宣传部门统筹协调，统计部门牵头，文旅、新闻、出版、经信、科技、体育、林业等有关部门共同参与的协调联动工作机制。

四要公开透明，定期公开发布文化产业增加值等统计数据。在严格按照国家标准摸清各市（州）文化产业发展底数，持续优化数据采集、数据处理、数据分析方式，解决统计效能低下、宏观数据缺失等难题的基础上，抓好文化产业统计数据公开工作，创新文化产业统计数据服务形式，定期公开发布文化产业增加值等文化产业统计数据，及时反映各市（州）文化产业发展的新情况、新问题、新亮点，充分发挥文化产业统计数据服务经济社会高质量发展的关键作用，为推进地方文化发展和文化强省建设提供科学准确的统计数据支撑。

附录　成都文旅经济发展核心区扶持政策专题调研报告

附录一　国家中心城市文创企业扶持政策比较报告

根据原建设部上报国务院的《全国城镇体系规划（2006—2020年）》（发改规划〔2016〕910号），“国家中心城市是全国城镇体系的核心城市，在中国的金融、管理、文化和交通等方面都发挥着重要的中心和枢纽作用，在推动国际经济发展和文化交流方面也发挥着重要的门户作用”。[①] 作为中国城镇体系规划设置中的最高层级，国家中心城市在经济发展、科技创新、文化交流等方面都发挥着重要的引领带动作用。国家发展和改革委员会、住房和城乡建设部印发的《成渝城市群发展规划》明确提出，成都要以建设国家中心城市为目标，增强西部地区重要的文创中心功能。[②] 为此，成都先后出台了包括《建设西部文创中心行动计划（2017—2022年）》（成委发〔2018〕7号）、《成都市促进西部文创中心建设若干政策》（成委办〔2018〕10号）在内的一系列政策措施，并且有力地推动了成都文创产业的发展。虽然截至2020年12月，我国已有9个“国家中心城市”（北京、天津、上海、广州、重庆、成都、西安、武汉、郑州），但成都是为数不多明确将文创中心建设作为核心功能的国家中心城市。因此，本报告以成都为中心，系统而深入地比较9个“国家中心城市”的文创企业扶持政策。

随着国家中心城市的战略地位和辐射力度日渐增强，学术界对国家中心城市的研究兴趣和研究成果也越来越多。从研究主题来看，大多数关于国家中心城市文创产业发展问题的研究，都是对某个“国家中心城市”的文创产业发展战略、文创产业集聚区、文创消费等问题的深入探讨，对国家中心城市的文化发展问题进行横向比较的研究不仅数量很少，而且不约而同地将注意力放在处于同一能级或者竞争关系明显的个别城市之间的文化软实力比较。相比之下，从宏观上对所有“国家中心城市”进行系统比较和分析

① 住房和城乡建设部城乡规划司、中国城市规划设计研究院:《全国城镇体系规划（2006—2020年）》，北京：商务印书馆2010年版，第44页。

② 徐璨:《以建设国家中心城市为目标　提升成都核心功能》，《成都日报》2016年5月5日第2版。

的研究可谓屈指可数。从研究方法来看，除了针对国家中心城市文化软实力评价方面的研究采用了定量分析方法，其他研究大都以定性研究为主。总的来看，一方面，我国的龙头文创企业大都集中于国家中心城市；另一方面，国家中心城市的文创产业也发挥着重要的引领带动作用。因此，对国家中心城市文创企业扶持政策的系统梳理，不仅有助于从整体上了解我国主要城市文创企业扶持政策的概况，而且有利于比较和分析国家中心城市之间文创企业扶持政策的异同。

（一）研究概述

本报告根据罗斯威尔（Rothwell）和赛格菲尔德（Zegveld）提出的政策工具分类方法，将文创企业扶持政策工具分为环境类政策工具、供给类政策工具、需求类政策工具。[①] 其中，环境类政策工具是指政策主体为营造出有利于文创企业健康发展的营商环境而使用的各类政策工具。供给类政策工具是指政策主体为推动文创企业的资金、人才、技术等生产要素的有效供给而使用的各类政策工具。需求类政策工具是指政策主体为拉动文创市场的消费需求而使用的各类政策工具。在此基础上，本报告结合内容分析法对 9 个“国家中心城市”的文创企业扶持政策进行了分类和分析。

在研究方案的设计上，本报告以 9 个“国家中心城市”在“十三五”时期（2016—2020 年）出台的文创企业扶持政策为研究对象。通过查找政府官方网站，以及邮件咨询、电话咨询等方式，共收集到 9 个“国家中心城市”的 52 个相关政策文本。为更好地分析国家中心城市的文创企业扶持政策，本报告采用 Nvivo12 质性分析软件，从两个方面（颁布数量与形式、政策工具使用情况）对政策文本的主题词进行词频分析。在对文创企业扶持政策的内容进行分析、检视，以及概念化的归纳、比较（即一级编码）后，还通过不断地比较，将近似的编码链接起来，从而发现并建立诸概念类属之间的相互关系（二级编码）。

分析结果表明，国家中心城市对文创企业的扶持政策多以“意见”“规划”“计划”“政策”“通知”“办法”等形式出现。在对 52 个政策文本进行系统梳理后，可将其归纳为五大类：第一类是指导意见（含“实施意见”“意见”“通知”），第二类是发展规划（含“发展规划”“计划”“行动计划”“发展纲要”），第三类是管理办法（含“实施办法”“管理办法”），第四类是实施方案（“实施方案”“行动方案”“建设方案”），第五类是其他（含“政策”“决定”“规定”“暂行办法”）（见表 1）。

① Rothwell，R & Zegveld，W. An Assessment of Government Innovation Policies. *Review of Policy Research*，1984，3（3-4），436-444.

表 1　国家中心城市文创企业扶持政策文本形式一览

（单位：个）

	指导意见	发展规划	管理办法	实施方案	其他	合计
北京	3	4	1	0	2	10
广州	3	1	0	0	0	4
上海	1	2	2	0	0	5
天津	5	1	0	0	1	7
郑州	2	1	0	1	1	5
重庆	3	1	0	0	0	4
武汉	2	3	0	0	2	7
西安	2	0	0	0	1	3
成都	0	5	0	0	2	7
合计	21	18	3	1	9	52

从政策文本的形式来看，在国家中心城市出台的文创企业扶持政策中，以指导意见（占 40.38%）和发展规划（占 34.61%）居多，而管理办法（占 5.77%）、实施方案（占 1.92%）的占比都相对较小。在指导意见中，天津出台的政策文本数量最多，表明天津较为重视文创企业发展的导向问题。在发展规划中，成都出台的政策文本数量最多，表明成都较为重视对文创企业发展的战略规划。在管理办法中，上海出台的政策文本数量最多，表明上海较为重视政策实施过程中的具体政策和配套措施。在所收集到的政策文本中，只有郑州出台了实施方案类政策，表明郑州尤为重视扶持政策的可操作性。与其他“国家中心城市”相比，成都颁布的政策文本形式更重视发展规划。但从政策文本的数量来看，成都仅次于北京（同天津和武汉并列），在国家中心城市中居于前列。此外，在环境类政策工具、供给类政策工具、需求类政策工具的使用上，各个“国家中心城市”都具有一定的相似性（见图 1）。

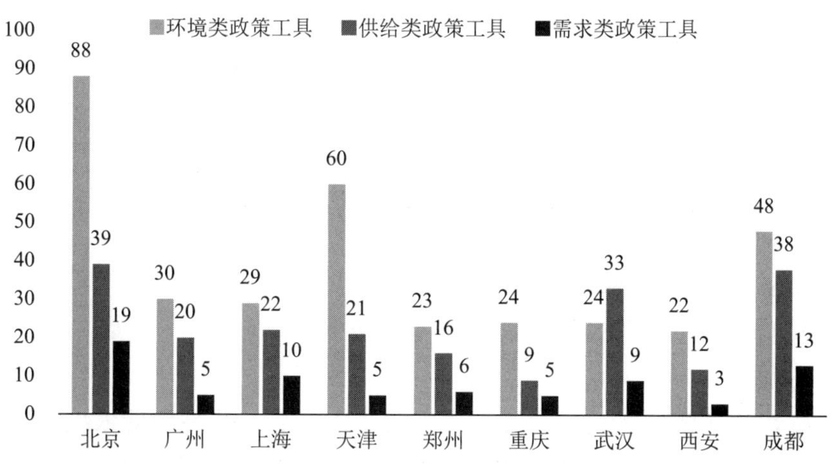

图 1　国家中心城市文创企业扶持政策工具的使用情况一览（单位：个）

总的来看，在政策工具的使用上，9个“国家中心城市”都呈现出环境类政策工具＞供给类政策工具＞需求类政策工具的状况。其中，北京在环境类政策工具（88个编码参考节点）、供给类政策工具（39个编码参考节点）和需求类政策工具（19个编码参考节点）的使用上皆居首位。这表明，北京不仅出台的文创企业扶持政策数量多，而且尤为重视文创企业发展环境的营造。从成都文创企业扶持政策工具的使用情况来看，就一级编码节点而言，环境类政策工具编码参考节点数量最多（48个编码参考节点）；就二级编码节点而言，编码参考节点排名前三的政策工具分别是：融资支持（14个编码参考节点）、平台支持（12个编码参考节点）、人才支持（11个编码参考节点）（见表2）。

表2 成都文创企业扶持政策工具的使用情况一览

（单位：个）

节点名称	节点类型	已编码的材料来源	编码参考节点数量	节点类型
环境类	一级节点	6	48	—
供给类	一级节点	6	38	—
需求类	一级节点	6	13	—
融资支持	二级节点	6	14	环境类
平台支持	二级节点	5	12	供给类
人才支持	二级节点	7	11	供给类
资金支持	二级节点	5	10	供给类
策略性措施	二级节点	3	9	环境类
目标规划	二级节点	4	9	环境类
国际交流	二级节点	6	8	需求类
税收支持	二级节点	4	6	环境类
优化服务	二级节点	4	5	环境类
产权保护	二级节点	4	5	环境类
文化消费	二级节点	4	4	需求类
政府采购	二级节点	1	1	需求类

（二）国家中心城市的环境类扶持政策比较

环境类政策工具是能够对文创企业的发展起到间接促进作用的政策（见表3）。本报告对政策工具使用频率的排序遵循“数量”优先的原则。在“数量”相同的情况下，则“占比”优先。

从策略性措施政策工具的使用频率（数量）来看，从高到低依次为：北京＞广州＞重庆＞上海＞成都＞天津＞郑州＞西安＞武汉。从使用频率（占比）来看，重庆（占41.67%）、北京（占38.64%）、郑州（占34.78%）、广州（占33.33%）、上海（占31.03%）对策略性措施的重视程度最高。有意思的是，除郑州外，其他四个城市都是金融服务十分发达的“超大城市”（“直辖市”或“一线城市”）。与其他“国家中心城市”相比，成都显然不够重视策略性措施（排第5位）。例如，北京共出台了34条策略性措施，涉及文创企业孵化、文创产品开发、文创品牌培育等多个方面的保障机制。成都仅出台了9条策略性措施，且覆盖面较窄。

从融资支持政策工具的使用频率（数量）来看，从高到低依次为：天津>北京>成都>郑州>西安>武汉>上海>广州>重庆。成都的排名较前（第3位）。值得一提的是，北京（占26.14%）、广州（占16.67%）、上海（占27.59%）对融资支持政策的重视程度仅次于策略性措施。这说明，在环境类扶持政策中，融资支持政策是十分重要的优先考虑内容。从“国家中心城市”对文创企业融资问题的重视程度来看，北京专门出台有《关于进一步鼓励和引导民间资本投资文化创意产业若干政策》，武汉专门出台有《武汉市创建“国家文化和金融合作示范区”工作实施方案》。相比之下，成都尚未专门出台支持文创企业融资的扶持政策。

从税收支持政策工具的使用数量（频率）来看，从高到低依次为：北京>武汉>成都>广州>重庆>上海>天津>西安>郑州。成都的排名较前（排第3位）。从9个“国家中心城市”税收支持政策的具体内容来看，各地多以“高新技术企业”为税收减免的标准，减免额度为15%的企业所得税（见表4）。此外，虽然郑州和重庆提出“落实文创企业税收优惠政策”，但都没有给出明确的支持条件与减免额度。

表3　国家中心城市的环境类扶持政策工具使用情况一览

（数量单位：个）（百分比单位：%）

	北京		广州		上海		天津		郑州		重庆		武汉		西安		成都	
	数量	百分比	数量	百分比	数量	百分比	数量	百分比	数量	百分比	数量	百分比	数量	百分比	数量	百分比	数量	百分比
融资支持	23	26.14	5	16.67	8	27.59	29	48.33	10	43.48	4	16.67	9	37.50	9	40.91	14	29.17
税收支持	10	11.36	4	13.33	3	10.34	3	5.00	2	8.70	3	12.50	8	33.33	2	9.09	6	12.50
目标规划	5	5.68	5	16.67	3	10.34	2	3.33	–	–	1	4.17	–	–	1	4.55	9	18.75
优化服务	6	6.82	3	10.00	4	13.79	14	23.33	2	8.70	5	20.83	2	8.33	1	9.09	5	10.42
产权保护	10	11.36	3	10.00	2	6.90	3	5.00	1	4.35	1	4.17	3	12.50	2	9.09	5	10.42
策略性措施	34	38.64	10	33.33	9	31.03	9	15.00	8	34.78	10	41.67	2	8.33	6	27.27	9	18.75

表 4　国家中心城市对文创企业的税收支持力度一览

城市	税收支持条件	税收支持额度
北京	高新技术企业	2 年内免征，2 年后减按 15% 税率征收企业所得税。
广州	高新技术企业	减按 15% 的税率征收企业所得税。
上海	高新技术企业 技术先进型服务企业	减按 15% 的税率征收企业所得税。
天津	高新技术企业	减按 15% 的税率征收企业所得税。
郑州	—	—
重庆	—	—
武汉	高新技术企业	减按 15% 的税率征收企业所得税。
西安	高新技术企业	减按 15% 的税率征收企业所得税。
成都	高新技术企业	减按 15% 的税率征收企业所得税。

（三）国家中心城市的供给类扶持政策比较

供给类政策工具是能够对文创企业的发展起到直接推动作用的政策（见表 5）。与其他“国家中心城市”相比，成都在供给类政策工具使用上的最显著特点是其均衡性：平台支持政策有 12 条（占 36.36%）、人才支持政策有 11 条（占 33.33%）、资金支持政策有 10 条（占 30.30%）。但横向比较而言，则呈现出较为明显的“两极”分化现象：从平台支持政策工具的使用频率（数量）来看，从高到低依次为：成都＞广州＞上海＞北京＞重庆＞郑州＞天津＞武汉＞西安。成都在平台支持政策工具的使用上排第 1 位。从资金支持政策工具的使用频率（数量）来看，从高到低依次为：武汉＞北京＞成都＞天津＞上海＞西安＞郑州＞广州＞重庆。成都在资金支持政策工具的使用上排第 3 位。此外，从人才支持政策工具的使用频率（数量）来看，从高到低依次为：北京＞武汉＞成都＞天津＞郑州＞广州＞上海＞重庆＞西安。成都在人才支持政策工具的使用上同样排第 3 位。如果将人才支持政策细分为“福利性政策”与“发展性政策”两个维度[①]，可以进一步对人才支持政策的内容进行分析（见表 6）。

表 5　国家中心城市的供给类扶持政策工具使用情况一览

（数量单位：个）（百分比单位：%）

	北京		广州		上海		天津		郑州		重庆		武汉		西安		成都	
	数量	百分比	数量	百分比	数量	百分比	数量	百分比	数量	百分比	数量	百分比	数量	百分比	数量	百分比	数量	百分比
平台支持	8	20.51	9	45.00	8	36.36	2	9.52	2	12.50	2	22.22	2	6.06	1	8.33	12	36.36

① 陈莎利、李铭禄：《人才政策区域比较与政策结构偏好研究》，《中国科技论坛》2009 年第 9 期。

续表

	北京		广州		上海		天津		郑州		重庆		武汉		西安		成都	
	数量	百分比	数量	百分比	数量	百分比	数量	百分比	数量	百分比	数量	百分比	数量	百分比	数量	百分比	数量	百分比
人才支持	16	41.03	5	25.00	5	22.73	10	47.62	7	43.75	4	44.44	12	36.36	3	25.00	11	33.33
资金支持	15	38.46	6	30.00	9	40.91	9	42.86	7	43.75	3	33.33	19	57.58	8	66.67	10	30.30

表 6　国家中心城市文创人才政策内容一览

	福利性政策		发展性政策			
	户籍福利	住房福利	资金支持	职务评定	创业门槛	成果转化
北京	√	√	√	√	√	√
广州	√	√	√	—	—	√
上海	√	√	√	√	—	√
天津	—	—	—	√	√	√
郑州	—	—	√	√	—	—
重庆	√	√		—	√	—
武汉	√	√	√	√	√	√
西安	√	√	√	—	√	
成都	√	√	√	√	√	√

注：表中“√”表示在所收集的政策文本中，有具体的支持措施；“—”表示在所收集的政策文本中，无具体的支持措施。

如表 6 所示，在 9 个“国家中心城市”中，北京、武汉、成都出台的文创人才政策在涵盖面上是最广的，全面涉及户籍福利、住房福利、资金支持、职务评定、创业门槛、成果转化六大方面的内容。

（四）国家中心城市的需求类扶持政策比较

需求类政策工具是能够对文创企业的发展起到直接拉动作用的政策（见表 7）。从国际合作政策工具的使用数量（频率）来看，从高到低依次为：北京>成都>武汉>上海>天津>广州>郑州>西安>重庆。从文化消费政策工具的使用数量（频率）来看，从高到低依次为：北京>上海>成都>重庆>广州>郑州>西安>天津>武汉。从政府采购政策工具的使用数量（频率）来看，从高到低依次为：重庆>郑州>武汉>上海>成都>北京>广州 = 天津 = 西安。总的来看，一方面，与其他“国家中心城市”相比，成都在国际合作政策工具和文化消费政策工具的使用上，都居国家中心城市前列（分别排第 2 位和第 3 位）。另一方面，9 个“国家中心城市”对政府采购政策工具的使用都还不够重视。重庆、郑州、武汉、上海、成都、北京出台的政策数量并列为“1”，广州、天津、西安则处于政策缺失状态。

表 7 国家中心城市的需求类扶持政策工具使用情况一览

（数量单位：个）（百分比单位：%）

	北京		广州		上海		天津		郑州		重庆		武汉		西安		成都	
	数量	百分比	数量	百分比	数量	百分比	数量	百分比	数量	百分比	数量	百分比	数量	百分比	数量	百分比	数量	百分比
国际合作	13	68.42	3	60.00	5	50.00	4	80.00	3	50.00	1	20.00	7	77.78	2	66.67	8	61.54
文化消费	5	26.32	2	40.00	4	40.00	1	20.00	2	33.33	3	60.00	1	11.11	1	33.33	4	30.77
政府采购	1	5.26	0	0	1	10.00	0	0	1	16.67	1	20.00	1	11.11	0	0	1	7.69

（五）成都文创企业扶持政策的完善思路

结合各个“国家中心城市”已出台文创企业扶持政策的先进经验和存在问题，以及成都文创企业扶持政策的具体内容，或可从三个方面予以完善：

1. 提高环境类扶持政策制定的参与性：鼓励企业参与政策制定

从成都文创企业扶持政策的指定路径来看，大都遵循调查研究、政策起草、征求意见、法律审核、审议决定、正式公布等流程。在环境类政策工具方面，成都因政策制定的参与度不足而导致的问题显得尤为突出。由于成都文创企业在环境类扶持政策制定过程中的参与度普遍不高，因此，成都文创企业的政策“获得感”也不强。

虽然成都文创产业领域的环境类扶持政策尚未有效满足成都文创企业的合理政策需求，但值得一提的是，中共成都市委办公厅、成都市人民政府办公厅印发的《关于印发成都市全面深化国际化营商环境建设实施方案的通知》（成委厅〔2020〕87 号）已经明确提出“提升政策制定精准度和兑现效率”“建立健全企业参与涉企政策制定机制”等具体要求。事实上，建立健全成都文创企业参与环境类涉企扶持政策的制定机制，不仅是深化文创产业领域“放管服”改革，优化成都文创产业营商环境的必然要求，而且是增强成都文创市场主体的政策“获得感”，实现成都文创企业扶持政策精准易享目标的客观需要。

为此，建议成都的有关部门在起草或修订文创产业领域的环境类涉企扶持政策时，通过深入细致的调查研究，准确了解成都文创企业的政策需求。以座谈会、书面发函、主动上门、实地走访、问卷调查、大数据分析等多种方式，广泛听取多方面的意见和建议。在综合考虑不同类型文创企业和不同规模文创企业的合理诉求，充分听取各类具有代表性的文创行业协会和商会，以及文创企业的意见和建议的基础上，针对文创企业的“痛点”“难点”“堵点”，制定并出台能够“治痛点”“攻难点”“疏堵点”的政策措施，不断提升成都文创产业领域环境类扶持政策的政策效能。

2. 增强供给类扶持政策内容的针对性：根据行企特征制定政策

从成都文创产业领域已出台供给类扶持政策的具体内容来看，还存在缺乏针对性的问题。对于供给类政策工具而言，要根据文创企业的特征，制定各有侧重的不同政策，增强供给类扶持政策供给的针对性，从而有效加大平台支持、人才支持和资金支持的力度。

第一，不同的细分产业具有不同的产业特征。文创产业同其他产业的最大区别就是文创产业的涵盖面广。例如，中共成都市委、成都市人民政府印发的《建设西部文创中心行动计划（2017—2022 年）》（成委发〔2018〕7 号）就将成都重点发展的文创产业领域细分为“八大产业”：传媒影视业、创意设计业、现代时尚业、音乐艺术业、文体旅游业、信息服务业、会展广告业、教育咨询业。一方面，文创产业的某个细分产业往往具有不同于其他细分产业的特殊性。另一方面，文创产业同其他领域的融合发展过程中出现的新产业、新业态、新商业模式也在快速裂变和迅猛发展。因此，有必要根据文创产业的产业特征差异，制定更具针对性的供给类扶持政策。

第二，不同规模的文创企业具有不同的政策需求。虽然从企业数量上看，成都的小微文创企业数量占所有文创企业数量的约四分之三，但从营业收入来看，规模（限额）以上文创企业的营业收入总额却占成都文创企业营业收入总额的八成左右。由于规模以上文创企业和小微文创企业面临的政策环境、政策敏感点和政策需求点，都是大不相同的，因此，针对规模以上文创企业的供给类扶持政策，可以在人才支持和资金支持方面给予一定的政策倾斜，从而充分发挥规模以上文创企业的引领示范作用和辐射带动效应。针对小微文创企业的扶持政策，则可聚焦于平台支持，并从中介服务、专业服务、投融资服务等综合性服务入手，积极推动文创金融产品创新，纾解小微文创企业的融资难等问题。

3. 补齐需求类扶持政策的结构性短板：积极借鉴兄弟城市经验

从成都文创产业领域已出台需求类扶持政策的具体状况来看，还存在结构性失衡问题。就 9 个“国家中心城市”的文创企业需求类扶持政策的横向比较而言，应进一步补齐成都文创产业领域需求类扶持政策的短板。

第一，注意各类政策工具使用上的均衡性。整体而言，成都对各类政策工具的使用还很不均衡：环境类政策工具占政策工具总量的 48.48%、供给类政策工具占政策工具总量的38.38%、需求类政策工具仅占政策工具总量的13.14%。尤其需要指出的是，尽管需求类政策工具对文创企业的发展具有直接拉动的重要作用，然而，成都出台的需求类政策工具明显偏少。这种政策工具使用上的不均衡现象，很不利于成都文创企业的健康发展。为此，成都有必要在整体上适度增加需求类政策工具的供给，通过适度增加在文化领域的政府采购力度等措施，进一步增强需求类扶持政策对成都文创产业发展的拉动力。

第二，加大文化消费政策工具的使用力度。虽然作为第一批国家文化消费试点城市，成都通过搭建文化消费综合服务平台、加大文化消费补贴力度、打造文化消费活动季等措施，已在探索激发文化消费潜力的长效机制、培育壮大文化消费的新业态新模式等方面取得了显著的成效。但一方面，与兄弟城市相比，成都在文化消费政策工具的使用上既不具有明显的创新性，也不具有足够的领先性；另一方面，成都的文化消费政策制定效率还有待提高。例如，早在2017年10月，成都市人民政府办公厅印发的《成都市开展引导城乡居民扩大文化消费试点工作方案（2017—2020年）》（成办函〔2017〕171号）就明确提出制定《成都市文化消费积分实施管理细则（暂行）》等促进文化消费的相关政策措施，然而，该“细则”似乎至今仍未正式出台。为此，成都应在积极借鉴兄弟城市经验的基础上，进一步聚焦文化消费领域的薄弱环节和突出问题，通过政策创新来着力破除成都文化消费体制机制障碍，在优化成都文化消费环境的同时推动文化消费扩容提质。

（六）结语

作为为数不多明确将文创中心建设作为核心功能并且成绩斐然的国家中心城市，2020年的成都文创产业增加值达1805.96亿元，不仅在新冠疫情的冲击下实现了23.7%的同比增长，而且实现了文创产业增加值占地区生产总值的比重首次突破10%（占比达10.19%）[①]。因此，在全面梳理我国的国家中心城市文创企业扶持政策的基础上，提出上述具有针对性的成都文创企业扶持政策的完善思路，不仅对成都文创企业扶持政策的优化具有重要的决策参考价值，而且对其他“国家中心城市”的相关政策制定具有重要的启示。

附录二　成都文创企业扶持政策供给情况分析报告

中共成都市委十三届四次全会通过的《关于弘扬中华文明发展天府文化加快建设世界文化名城的决定》明确提出：“创新完善文化发展政策，营造良好的文化发展环境，不断增强对文化人才、文化资源、文化资本、文化企业的吸引力。”从政策供给的角度

① 王嘉：《文创产业增加值占GDP比重2020年首次突破10%》，《成都日报》2021年4月8日第2版。

来看，“创新完善文化发展政策”的前提是全面而系统地了解政策供给状况。但就目前的研究现状来看，从政策供给的角度探讨文创企业扶持政策的研究尚不多见。总的来看，本报告运用内容分析法对成都文创企业扶持政策供给状况的研究，既具有一定的理论价值，也具有重要的现实意义。

（一）分析框架与编码规则

根据时效性原则和权威性原则，经过比较与筛选，本报告将成都在“十三五”期间出台的七个政策文本作为政策内容分析的对象。这些政策文本分别是:《成都市文化创意和设计服务与相关产业融合发展行动计划（2014—2020年）》（2014）、《建设世界文化名城，构建文创中心城市，加快促进成都市文化创意产业发展行动纲要（2016—2025年）》（2016）、《成都市文化产业发展“十三五”规划》（2017）、《成都市促进西部文创中心建设若干政策》（2018）、《建设西部文创中心行动计划（2017—2022年）》（2018）、《成都市建设世界文创名城三年行动计划（2018—2020年）》（2018）、《关于弘扬中华文明发展天府文化加快建设世界文化名城的决定》（2019）。

本报告以政策工具理论为基础，从供给维度、需求维度、环境维度构建了文创企业扶持政策的分析框架（见图2）。供给类政策工具对文创企业的发展具有直接的推动作用。供给类政策主要包括人才支持、资金支持、平台支持等（见表8）。需求类政策工具对文创企业的发展具有直接的拉动作用。需求类政策工具主要包括国际交流、政府采购、文化消费等（见表9）。环境类政策工具则对文创企业的发展具有间接的影响。环境类政策工具主要包括融资支持、税收支持、优化服务、目标规划、产权保护、策略性措施等（见表10）。

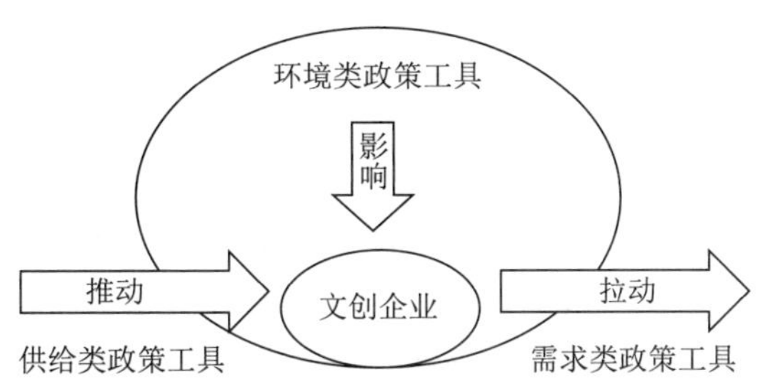

图2 政策工具对文创企业的作用机制示意

表8 供给类政策工具的类型及其含义

政策工具	含义	例子
人才支持	政府出台的关于引进、培养、激励文创人才的措施。	《成都建设世界文创名城三年行动计划》指出:“将满足条件的文创产业‘高峰人才’和懂文化、善创意、会经营的高端复合型人才纳入‘蓉城人才绿卡’服务体系，加大对青年文创人才的人才公寓、公租房保障力度。”

续表

政策工具	含义	例子
资金支持	政府对文创企业直接投入的奖励、补助等。	《成都建设世界文创名城三年行动计划》指出：“充分利用市级文化产业专项资金存量资源，鼓励其他行业企业和民营资本通过多种形式投资文创产业，加大对初创期、成长期文创企业的支持力度。”
平台支持	政府支持文创企业建设和完善技术、信息等平台的措施。	《成都建设世界文创名城三年行动计划》指出：“支持有实力的企业建立研发中心、技术中心，加快技术共享服务平台、产业技术开发平台建设。”

表 9　需求类政策工具的类型及其含义

政策工具	含义	例子
国际交流	政府鼓励文创企业走出国门，打开国际市场，加强企业国际竞争力的措施。	《成都建设世界文创名城三年行动计划》指出：“依托自贸试验区，加快建设对外文化贸易基地、文化贸易物流中心，优化提升艺术品保税仓功能，建设中国西部蓉欧文化创意港，推动成都文创企业、文创品牌‘走出去’。”
政府采购	政府直接购买文创企业的产品、服务、技术等措施。	《建设世界文化名城，构建文创中心城市，加快促进成都市文化创意产业发展行动纲要》指出：“将文化创意产品和服务目录纳入政府采购范围，加大文化创意产品政府购买力度。”
文化消费	政府出台政策引导市场、刺激文化消费的措施。	《成都建设世界文创名城三年行动计划》指出：“增加优质文化产品和服务供给，完善文化经济政策，培育新型文化业态，开发新型文化消费金融服务模式，充分释放文化消费需求。推进国家文化消费试点城市建设，多渠道鼓励市民文化消费，逐年提升居民文化消费支出占消费支出的比重。”

表 10　环境类政策工具的类型及其含义

政策工具	含义	例子
融资支持	政府出台政策引导各种金融机构提供贷款、担保、风险投资等。	《成都建设世界文创名城三年行动计划》指出：“打造文创金融服务体系。支持成都银行文创支行做大做强，建立健全文创企业债权融资风险补偿机制，探索开展无形资产质押和收益权抵（质）押贷款等业务。”
税收支持	政府出台政策减免成都文创企业的税收，包括减税、免税和返还等方式。	《成都市促进西部文创中心建设若干政策》指出：“对符合西部大开发鼓励类产业目录或经认定为高新技术企业的文创企业，依法减按 15% 税率缴纳企业所得税。”
优化服务	政府优化针对文创企业的办事服务，包括简化审批手续、搭建公共技术服务平台等。	《成都市促进西部文创中心建设若干政策》指出：“按规定做好‘多证合一’工作，放款文创企业等级条件，建立文创企业注册登记的绿色通道。”
目标规划	政府对文创企业发展的目标及远景的总体规划。	《成都市文化产业发展“十三五”规划》指出：“着力打造 3—5 个国内外知名的文化企业品牌。”

续表

政策工具	含义	例子
产权保护	政府为促进文创企业的发展而制定的产权保护政策。	《成都市促进西部文创中心建设若干政策》指出："加强知识产权保护。构建知识产权侵权查处、纠纷调解体系。推动知识产权行政执法与刑事司法衔接，加大知识产权侵权行为的打击力度。完善维权援助服务机制，建设知识产权维权援助专家智库，为文创机构提供知识产权维权援助服务。"
策略性措施	政府为促进文创企业的发展而制定的各项保障措施。	《成都市文化创意和设计服务与相关产业融合发展行动计划》指出："深化知识产权示范城市建设和社会援助机制；推动国有文化创意和科研设计企业嫁接社会资本发展混合所有制经济。"

由于文创企业扶持政策文本的涉及面广，为避免编码遗漏或编码错误，本报告的编码步骤如下：第一步，找出政策文本中涉及保障措施、实施细则等较为具体内容的章节，并以该章节的段落为基本分析单位。第二步，使用 Nvivo12 质性分析软件，将文创企业扶持政策工具的三个维度作为一级节点，根据文创企业扶持政策分析框架的二级节点进行编码。假如某个节点在政策文本中出现两次以上，则根据出现次数进行多次编码。第三步，将编码结果导出 Nvivo12 质性分析软件，并将编码参考点数量汇总成表，进行统计分析。

（二）文创企业扶持政策的内容分析

政策工具的使用情况，主要体现为编码参考点的数量。编码参考点数量的多少，则可以在一定程度上反映成都的政策制定主体扶持文创企业发展的重视度和侧重点（见表 11）。

表 11 成都文创企业扶持政策工具的使用情况一览

节点名称	节点类型	已编码的材料来源	编码参考点数量	节点类型
环境类	一级节点	6	48	—
供给类	一级节点	6	38	—
需求类	一级节点	6	13	—
融资支持	二级节点	6	14	环境类
平台支持	二级节点	5	12	供给类
人才支持	二级节点	7	11	供给类
资金支持	二级节点	5	10	供给类
策略性措施	二级节点	3	9	环境类
目标规划	二级节点	4	6	环境类
国际交流	二级节点	6	8	需求类
税收支持	二级节点	4	6	环境类

续表

节点名称	节点类型	已编码的材料来源	编码参考点数量	节点类型
优化服务	二级节点	4	5	环境类
产权保护	二级节点	4	5	环境类
文化消费	二级节点	4	4	需求类
政府采购	二级节点	1	1	需求类

根据 Nvivo12 质性分析软件的导出结果可以发现，从一级节点来看，环境类政策工具的编码参考点数量最多（48 个），其次为供给类政策工具（38 个），编码参考点数量最少的是需求类政策工具（13 个）。这表明，成都的政策制定主体非常重视营造一个有利于成都文创企业发展的良好环境。

就环境类政策工具在数量上的使用情况而言，融资支持（14 个）＞策略性措施（9 个）＞目标规划（6 个）= 税收支持（6 个）＞优化服务（5 个）= 产权保护（5 个）（见表 12）。具体来看，成都文创企业的环境类扶持政策的最显著特点是极其重视融资支持政策。一方面，这是因为同其他行业相比，“融资难”是以“轻资产”为特征的文创企业在发展过程中面临的固有难题和重要瓶颈；另一方面，这也反映出成都的政策制定主体希望通过政策支持，在某种程度上破解成都文创企业融资难题的决心和努力。

表 12　成都文创企业的环境类扶持政策工具使用情况一览

节点名称	节点类型	编码参考点数量（个）	节点类型	百分比（%）
融资支持	二级节点	14	环境类	31
策略性措施	二级节点	9	环境类	20
目标规划	二级节点	6	环境类	13
税收支持	二级节点	6	环境类	13
产权保护	二级节点	5	环境类	11
优化服务	二级节点	5	环境类	11

以《建设西部文创中心行动计划（2017—2022 年）》为例，该“行动计划”不仅将“发展文创金融”作为七大推进举措之一，而且明确提出新设 1~2 家旨在为文创产业提供专业化融资服务的商业银行文创支行，以及设立资金规模达 100 亿元的市级文创产业投资引导基金等具体措施。成都市有关部门要求文创支行开发出能够有效满足中小微文创企业融资需求的金融产品和服务模式，要求作为“母基金”的市级文创产业投资引导基金能够引导和撬动更多的各类社会资本投向成都文创产业。

从政策实施效果来看，截至 2022 年 5 月，成都银行文创支行于 2019 年 7 月推出的“文创通”贷款产品的累计授信额度已超过 21.8 亿元，累计支持文创企业 270 家。其中，首贷支持 179 家，首贷比例达 66%。2022 年，成都市文化体制改革和文化产业发展领导小组办公室更是通过“2022 文创通同舟行动”，针对文创企业融资需求进行精准帮扶。其中，文创企业贷款贴息补助比例从此前的 40% 提升至 80%，担保费补贴从此前的按照实际发生担保费用的 60% 提升至 100%。截至 2022 年 6 月，成立于 2019 年 6 月的成都市文创产业发展投资基金已立项子基金 38 只、投资子基金 9 只、直接投资文创项目 1 个、撬动基金规模约 66.57 亿元。成都市文创产业发展投资基金在调研过程中挖掘出文创产业项目 316 个，并筛选出其中的 39 个项目推荐给相关子基金。此外，还向成都市的 10 个区（市）县招引上市公司或优质企业 48 家。由此可见，上述环境类政策工具在很大程度上实现了预期目标。

就供给类政策工具在数量上的使用情况而言，平台支持（12 个）＞人才支持（11 个）＞资金支持（10 个）。具体来看，成都文创企业的供给类扶持政策的最显著特点是各类政策工具的使用情况都比较均衡（见表 13）。这表明，成都的政策制定主体已经清楚地意识到：一方面，在政策制定的过程中，不可过于偏重某类政策，否则很容易出现某些文创企业“政策套利”的机会主义行为；另一方面，只有各类扶持政策共同发挥作用，才更有可能产生“1+1 ＞ 2”的政策协同效果。

表 13　成都文创企业的供给类扶持政策工具使用情况一览

节点名称	节点类型	编码参考点数量（个）	节点类型	百分比（%）
平台支持	二级节点	12	供给类	36
人才支持	二级节点	11	供给类	33
资金支持	二级节点	10	供给类	31

以《建设西部文创中心行动计划（2017—2022 年）》为例，在平台支持方面，该“行动计划”明确提出分阶段的平台建设目标，即在 2020 年建成一批重大功能性项目和平台，在 2022 年建成一批具有国家功能性、国际影响力的项目和平台。这种平台建设思维贯穿扶持政策始终。例如，天府文化的发展，就依托六大平台：天府文化研究平台、天府文化展示平台、天府文化传播平台、天府文化传承平台、文化遗产保护平台、天府文化转化平台。

在人才支持方面，该“行动计划”不仅将“文化人才充分汇聚”作为增强全国重要文创中心功能和提升世界文化名城影响力的建设目标之一，而且明确提出在 2017—2022 年间，每年分别引进和培育优秀文创人才 0.1 万人以上、0.3 万人以上、0.5 万人以上、0.7 万人以上、0.9 万人以上、1 万人以上的量化考核指标。

在资金支持方面，该“行动计划”明确提出：一方面，既利用好市级文化产业发展专项资金的存量资源，也根据政府财力不断优化增量资源，还要求各区（市）县设立旨在扶持文创产业发展的文创产业专项资金和文创产业引导基金；另一方面，鼓励各类社会资本通过多种形式投资成都的文创产业，并且特别加大对文创人才、文创精品、文创示范园区（基地），以及处于初创期和成长期的文创企业、具有引领性和示范性的文创企业的资金支持力度。

就需求类政策工具在数量上的使用情况而言，国际交流（8个）＞文化消费（4个）＞政府采购（1个）。具体来看，成都文创企业的需求类扶持政策的最显著特点是极其重视国际交流政策（见表14）。这表明，成都的政策制定主体已经将提升成都文创企业的国际化水平和国际竞争力，增强成都文创产品的品牌知名度和全球影响力作为文创企业扶持政策的重要内容。

表14　成都文创企业的需求类扶持政策工具使用情况一览

节点名称	节点类型	编码参考点数量（个）	节点类型	百分比（%）
国际交流	二级节点	8	供给类	62
文化消费	二级节点	4	供给类	31
政府采购	二级节点	1	供给类	7

以《建设西部文创中心行动计划（2017—2022年）》为例，在国际交流方面，该"行动计划"明确提出将成都建设成为泛欧泛亚文化交往的重要中心城市和国家向西向南文化交往的国际门户枢纽。就加强国际交流的策略和路径来看，则鲜明地体现出上文所提到的平台思维：一是通过搭建对外文化交流的前沿阵地、展示窗口和合作平台，推动对外交流合作，充分发挥成都作为"一带一路"桥头堡的重要功能；二是通过打造立体传播平台、拓展对外传播渠道，建立同国内外高端媒体的深度宣传合作机制，大力提升成都市属媒体的国际传播能力；三是通过搭建对外文创贸易平台、发展文创对外贸易，在拓宽成都文创发展外部空间的同时，进一步推动成都文创企业和文创品牌"走出去"。

在文化消费方面，该"行动计划"明确提出，以增加优质文化产品和服务的供给为抓手，充分释放消费者的文化消费需求；以推进国家文化消费试点城市建设为契机，多渠道鼓励成都市民的文化消费；以深入实施文化惠民工程为重点，打造各类文化品牌，培育特色文体活动；以深化全国首批公共文化服务示范城市建设为引领，创建全民阅读典范城市。

（三）存在的问题

归根结底，文创企业扶持政策是为了满足文创企业的实际政策需求。那么，成都的政策制定主体所出台的文创企业扶持政策是否能够充分满足文创企业的实际需求呢？调研发现，在政策需求和政策供给之间，依然存在某些尚未完全打通的"最后一公里"或政策"断头路"。从政策供给的角度来看，成都文创企业扶持政策主要存在两大问题：

1. 扶持政策的针对性缺乏

从成都文创企业扶持政策的具体内容来看，文创企业扶持政策还缺乏针对性。例如，成都文创企业扶持政策没有区分不同的细分产业。事实上，文创产业的不同细分产业，具有不同的产业特征和产业规律。举例来说，传媒影视产品和文体旅游产品的产品形态就截然不同，创意设计业和音乐艺术业的产业链构成更是天渊之别。因此，不同细分产业的产业特征和政策需求都存在不小的差距。此外，成都文创企业扶持政策也没有区分文创企业的规模。调研发现，虽然成都的文创企业以小微文创企业为主（约占文创企业总数的四分之三），但规模以上文创企业的营业收入却占成都文创企业营业收入的五分之四左右。不同规模的文创企业的政策关注点和政策敏感点显然不尽相同。

2. 扶持政策的创新性不足

与兄弟城市的文创企业扶持政策相比，成都文创企业扶持政策的创新性不足。例如，在文创人才政策需求上，虽然从供给类政策工具的使用情况来看，已有 11 个关于人才支持的政策工具，目前的成都文创人才政策也制定出比较具体的人才引进、激励措施和奖励标准，但成都文创人才的认定标准还是比较偏重高端科技人才，对文化创意人才（不同于文艺创作人才）和文创管理人才的特殊性和重要性的认识不足。又如，在税收支持政策需求上，虽然从环境类政策工具的使用情况来看，已有 6 个关于税收支持的政策工具，成都文创企业扶持政策也明确了文创企业税收减免的条件与额度，但一些文创企业仍然感觉税收负担过重，希望加大税收减免额度、加快优惠资格审批速度。此外，目前成都针对文创企业税收优惠资格的认定方式还比较单一。总的来看，成都文创企业扶持政策还需加强前瞻性和引领性，体现创新性和实效性。

（四）对策与建议

针对成都文创企业扶持政策存在的上述问题，可从两个方面入手加以解决。

1. 增强扶持政策的针对性

从政策供给的角度来看，文创企业扶持政策既要考虑不同细分产业的特征，也要考虑不同规模企业的特点。成都市武侯区已经出台包括音乐产业专项政策、影视产业专项政策、数字娱乐专项政策、文博旅游专项政策在内的“促进文创产业发展系列政策”。充分考虑不同细分产业特征而制定专项扶持政策的“武侯探索”有必要进一步上升为“成都经验”。在此基础上，还要充分考虑小微文创企业和规模以上文创企业在融资能力和抵御风险能力等方面的差异，针对小微文创企业和规模以上文创企业制定各有侧重的扶持政策，从而全面提升不同细分产业和不同规模企业的政策获得感和政策满意度。

例如，成都可以针对在文创领域重点发展的八大细分产业，分别出台充分考虑细分产业特点的专项扶持政策。又如，在新出台的成都文创企业扶持政策中，根据文创企业规模或所处生命周期，分别制定充分考虑不同类型企业特征和差异性政策需求的文创企业扶持政策。

2. 提高扶持政策的前瞻性

文创企业扶持政策的吸引力在很大程度上来自于其前瞻性。成都文创企业扶持政策的前瞻性，至少应该体现在两大方面：第一，成都要通过深入研究文创人才的基本特点和成长规律，率先出台旨在培育造就文艺创作表演人才、文化传承研究人才、文化创意创业人才的文创人才专项政策。换句话说，成都不仅要像重视科技人才一样重视文创人才，而且要根据文创人才的基本特点和成长规律制定能够有效实现“引、育、留、用”目标的文创人才专项政策。唯其如此，成都才有可能真正实现“汇聚全球文化创造智慧和人才”的人才政策目标。第二，成都要通过深入研究文创企业社会效益的量化评价体系，率先将可量化的文创企业社会效益纳入税收减免或税收返还的认定范围。为此，成都应率先出台旨在鼓励和引导文创企业从企业经营的角度真正重视社会效益的《成都市文创企业社会效益量化评价与税收减免（返还）管理办法》，对文创企业创造的社会效益进行量化评价并实施税收减免（返还），从而不仅将“把社会效益放在首位，实现社会效益和经济效益相统一”作为对国有文创企业的基本要求，而且作为鼓励和引导民营文创企业主动把社会效益放在首位，实现“两个效益”相统一的创新性制度安排。

附录三　成都文创企业扶持政策需求情况分析报告

长期以来，各地的政策制定主体在制定文创企业扶持政策的时候，往往依据所谓的“政府逻辑”，即以地方希望重点发展的主导产业和核心项目作为制定文创企业扶持政策的出发点和落脚点。至于这些政策是不是“想文创企业之所想”“急文创企业之所急”“解文创企业之所困”，常常并不在政策制定主体的考虑范围之内。本报告则试图从成都文创企业扶持政策的“需求端”入手，在调查和分析成都文创企业的政策期待的基础上，总结和提炼出成都文创企业的政策需求，从而在方法论层面和操作性层面为文创企业扶持政策的“供给侧”改革提供具有科学性、有效性、准确性的思路与方法。

（一）成都文创企业的发展现状

就宏观而言，成都文创产业增加值从 2015 年的 497.5 亿元增加至 2020 年的 1805.96 亿元，占地区生产总值的比重从 2015 年的 4.61% 上升至 2020 年的 10.19%（上升 5.58 个百分点），年度增长率始终保持在 20% 以上，年均增长率超过 30%（见表 15）。截至 2019 年 12 月，成都文创产业共吸纳就业人员 108.8 万人。总的来看，成都文创产业在带动地区经济发展，解决就业压力，丰富文化生活等方面发挥着重要作用，并且表现出良好的增长态势和发展前景。

表 15 "十三五"时期成都市文化创意产业增加值及占地区生产总值变动情况

年份 \ 指标	文化创意产业增加值（亿元）	占地区生产总值比重（%）	同比增幅（%）
2016	633.6	5.21	27.3
2017	793.0	5.71	25.2
2018	1172.9	7.64	51.4
2019	1459.8	8.58	24.5
2020	1805.96	10.19	23.7

从微观来看，虽然规模（限额）以上文创企业、标准以上文创企业、小微文创企业均呈快速发展趋势，但仍存在发展上的极不均衡现象。以 2017 年的成都文创企业统计数据为例，上述三类文创企业占全市文创企业总数的比例分别为 11.36%、11.67%、76.97%，然而，三类文创企业的营业收入占全市文创企业总营业收入的比例分别为 81.28%、5.50% 和 13.22%，呈现出比"二八现象"更不均衡的"一八现象"（见表 16）。

表 16　成都文创企业概况（2017 年）

类型	数量（家）	营业收入（亿元）	增加值（亿元）
规模（限额）以上文创企业	1757	2631	680
标准以上文创企业	1806	178	67
小微文创企业	11907	428	46
合计	15470	3237	793

（二）成都文创企业的政策期待：数据收集与数据编码

1. 数据收集

为确保研究结论的科学性和可靠性，本报告选择了不同经营性质和主营业务不同的 20 家成都文创企业进行调查。这些文创企业包括国有企业、民营企业和股份制企业，涵盖创意设计、传媒影视、信息服务、文体旅游等领域，具有较强的代表性（见表 17）。

表 17　样本报告创企业概况

企业编号	经营性质	主营领域	企业编号	经营性质	主营领域
A	股份制企业	创意设计	K	民营企业	信息服务
B	民营企业	传媒影视	L	民营企业	传媒影视
C	股份制企业	信息服务	M	国有企业	文体旅游
D	民营企业	传媒影视	N	股份制企业	创意设计
E	股份制企业	传媒影视	O	股份制企业	创意设计
F	股份制企业	教育咨询	P	民营企业	创意设计
G	民营企业	文体旅游	Q	股份制企业	文体旅游
H	股份制企业	创意设计	R	股份制企业	信息服务
I	股份制企业	创意设计	S	民营企业	传媒影视
J	民营企业	创意设计	T	股份制企业	文体旅游

本报告选择具有针对性的扎根理论，借助 Nvivo12 质性分析软件来对相关资料进行质性分析。首先，采用半结构式访谈的方法，同样本文创企业的高级管理人员进行深度访谈。在对访谈记录进行初步整理的基础上，运用扎根理论对访谈记录进行开放式编码，即在所收集到的访谈记录中遴选出同研究主题相关的语句，并总结出不同的概念范畴；其次，进行主轴编码，即找出各个开放式概念范畴之间的相互关系，提炼出成都文创企业的主范畴；最后，进行理论编码，即在主轴编码的基础上进一步挖掘成都文创企业的政策期待。本报告所设计的访谈提纲涉及融资、资金、人才、税收、公共服务等 10 个方面的开放性问题。访谈围绕成都文创企业已享受到的扶持政策、政策获得感，以及政策期待等具体内容展开。

2. 数据编码

本报告将所收集到的访谈记录（原始资料）导入 Nvivo12 质性分析软件后，共形成 44 个初始概念，这些初始概念可归纳为 16 个维度（副范畴）。“初始概念”和“副范畴”分别用“A（n）”和“B（n）”表示（见表 18）。

表 18　开放式编码一览

初始概念	概念化	副范畴
A1：我们在申请版权价值的认定时需要经过一系列复杂的程序，这个周期持续时间往往较长…… A2：在版权认定时需要准备很多材料，在登记以及申请评估过程中还需要花费一些评估费用…… A3：对于我们影视企业的版权的处置变现，如何评估其价值，权属是否清晰等这些问题…… A4：对于我们公司无形资产的评估较为麻烦，没有文创企业无形资产评估平台……	A1：文创企业版权认定程序复杂，时间较长 A2：版权认定提交材料较多，花费多 A3：影视版权难以处置变现，版权归属也需要认定 A4：公司无形资产评估困难	B1：版权认定困难

续表

初始概念	概念化	副范畴
A5：版权质押还没有建立一个成熟完善的机制，相关市场也不是很完善…… A6：版权质押程序复杂，而且效果也不太好……	A5：文创企业版权质押机制不完善 A6：版权质押复杂、效果差	B2：版权质押机制不完善
A7：版权是我们公司的核心资源，对银行来说，审批企业贷款的时候，会考虑企业控制的核心资源…… A8：版权质押贷款效果不好，要求高，程序复杂…… A9：在没有提供其他质押物的情况下，通过纯版权质押的方式获取银行贷款还是比较困难的……	A7：以版权为核心资源的企业贷款审批难 A8：版权质押贷款效果较差 A9：以纯版权质押的方式获取贷款较为困难	B3：版权质押贷款效果不好
A10：当前我们公司的项目大多存在花费多、回本慢、盈利难的问题，主要原因是文创产业具有盈利周期长的特性…… A11：我们公司项目前期投入大、盈利周期过长，增加了我们公司资金链断裂的风险……	A10：因周期长、回本慢等原因，项目前期存在融资困难 A11：项目周期长，增加了资金链断裂风险	B4：民间资本投资热情不高
A12：当前社会资本对于我们处在初创期与成长期的文创企业的投资热情不高…… A13：当前资本市场对投资文创企业还抱着较为谨慎的态度，这对于我们这种刚刚起步的公司较为不利…… A14：相比之下，投资者不太看好我们中小型文创企业，都比较保守……	A12：民间社会资本对于文创企业投资热情不高 A13：资本市场对初创文创企业抱有谨慎态度 A14：投资者不太看好中小型文创企业	
A15：我们公司由于版权质押等方面的问题，在融资方面遇到一定困难…… A16：问题主要还是融资渠道较少、办法不多，完全市场化的融资机制还不够健全…… A17：虽然成都推出了名为“文创通”的贷款产品，政府贴息，为我们企业提供低息贷款，但针对文创企业的融资产品还是较少……	A15：因版权质押的问题，导致融资困难 A16：融资渠道少，市场化的融资机制不够健全 A17：针对文创企业的融资产品较少	B5：融资渠道较少
A18：当前我们公司与银行之间合作还不够深入…… A19：希望加快文创金融服务平台的建设，加深各类金融机构与我们企业之间的合作…… A20：希望银行建立“绿色通道”，推进符合我们文创企业特点的贷款审查和管理模式，从而降低贷款门槛……	A18：银企合作不够深入 A19：缺少文创金融服务平台 A20：银行缺少针对文创企业的贷款模式	B6：金融机构与企业合作不够深入
A21：当前缺少专门服务文创产业的专业机构、服务团队…… A22：我们这种中小型文创企业与金融市场之间还存在信息不对称问题，对于金融产品、文创企业贷款等方面的信息比较难了解…… A23：成都缺少针对文创企业而提供的，关于线上线下信息服务、投融资服务及项目管理咨询服务的信息平台……	A21：缺少专门服务文创企业的金融机构 A22：小型文创企业与银行之间存在信息不对称 A23：缺少针对文创企业的融资信息服务平台	B7：缺少文创融资信息平台

续表

初始概念	概念化	副范畴
A24：文创产业是当前成都大力发展的产业之一，在整个产业发展的过程中，以政府主导为主，也对我们文创企业进行了资金方面的支持，但还是会出现资金短缺的现象…… A25：由于创业门槛较低，加之成都市政府会进行补贴，所以会吸引一批创业者，但后续的资金支持偏少…… A26：当前补贴政策强调对整体产业的补贴，平均化的财政补贴政策，反而会使优质文创企业得不到资助…… A27：我们最希望多一些财政上的补贴，公司在做项目时，前期需要大量资金…… A28：对于我们公司的发展而言，最大的制约便是资金不足……	A24：政府资金支持不够 A25：政府会在企业初创期进行补贴，但后续补贴不足 A26：部分优秀文创企业得不到政府资助 A27：财政补贴较少，而项目前期需要大量资金 A28：制约企业发展的因素是资金不足	B8：财政补贴侧重于初创企业
A29：当前在监管上还存在不足，有一些创业投机行为，有短期套利行为和以文创产业园区为名义，实际在做其他如房地产项目…… A30：一些项目存在盲目投资、重复建设的乱象，造成了资源的浪费……	A29：监管不足导致投机套利行为的存在 A30：监管不严造成了资源的浪费	B9：监管机制的漏洞造成了资源的浪费
A31：目前成都还需建立更多层次的文创人才引进、培育和奖励制度…… A32：我们公司现在处于初创期，较为缺少相关人才……	A31：人才引进、培养、奖励制度不完善 A32：缺少文创人才	B10：人才引进力度不大
A33：目前希望政府加大对人才的引进，奖励方式较少…… A34：对文创人才引进奖励较低，方式也比较少……	A33：人才引进奖励不足 A34：人才引进奖励较低，方式较少	B11：人才引进奖励标准低
A35：当前缺少对于文创人才的奖励政策，缺乏激励机制…… A36：目前的文创人才奖励政策，并不能满足人才的需求，所以希望能够加大对文创人才的奖励……	A35：缺乏人才激励机制 A36：人才奖励政策不能满足人才需求	B12：人才奖励较少、力度不大
A37：虽然成都市对于我们文创企业有税收减免，但纳税仍是我们公司较大的一笔开支，而且税收减免资格认定也较为麻烦…… A38：当前对于文创企业的税收支持力度还是不大，交税仍是比较大的负担……	A37：税收仍是企业较大的开支 A38：对企业的税收支持力度小	B13：企业税收负担较重
A39：市政府对我们文创企业有税收减免、返还等方式，但我们希望更大额度的减免和返还…… A40：市政府在税收方面会对我们进行一定比例的返还所得税，但我们希望更大额度的税收返还……	A39：税收减免和返还额度不够 A40：税收返还比例额度较小	B14：税收返还额度较小
A41：当前对于税收支持主要是在缴纳时按一定比例减少和返还，但减少的比例不大，我们希望能够适当增加比例…… A42：税收减免力度并不大…… A43：对于我们而言，税收支持面窄且期限较短……	A41：税收减免的较少，希望增加比例 A42：税收减免力度小 A43：受惠面较窄且期限短	B15：税收减免力度小
A44：成都对于我们文创企业所得税制定了优惠政策，但认定优惠资格较为麻烦，要准备较多的资料……	A44：认定税收支持资格较为麻烦，程序复杂	B16：税收减免资格认定复杂、时间长

在此基础上，将开放式编码的结果进行聚类分析，通过主轴编码形成主范畴。本报告在对16个副范畴进行聚类分析后，共形成9个主范畴。“主范畴”可用“C（n）”表示（见表19）。

表19　主轴编码结果一览

副范畴	主范畴
B1：版权认定困难	C1：版权质押贷款效果差
B2：版权质押机制不完善	
B3：版权质押贷款效果不好	
B4：民间资本投资热情不高	C2：民间资本投资积极性不高
B5：融资渠道较少	C3：企业与金融机构合作不够深入
B6：金融机构与企业合作不够深入	
B7：缺少文创融资信息平台	
B8：财政补贴侧重于初创企业	C4：财政补贴不足
B9：监管机制的漏洞造成了资源的浪费	
B10：人才引进政策力度不大	C5：人才引进机制不完善
B11：人才引进奖励标准低	
B12：人才奖励较少、力度不大	C6：人才激励机制不完善
B13：企业税收负担较重	C7：企业税收负担重
B14：税收返还额度较小	C8：税收支持力度小
B15：税收减免力度小	
B16：税收减免资格认定复杂、时间长	C9：税收减免资格审批程序复杂

如表19所示，通过主轴编码对16个开放式编码进行聚类分析后，共得出9个主轴编码：版权质押贷款效果差、民间资本投资积极性不高、企业与金融机构合作不够深入、财政补贴不足、人才引进机制不完善、人才激励机制不完善、企业税收负担重、税收支持力度小、税收减免资格审批程序复杂。在对9个主范畴进行聚类分析后，最终形成4个核心范畴，用“D（n）”表示（见表20）。通过理论编码，总结出成都文创企业的政策期待。这既是理论编码的落脚点，也是政策完善的出发点。

表20　理论编码结果

主范畴	核心范畴
C1：版权质押贷款效果差	D1：融资支持政策期待
C2：民间资本投资积极性不高	
C3：企业与金融机构合作不够深入	

续表

主范畴	核心范畴
C4：财政补贴不足	D2：资金支持政策期待
C5：人才引进机制不完善	D3：文创人才政策期待
C6：人才激励机制不完善	
C7：企业税收负担重	D4：税收支持政策期待
C8：税收支持力度小	
C9：税收减免资格审批程序复杂	

（三）结论

总的来看，成都文创企业的政策期待主要包括：融资支持政策期待、资金支持政策期待、文创人才政策期待、税收支持政策期待。具体来说：

一是融资支持政策期待。调研发现，由于文创企业的资产难评估、融资风险大等原因，融资问题一直是阻碍文创企业发展的重要约束条件。就成都文创企业而言，由于版权质押贷款效果差（C1）、民间资本投资积极性不高（C2）、企业与金融机构合作不够深入（C3），对融资政策的期待很高。正如访谈对象 D 企业负责人所言："问题主要还是就是融资渠道较少、办法不多，完全市场化的融资机制还不够健全。也希望银行建立'绿色通道'，推进符合我们文创企业特点的贷款审查和管理模式，从而降低贷款融资门槛。"为此，成都应进一步推动多层次文创资本市场建设。具体来说，一是依托成都文化产权交易所，建设文创企业股权交易平台；二是依托成都银行文创支行，完善"文创通"特色金融服务；三是依托成都市文创产业发展投资基金，充分发挥"母基金"的撬动效应。

二是资金支持政策期待。就成都文创企业而言，由于财政补贴不足（C4），文创企业对资金支持政策的期待不低。正如访谈对象 E 企业负责人所言："由于创业门槛较低，加之成都市政府会进行补贴，所以会吸引一批创业者，但后续的资金支持偏少，我们还是希望多一些财政上的补贴，因为项目的前期需要大量的资金。"为此，成都应进一步加强对成都市市级文化产业发展专项资金的管理。具体来说，其一是扩大成都市市级文化产业发展专项资金的规模；其二是提高成都市市级文化产业发展专项资金的使用效益；其三是推进成都市市级文化产业发展专项资金的信息公开工作。

三是文创人才政策期待。就成都文创企业而言，由于人才引进机制不完善（C5）、人才激励机制不完善（C6），文创企业对文创人才政策的期待同样很高。正如访谈对象 H 企业负责人所言："目前成都还需建立更多层次的文创人才引进、培育和奖励制度，目前的文创人才奖励政策，还并不能满足人才的需求，所以希望能够加大对文创人才的奖励。"为此，成都应从引进、培养、服务等环节入手，在充分调研有关单位的文创人才需求，合理借鉴国内外先进经验的基础上，出台不同于科技人才认定标准，符合文创产业人才能力特征的《成都市急需紧缺文创人才和高层次文创人才认定标准》。

四是税收支持政策期待。就成都文创企业而言，由于企业税收负担重（C7）、税收支持力度小（C8）、税收减免资格审批程序复杂（C9），文创企业对税收支持政策的期待也不低。正如访谈对象 M 企业负责人所言："虽然成都市对于我们文创企业有税收减免，但税收返还比例还不是很大，而且税收减免资格认定也较为麻烦。"为此，成都应以建设营商环境标杆城市为契机，建立税务部门与文创企业的征纳互动机制。具体来说，一是建设成都文创企业税收优惠政策信息平台，发布退税减税提醒单；二是简化文创企业税收减免资格审批程序，实现审批过程全程电子化；三是依托中国（四川）自由贸易试验区（成都区域），探索文创产品保税监管模式和艺术品保税展示交易模式。

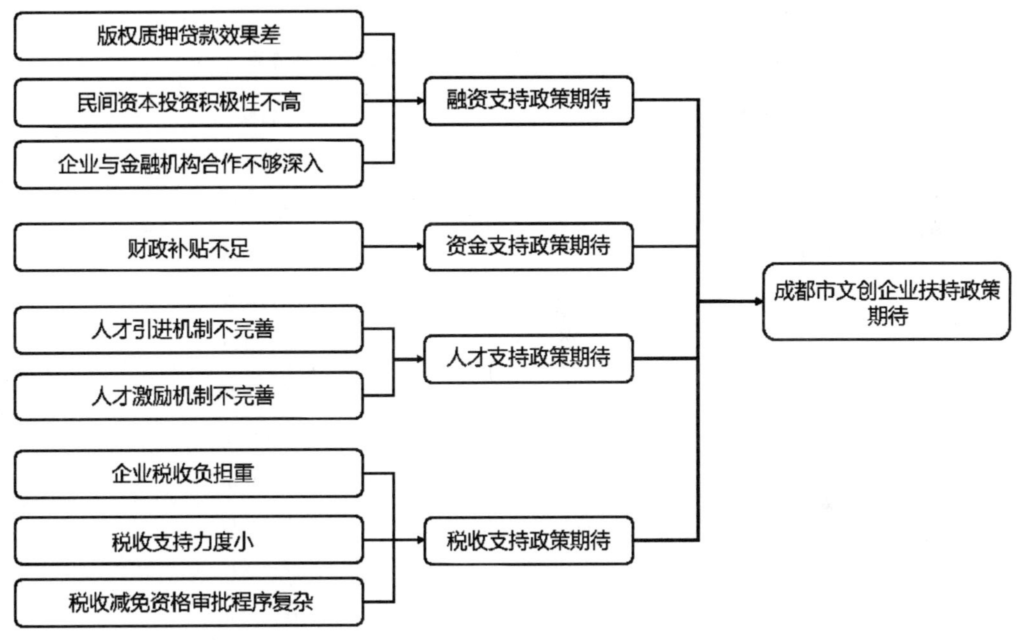

图 3　成都文创企业扶持政策期待的扎根理论框架

综上所述，可以构建成都文创企业扶持政策期待的扎根理论框架（见图 3）。从政策供给有效性的角度来看，成都文创企业扶持政策的完善方向，显然应该从上述四个方面入手，针对成都文创企业的现实需求与政策期待，制定出能够切实满足成都文创企业合理需求的文创政策。

附录四　成都文创企业的扶持政策满意度调查报告

从政策供给的角度来看，近年来各地出台了一系列旨在助力文创企业高质量发展的扶持政策。这些扶持政策的出台，对于推动各类文创市场主体的发展壮大、培育新型文创业态和文创消费模式、健全现代文创产业体系和市场体系，都具有非常重要的意义和作用。从政策需求的角度来看，这些扶持政策是否真正满足了文创企业的实际需求，文创企业对政府扶持政策究竟满不满意，直接影响到政府扶持政策的科学性、有效性、可操作性。为深入了解文创企业对政府扶持政策的认知状况和态度倾向，本报告通过问卷的形式调查了成都的200家文创企业对政府扶持政策的满意度，并采用模糊综合评价法对成都文创企业的政策满意度进行了综合评价。

（一）问卷设计

本报告根据成都出台的文创企业扶持政策的具体内容，从资金支持政策、融资支持政策、税收支持政策、知识产权政策四个维度来考察成都文创企业对政府扶持政策的满意度（见表21）。

表21　成都文创企业的政府扶持政策满意度指标体系

政策维度	指标
资金支持政策	支持条件
	支持方向
	支持方式
	支持额度
	拨款速度
融资支持政策	支持方式
	支持效果
	支持标准
	支持额度
税收支持政策	优惠条件
	优惠方式
	优惠额度
知识产权政策	保护方式
	保护效果
	资助条件
	资助额度

在此基础上，共设计了包含31个题目（填空题3个、选择题23个、开放式问题5个）的成都文创企业的政府扶持政策满意度调查问卷。从问卷结构来看，该问卷由三部分构成：第一部分主要了解文创企业的基本信息，如注册地址、成立年限、企业性质、所处行业、员工人数，以及企业获取政策信息的渠道，共8题。第二部分主要从资金支持政策、税收支持政策、融资支持政策、知识产权政策四个维度了解文创企业对各类

扶持政策的满意度，共 20 题。第三部分主要了解文创企业对政府扶持政策的总满意度，共 3 题。为更加准确地了解成都文创企业对政府扶持政策的态度，本报告采用李克特 5 级量表对政府扶持政策的满意度进行分级，即非常不满意、不满意、一般、比较满意、非常满意。

为保证调查结果的真实性，本次问卷调查采用现场调查的方式。在调查对象填写调查问卷前，首先明确告知调查对象本次调查的目的与意义，并对相关注意事项进行充分解释和详细说明。为方便数据分析工作的顺利开展，对收集到的调查问卷都进行统一编号。编号原则是每一份问卷对应一个问卷编号。本次问卷调查共发放问卷 200 份，回收 198 份，问卷回收率为 99%，剔除无效问卷后，共得到有效问卷 197 份，有效回收率为 98.5%（见表 22）。

表 22 调查问卷的发放与回收情况

发放问卷数	回收问卷数	有效问卷数数	有效回收率
200 份	198 份	197 份	98.5%

（二）问卷分析

在将调查问卷的相关数据导入 SPSS26 统计分析软件后，采用信度系数 α，以及 KMO 值和 Bartlett 球形检验，分别对成都文创企业的政府扶持政策满意度总量表进行信度分析（见表 23）和效度分析（见表 24）。分析结果显示，调查问卷的 α 系数为 0.911（$0.911 > 0.8$），表明调查问卷具有较强的内部一致性，信度较好；调查问卷的 KMO 值为 0.818（$0.818 > 0.7$），Bartlett 球形检验显著性小于 0.001（$0.001 < 0.05$），表明调查问卷的效度较好。

表 23 调查问卷的信度分析结果

一级指标	二级指标	Cronbach 的 Alpha 值	
成都文创企业的政府扶持政策满意度	资金支持政策	0.876	0.911
	融资支持政策	0.876	
	税收支持政策	0.891	
	知识产权政策	0.872	

表 24 调查问卷的 KMO 样本测度和 Bartlett 球形检验结果

KMO 取样适切性量数		0.818
Bartlett 球形检验	近似卡方	758.963
	自由度	136
	显著性	0.000

从调查问卷的填写人员来看，填写问卷的企业主或总经理有 87 人、企业中层领导有 74 人、普通员工有 33 人、其他人员有 3 人（见表 25）。其中，企业的中层领导以上人员共计 161 人（占 81.72%）。

表 25　调查问卷填写人员的职级

职位	人数（个）	百分比（%）	累计百分比（%）
企业主或总经理	87	44.16	44.16
企业中层领导	74	37.56	81.72
普通员工	33	16.76	98.48
其他	3	1.52	100
合计	197	100	100

从样本企业的成立年限来看，成立年限在 2 年以内的企业有 26 家，2~5 年的有 73 家，5~10 年的有 57 家，10~20 年的有 29 家，20 年以上的有 12 家（见表 26）。

表 26　样本企业的成立年限

成立年限	企业数（家）	百分比（%）	累计百分比（%）
2 年以内	26	13.20	13.20
2~5 年	73	37.06	50.26
5~10 年	57	28.93	79.19
10~20 年	29	14.72	93.91
20 年以上	12	6.09	100
合计	197	100	100

从样本企业的企业性质来看，股份制企业有 80 家、国有企业有 17 家、集体所有制企业有 5 家、私营企业有 95 家（见表 27）。

表 27　样本企业的企业性质

企业性质	企业数（家）	百分比（%）	累计百分比（%）
股份制企业	80	40.61	40.61
国有企业	17	8.63	49.24
集体所有制企业	5	2.54	51.78
私营企业	95	48.22	100
个人独资企业	0	0	100
其他	0	0	100
合计	197	100	100

从样本企业的行业分布来看，传媒影视业的企业有40家、创意设计业的企业有57家、现代时尚业的企业有9家、音乐艺术业的企业有3家、文体旅游业的企业有28家、信息服务业的企业有35家、会展广告业的企业有15家、教育咨询业的企业有10家（见表28）。

表28 样本企业的行业分布

所属行业	企业数（家）	百分比（%）	累计百分比（%）
传媒影视业	40	20.30	20.30
创意设计业	57	28.93	49.23
现代时尚业	9	4.57	53.80
音乐艺术业	3	1.52	55.32
文体旅游业	28	14.21	69.53
信息服务业	35	17.77	87.30
会展广告业	15	7.61	94.91
教育咨询业	10	5.09	100
其他	0	0	100
合计	197	100	100

从样本企业的员工人数来看，员工在5人以下的企业有24家、6~10人的企业有30家、11~50人的企业有68家、51~100人的企业有23家、101~300人的企业有30家、300人以上的企业有22家（见表29）。

表29 样本企业的员工人数

员工人数	企业数（家）	百分比（%）	累计百分比（%）
5人及以下	24	12.18	12.18
6~10人	30	15.23	27.41
11~50人	68	34.52	61.93
51~100人	23	11.68	73.61
101~300人	30	15.22	88.83
300人以上	22	11.17	100
合计	197	100	100

（三）满意度评价

由于满意度是一个相对比较模糊的概念，不宜对原始数据进行简单的满意度评价。因此，本报告采用模糊综合评价法来评价成都文创企业对政府扶持政策的满意度。通过确定各类指标权重，构建模糊综合评价模型。具体步骤如下：

（1）确立因素集。U 集是影响政策满意度的各种因素，即

$$U=\{u_1,u_2,\cdots,u_n\}$$

（2）确定评语集。评语集是由评价者对评价对象可能做出的各种评价结果所组成的备选集，即

$$V=\{v_1,v_2,\cdots,v_m\}$$

（3）确立权重集。计算各个因素的权重，得出权重因素集，即

$$W=\{w_1,w_2,\cdots,w_n\}$$

（4）确定模糊综合评判矩阵。模糊综合评判矩阵是指因素集 U 中的某一指标 u_i，对各个评语的隶属度为 V 上的模糊子集。对 u_i 的评判记为

$$r_i=\{r_{i1},r_{i2},\cdots,r_{im}\}$$

其中，r_{i1} 是指标 u_i 对评语 v_1 的隶属度；r_{i2} 是指标 u_i 对评语 v_2 的隶属度；以此类推，r_{im} 是指标 u_i 对评语 v_m 的隶属度。

因此，各个指标的模糊综合判断矩阵为

$$R=\begin{bmatrix} r_{11} & r_{12} & \cdots & r_{1m} \\ r_{21} & r_{22} & \cdots & r_{2m} \\ \vdots & \vdots & \ddots & \vdots \\ r_{n1} & r_{n2} & \cdots & r_{nm} \end{bmatrix}=\begin{bmatrix} R_1 \\ R_2 \\ \vdots \\ R_n \end{bmatrix}$$

这是一个从 U 到 V 的模糊关系矩阵。

（5）综合评价。在综合考虑各因素权重 W 的情况下，对各个因素进行模糊综合评价，即

$$\mathrm{B}=\mathrm{W}\cdot\mathrm{R}=(w_1,w_2\cdots,w_n)\begin{bmatrix} r_{11} & r_{12} & \cdots & r_{1m} \\ r_{21} & r_{22} & \cdots & r_{2m} \\ \vdots & \vdots & \ddots & \vdots \\ r_{n1} & r_{n2} & \cdots & r_{nm} \end{bmatrix}=(b_1,b_2\cdots,b_m)$$

其中，b_j 被称为模糊度综合评价指标，b_j 反映了在综合考虑所有因素后，评价对象对评语集中的第 j 个评语的隶属度。

（6）综合评价结果的确定。按照最大隶属度原则，取最大模糊综合评价指标 $max(b_j)$ 相对应的评语集中的被选元素 v_j 为评价对象的最终结果。

结合问卷调查数据，采用模糊综合评价法对成都文创企业的政府扶持政策满意度进行综合评价的步骤如下：

（1）确立因素集。由于部分政策的满意度评价指标较多，且部分指标之间具有较

强的关联性，因此，采用二级模糊综合评价的方法，并参照表 1 的框架，划分因素集 U 为若干子集（见表 30）。

表 30　满意度评价体系

目标层	准则层	指标层
成都文创企业的政府扶持政策满意度 U	资金支持政策 U_1	支持条件 U_{11}
		支持方向 U_{12}
		支持方式 U_{13}
		支持额度 U_{14}
		拨款速度 U_{15}
	融资支持政策 U_2	支持方式 U_{21}
		支持效果 U_{22}
		支持标准 U_{23}
		支持额度 U_{24}
	税收支持政策 U_3	优惠条件 U_{31}
		优惠方式 U_{32}
		优惠额度 U_{33}
	知识产权政策 U_4	保护方式 U_{41}
		保护效果 U_{42}
		资助条件 U_{43}
		资助额度 U_{44}

（2）确定评语集。采用李克特 5 级量表对成都文创企业的政府扶持政策满意度进行评测，即

$$V = \{v_1, v_2, v_3, v_4, v_5\}$$

其中，v_1 = 非常不满意 = 1；v_2 = 不满意 = 2；v_2 = 一般 = 3；v_4 = 比较满意 = 4；v_5 = 非常满意 = 5。

（3）确定权重集。采用层次分析法（AHP）确定各项指标的权重。层次分析法将问题所包含的因素分为目标层、准则层、指标层。指标权重判断矩阵是通过两两比较的方法，来确定每一层次中各因素的相对重要性，判断矩阵的一般表达式为：

$$A = \begin{bmatrix} a_{11} & a_{12} & \cdots & a_{1n} \\ a_{21} & a_{22} & \cdots & a_{2n} \\ \vdots & \vdots & \ddots & \vdots \\ a_{n1} & a_{n2} & \cdots & a_{nm} \end{bmatrix}$$

其中，a_{ij} 为要素 i 与要素 j 的重要性的比较结果。当 $i=j$ 时，两个比较指标相同，因此，同等重要记为 1，且 a_{ij} 与 a_{ji} 互为倒数。表 31 具体说明了 9 个重要性等级及其赋值。

表 31　标度及含义

标度	含义
1	两个因素相比，具有同样重要性
3	两个因素相比，前者比后者稍微重要
5	两个因素相比，前者比后者明显重要
7	两个因素相比，前者比后者强烈重要
9	两个因素相比，前者比后者极度重要
2、4、6、8	相邻两个程度的中间值

根据判断矩阵，求出其最大特征根 λ_{max} 所对应的特征向量 w

$$P_w = \lambda_{max} w$$

特征向量 w 经归一化处理，即为评价因素的重要性排序（权重分配）。随后对判断矩阵进行一致性检验，检验权重分配的合理性。检验公式为

$$CR = \frac{CI}{RI}$$

其中，CR 为判断矩阵的随机一致性比率，CI 为判断矩阵的一致性指标，RI 为平均随机一致性指标。

$$CI = \frac{\lambda_{max} - n}{(n-1)}$$

λ_{max} 为判断矩阵的最大特征值，RI 为平均随机一致性指标。只有当 $CI > 0.1$ 时，才能认为该判断矩阵 A 可接受。

在此基础上，通过计算确定成都文创企业对政府扶持政策的满意度评价指标的权重。按照层次分析法的要求，在对文创企业和相关专家进行咨询之后，得出指标的重要性评价，并以此计算得出指标权重。

以资金支持政策为例，根据层次分析法确定指标权重的具体过程如下：

在对文创企业和相关专家进行咨询后，得到资金支持政策赋值表（见表 32）。

表 32　资金支持政策赋值

评价指标	支持条件	支持方向	支持方式	支持额度	拨款速度
支持条件	1	1	1/3	1/4	1/3

续表

评价指标	支持条件	支持方向	支持方式	支持额度	拨款速度
支持方向	1	1	1/2	1/2	1/2
支持方式	3	2	1	1/3	1
支持额度	4	3	3	1	3
拨款速度	3	2	1	1/3	1

根据表 32，得出判断矩阵 A_1

$$A_1=\begin{bmatrix} 1 & 1 & 1/3 & 1/4 & 1/3 \\ 1 & 1 & 1/2 & 1/2 & 1/2 \\ 3 & 3 & 1 & 1/3 & 1 \\ 4 & 4 & 1/3 & 1 & 3 \\ 3 & 3 & 1 & 1/4 & 1 \end{bmatrix}$$

对矩阵 A_1 进行归一化处理，判断矩阵 A'_1

$$A'_1=\begin{bmatrix} 0.08 & 0.08 & 0.11 & 0.11 & 0.06 \\ 0.08 & 0.08 & 0.16 & 0.21 & 0.09 \\ 0.25 & 0.25 & 0.32 & 0.14 & 0.17 \\ 0.33 & 0.33 & 0.11 & 0.43 & 0.51 \\ 0.25 & 0.25 & 0.32 & 0.11 & 0.17 \end{bmatrix}$$

对矩阵 A'_1 进行横向求和并做归一化处理，A_1 的特征向量为 Y'_1

$$Y_1=(0.426, 0.587, 0.981, 2.026, 0.981)$$

通过一致性检验，验证其合理性

$$\lambda_{max}\ max=(1+1+3+4+3)\times0.09+(1+1+3+4+3)\times0.12+(1/3+1/2+1+1/3+1)\times0.23+(1/4+1/2+1/3+1+1/4)\times0.34+(1/3+1/2+1+3+1)\times0.22=5.33$$

$$CI=\frac{\lambda_{max}-n}{(n-1)}=\frac{5.34-5}{5-1}=0.085$$

查阅随机一致性 RI 表格，当 $n=5$ 时，$RI=1.12$，所以

$$CR=\frac{0.085}{1.12}=0.076$$

由于 $CR<0.1$，因此，判断矩阵 A_1 符合一致性要求。同理，依次得出指标层和准则层权重的计算结果（见表 33）。

表 33 权重分配

目标层	准则层	指标层
成都文创企业的政府扶持政策满意度	资金支持政策 0.413	支持条件 0.085
		支持方向 0.117
		支持方式 0.196
		支持额度 0.405
		拨款速度 0.196
	融资支持政策 0.285	支持方式 0.081
		支持效果 0.161
		支持标准 0.379
		支持额度 0.379
	税收支持政策 0.188	申请条件 0.120
		优惠方式 0.272
		优惠额度 0.608
	知识产权政策 0.114	保护条件 0.071
		保护效果 0.141
		资助条件 0.268
		资助额度 0.520

（4）确定模糊综合评价矩阵。在建立模糊综合评价矩阵前，首先确定指标层内各指标对评语指标 v_k 的隶属度，而隶属度又与政策满意度量表的统计结果相关（见表 34）。

表 34 成都文创企业政策满意度调查量表统计结果

目标层	准则层	指标层	1	2	3	4	5	合计
成都文创企业扶持政策满意度 U	资金支持政策 U_1	支持条件 U_{11}	1	0	66	93	37	197
		支持方向 U_{12}	0	8	64	67	58	197
		支持方式 U_{13}	0	7	51	75	64	197
		支持额度 U_{14}	3	2	100	62	30	197
		拨款速度 U_{15}	0	5	54	80	58	197
	融资支持政策 U_2	支持方式 U_{21}	5	13	73	78	28	197
		支持效果 U_{22}	0	16	67	80	34	197
		支持标准 U_{23}	1	4	55	60	77	197
		支持额度 U_{24}	2	20	68	57	50	197

续表

目标层	准则层	指标层	1	2	3	4	5	合计
成都文创企业扶持政策满意度 U	税收支持政策 U_3	申请条件 U_{31}	4	20	98	65	10	197
		优惠方式 U_{32}	0	5	70	86	36	197
		优惠额度 U_{33}	2	6	63	88	38	197
	知识产权政策 U_4	保护条件 U_{41}	0	7	95	59	36	197
		保护效果 U_{42}	3	6	82	69	30	197
		资助条件 U_{43}	0	10	86	66	35	197
		资助额度 U_{44}	1	10	87	69	30	197

注：1= 非常不满意；2= 不满意；3= 一般；4= 比较满意；5= 非常满意。

如表 34 所示，对数据进行归一化处理后，得到资金支持、税收支持、融资支持、知识产权的模糊评价矩阵 R_1, R_2, R_3, R_4 如下所示

$$R_1=\begin{bmatrix}0.01 & 0 & 0.34 & 0.47 & 0.19\\ 0 & 0.04 & 0.32 & 0.34 & 0.29\\ 0 & 0.04 & 0.26 & 0.38 & 0.32\\ 0.02 & 0.01 & 0.51 & 0.31 & 0.15\\ 0 & 0.03 & 0.27 & 0.41 & 0.29\end{bmatrix} \quad R_2=\begin{bmatrix}0.03 & 0.07 & 0.37 & 0.40 & 0.14\\ 0 & 0.08 & 0.34 & 0.41 & 0.17\\ 0.01 & 0.02 & 0.28 & 0.30 & 0.39\\ 0.01 & 0.1 & 0.35 & 0.29 & 0.25\end{bmatrix}$$

$$R_3=\begin{bmatrix}0.02 & 0.1 & 0.5 & 0.33 & 0.05\\ 0 & 0.03 & 0.36 & 0.44 & 0.18\\ 0.01 & 0.03 & 0.32 & 0.45 & 0.19\end{bmatrix} \quad R_4=\begin{bmatrix}0 & 0.04 & 0.48 & 0.30 & 0.18\\ 0.02 & 0.03 & 0.42 & 0.35 & 0.15\\ 0 & 0.05 & 0.46 & 0.34 & 0.18\\ 0.01 & 0.05 & 0.44 & 0.35 & 0.15\end{bmatrix}$$

（5）综合评价。根据指标层的权重，计算准则层的模糊评价集为

$$B_1 = W_1 \times R_1$$

$$= (0.0852,0.1173, 0.1962, 0.4052, 0.1962)\begin{bmatrix}0.01 & 0 & 0.34 & 0.47 & 0.19\\ 0 & 0.04 & 0.32 & 0.34 & 0.29\\ 0 & 0.04 & 0.26 & 0.38 & 0.32\\ 0.02 & 0.01 & 0.51 & 0.31 & 0.15\\ 0 & 0.03 & 0.27 & 0.41 & 0.29\end{bmatrix}$$

$$=（0.004, 0.023, 0.416, 0.361, 0.192）$$

同理可得

$$B_2 = W_2 \times R_2 = (0.01, 0.064, 0.323, 0.322, 0.281)$$

$$B_3 = W_3 \times R_3 = (0.008, 0.038, 0.352, 0.432, 0.17)$$

$$B_4 = W_4 \times R_4 = (0.008, 0.046, 0.441, 0.344, 0.16)$$

在此基础上，根据准则层权重，对成都文创企业的扶持政策满意度目标层进行模糊评价

$$A = W \times (B_1, B_2, B_3, B_4)\ T = (0.009, 0.040, 0.38, 0.361, 0.21)$$

（6）确定评价结果。使评价集 $V = (1, 2, 3, 4, 5)$，从而得出满意度评价结果（见表 35）。

表 35　满意度评价结果

目标层	满意度评价	准则层	满意度评价
成都文创企业的政府扶持政策满意度	3.723	资金支持政策	3.707
		融资支持政策	3.800
		税收支持政策	3.718
		知识产权政策	3.599

（四）结论

成都文创企业对政府扶持政策的总体满意度得分为 3.723，虽较为接近“比较满意”（4），但仍有完善的空间。具体来看，资金支持政策的满意度得分为 3.707，融资支持政策的满意度得分为 3.800，税收支持政策的满意度得分为 3.718，知识产权政策的满意度得分为 3.599。相比之下，融资支持政策的满意度最高，知识产权政策的满意度最低。融资支持政策的满意度高，不仅意味着成都比较重视对文创企业的融资政策支持，而且表明融资政策的执行效果较好；知识产权政策的满意度低，意味着成都已出台的知识产权政策对文创企业的知识产权保护和支持力度还不够，有待进一步加强。具体来说，一要放宽“成都市重点企业知识产权保护名录库”关于文创企业的入库条件，对品牌效益好、原创程度高的文创企业实施重点保护；二要加大知识产权政策的支持力度，尤其是加快文创类知识产权试点示范企业的审批速度，并且提高文创企业的知识产权资助额度。进一步讲，政府在出台文创企业扶持政策时，一定要将文创企业的合理政策需求作为出发点和落脚点，通过政策需求调查和政策满意度调查，不断校正文创企业扶持政策的重点内容和具体措施，切实提高政府扶持政策的科学性、有效性、可操作性，从而更好地推动各类文创市场主体的发展壮大，培育新型文创业态和文创消费模式，健全现代文创产业体系和市场体系。

参考文献

1. 白骅、陈俊成:《首批“天府旅游名县”交出高质量发展“答卷”》,《中国旅游报》2020 年 9 月 21 日第 5 版。

2. 本刊编辑部:《四川人是天下的盐》,《南方人物周刊》2005 年第 24 期。

3. 常雄飞:《揭开藏羌彝文化产业走廊神秘面纱》,《四川日报》2014 年 10 月 21 日第 1 版。

4. 陈莎利、李铭禄:《人才政策区域比较与政策结构偏好研究》,《中国科技论坛》2009 年第 9 期。

5. 陈松:《创“明堂模式”重振少城风采》,《四川日报》2016 年 2 月 17 日第 2 版。

6. 陈星:《白酒金三角协会理事长王少雄:川酒不能躺在优势上吃老本》,《每日经济新闻》2021 年 4 月 27 日第 8 版。

7. 陈叙:《新中国 70 年来乡村文化建设的历程与走向研究》,《中华文化论坛》2019 年第 6 期。

8. 付远书:《四川:为公共文化服务效能提升注入新动力》,《中国文化报》2021 年 6 月 17 日第 6 版。

9. 郭亨孝:《贯彻实施长江保护法　筑牢长江上游生态屏障》,《中国水利报》2021 年 3 月 25 日第 1~2 版。

10. 郭静雯、杨艺茂:《看名县“天团”的硬核实力》,《四川日报》2020 年 9 月 28 日第 17 版。

11. 何羽佳:《我省发布发展冬季旅游三年行动计划》,《四川经济日报》2019 年 11 月 22 日第 2 版。

12. 侯文斌:《重庆市文化委员会将加强四方面工作》,《中国文化报》2013 年 12 月 17 日第 1 版。

13. 胡孚琛主编:《中华道教大辞典》,北京:中国社会科学出版社 1995 年版。

14. 蒋小波、辛丙松:《“十四五”时期四川文化产业将继续稳定增长》,《四川省情》2021 年第 6 期。

15. 匡丽娜:《川渝签署协议推动教育资源共建共享》,《重庆日报》2020 年 4 月 28 日第 5 版。

16. 林元雄、宋良曦、钟长永、马宗瑶、陈然、聂成勋:《中国井盐科技史》，成都：四川科学技术出版社 1987 年版。

17. 刘佳:《直面挑战　做大竹文章》,《四川农村日报》2021 年 1 月 6 日第 2 版。

18. 马健:《小微文化企业：不可等量齐观的“毛细血管”》,《中国文化报》2015 年 8 月 15 日第 4 版。

19. 卿希泰:《有关道教发源于四川的几个问题》,《世界宗教研究》2001 年第 4 期。

20. 四川省统计局:《产业规模稳步发展　创意产业引领强——2017 四川文化产业“成绩单”》,《四川省情》2018 年第 3 期。

21. 宋延鹏、徐逸伦:《文化与商业的平衡：政府在创意产业园建设中的角色》,《现代城市研究》2007 年第 9 期。

22. 孙雪静、孙华:《川渝石窟的历史与价值》,《遗产与保护研究》2017 年第 3 期。

23. 唐飞:《蜀道遗产的研究与保护刍议》,《遗产与保护研究》2017 年第 2 期。

24. 王嘉:《文创产业增加值占 GDP 比重 2020 年首次突破 10%》,《成都日报》2021 年 4 月 8 日第 2 版。

25. 文旅言:《回眸 2020：看四川文旅如何披荆斩棘　乘风破浪》,《四川日报》2021 年 1 月 19 日第 5 版。

26. 文旅言:《四川文旅这五年：百舸争流　竞相发展　融合发展更繁荣》,《四川日报》2021 年 1 月 31 日第 11 版。

27. 吴晓铃:《摸清四川石窟家底》,《四川日报》2021 年 8 月 10 日第 5 版。

28. 萧易:《考古，串起全新的“蜀”——〈寻蜀记〉的写作角度》,《光明日报》2021 年 9 月 30 日第 11 版。

29. 徐璨:《以建设国家中心城市为目标　提升成都核心功能》,《成都日报》2016 年 5 月 5 日第 2 版。

30. 徐珂:《文化产业孵化器的功能及设置》,《山东经济》2008 年第 4 期。

31. 徐学书:《“藏羌彝走廊”相关概念的提出及其范畴界定》,《西南民族大学学报（人文社科版）》2016 年第 7 期。

32. 杨艺茂:《11 条红色旅游精品线路亮相》,《四川日报》2021 年 4 月 10 日第 4 版。

33. 杨艺茂:《四川红色旅游资源点达 3238 个》,《四川日报》2021 年 6 月 19 日第 1 版。

34. 萤火、浅秋:《2020 中国白酒企业 200 强》,《互联网周刊》2021 年第 4 期。

35. 游飞、杨艺茂:《四川冰雪和温泉旅游节在海螺沟开幕》,《四川日报》2019 年 11 月 21 日第 1 版。

36. 张超群:《防疫复工两手抓　四川三成以上 A 级景区限流开放》,《眉山日报》2020 年 3 月 13 日第 1 版。

37. 张婧:《实施文化产业数字化战略　推动数字文化产业高质量发展》,《中国文化报》2020 年 11 月 30 日第 1 版。

38. 郑茂瑜:《四川原酒如何“冲出重围”?》,《四川日报》2019 年 4 月 11 日第 10 版。

39. 中共中央网络安全和信息化委员会办公室、中华人民共和国国家互联网信息办公室、中国互联网络信息中心:《第 47 次中国互联网络发展状况统计报告》，2021 年 2 月 3 日。

40. 中国道教协会、苏州道教协会编:《道教大辞典》，北京：华夏出版社 1994 年版。

41. 住房和城乡建设部城乡规划司、中国城市规划设计研究院:《全国城镇体系规划（2006—2020 年）》，北京：商务印书馆 2010 年版。

42.《构建新发展格局迈出新步伐——国家统计局相关司负责人解读 2021 年全年主要经济数据》,《经济日报》2022 年 1 月 18 日第 10 版。

43.Rothwell，R & Zegveld，W. An Assessment of Government Innovation Policies. *Review of Policy Research*，1984，3（3-4），436-444.

后　记

2019 年 4 月 25 日，中共四川省委、四川省人民政府印发的《关于大力发展文旅经济　加快建设文化强省旅游强省的意见》明确提出："经过 5 年努力，把我省建设成为社会主义核心价值观广泛践行、文化事业繁荣发展、文旅产业深度融合的文化高地和世界重要旅游目的地。"但随之而来的问题是：我们要在什么样的基础上建设文化强省旅游强省？如何建设文化强省旅游强省，才能完成上述"意见"所提出的发展目标？

为了更好地为文化强省旅游强省建设提供决策依据和发展思路，长期致力于推动西南地区文化事业、文化产业和旅游业高质量融合发展的国家文化产业创新与发展研究基地西南研究中心决定，组织编写一份关于四川文化和旅游发展的大数据报告。这个想法得到成都数联铭品科技有限公司联合创始人兼高级副总裁宋开发的大力支持。作为国内最早探索大数据技术的高新技术企业之一，成都数联铭品科技有限公司拥有的先进技术和丰富经验足以保证这项工作的顺利完成。

2020 年 2 月 16 日，四川文化和旅游发展大数据报告课题组正式成立。当时正值新冠疫情肆虐，课题组只能通过每周召开视频会议的方式艰难地推进相关工作，直至成都解封。课题组在文献检索过程中发现，这很可能是第一份关于四川文化和旅游发展的大数据报告——至少是公开出版的第一份大数据报告。正因如此，虽然我们早已做好充分的思想准备，但报告的编写难度之大，仍然远远出乎所有人的预料。

指标体系构建难、统计数据采集难、量化分析评价难是课题组面临的三大难题。例如，如何将文化事业、文化产业和旅游业的发展情况纳入同一个指标体系，并且鲜明地体现巴蜀文化影响力、四川旅游吸引力、文化旅游供给力和文旅产业竞争力。又如，由于成都的文化创意产业统计口径明显不同于四川省以及省内其他市（州）的文化产业统计口径，某些市（州）又从未对外公开发布相关统计数据，如何解决因统计口径不一和统计数据缺失所导致的数据采集难题。

经过反复讨论和艰难摸索，我们的做法是：将各市（州）的文化和旅游统计数据的信息公开工作本身作为分析评价的重要内容之一，从而希望能够借此在一定程度上推动各市（州）的文化和旅游统计数据信息公开工作。虽然这种做法必定引发争议，但我们愿意以树立批评对象的方式进行某种尝试和努力。

尽管我们慎之又慎地对全省 21 个市（州）的文化和旅游发展情况进行量化评价，

然而，无论评价结果怎样，都会毫无疑问地引发争议。因为任何基于某种评价体系的排名结果都会同某些市（州）的自我感觉和自我评价有所出入。对此，我们的态度是：某一次的排名结果并不足以说明问题，但假如多次排名都不靠前，则须引起足够的重视和深入的思考。

当然，在进行文化和旅游大数据分析的过程中，我们不得不承认，并非所有市（州）都有足够的资源条件大力发展文化产业和旅游业。最典型的例子就是成都同其他 20 个市（州）在文化影响力、文化旅游供给力、文旅产业竞争力方面的悬殊差距。正是在这个意义上，我们提出比开展天府旅游名县建设更具有可参与性的关于开展天府文化强县建设的建议。

如果说，我们之前还可以用“十三五”时期的统计数据尚未完全公布为由一拖再拖，在“十四五”开局两年后还不能顺利完成的话，既没有任何借口可言，也背离了我们为“十四五”时期的文化强省旅游强省建设贡献绵薄之力的初心。历时近 3 年，这份由国家文化产业创新与发展研究基地西南研究中心、四川师范大学巴蜀文化研究中心、上海交通大学四川研究院、同济大学艺术与创意产业研究所、四川省文化产业商会、四川省旅游学会、成都数联铭品科技有限公司共同组编的依然很不成熟的研究报告终于完稿。

在近 3 年时间里，课题组完成了一系列阶段性研究成果：在《经济界》《中国旅游报》《中国民族报》等报刊，以及成都市文化体制改革和文化产业发展领导小组办公室、成都市社会科学院主编的《创意城市蓝皮书：成都市文化创意产业发展报告（2020）》，重庆市文艺评论家协会组编的《第三届川渝文化发展合作论坛论文集》发表学术论文和理论文章多篇。其中，刊登于《中国旅游报》的理论文章《构建巴蜀文化旅游产业生态圈　推动成渝地区双城经济圈建设》不仅得到中共四川省委宣传部产业发展处的肯定，而且被重庆市文化和旅游发展委员会配“编者按”全文转发。“编者按”称：该文“对巴蜀文化旅游走廊建设进行深入研究，并提出了有益建议。现转发如下，以供大家学习”。

课题组提交的多篇咨政建议或成果专报分别被中共四川省委常委、中共四川省委宣传部部长郑莉，四川省人民政府副省长杨兴平，以及时任四川省人民政府副省长，现任中共四川省委常委、中共四川省委秘书长陈炜等领导同志批示，被四川省专家服务中心、成都市文学艺术界联合会等单位采纳。2022 年 7 月下旬至 8 月底，课题组负责人马健还被中共四川省委宣传部办公室抽调参与由郑莉部长担任课题组组长的中共四川省委宣传部“坚定文化自信　建设文化强省”课题研究专项工作，相关成果也已提交中共四川省委宣传部。

本报告各章的文责由各章撰写人自行负责。具体分工如下：第一章由邓静撰写；第二章由宋开发、唐艳、陈南君、李辉龙、易思琪撰写；第三章至第五章由王梦娇撰写；第六章由马健和王梦娇撰写；前言由黄大帅撰写；后记由马健撰写；附录的专题调研报告由马健、张波林、王梦娇、邓静、黄大帅、黄礼雄撰写。马健、宋开发、张广宇、唐艳、陈南君、李辉龙、易思琪等人参与了指标体系的设计工作。马健负责本报告的统稿工作。

最后，要感谢全国旅游标准化技术委员会主任孙若风、中国文艺评论家协会副主席李明泉、中国非物质文化遗产保护协会副会长郑晓幸、电子科技大学大数据研究中心主任周涛、国家文化产业创新与发展研究基地首席专家胡惠林、四川省历史学会会长谭继和、四川省旅游学会会长陈加林、四川省文化产业商会会长张建华、四川师范大学巴蜀文化研究中心常务副主任汤洪、成都数联铭品科技有限公司高级副总裁宋开发、上海交通大学建筑文化遗产保护国际研究中心主任曹永康、同济大学艺术与创意产业研究所所长解学芳、四川省社会科学院文学研究所所长艾莲、四川省民营文化企业协会会长夏洪、电子科技大学数字文化与传媒研究中心主任谢梅等编委会成员的大力支持和热心参与！

由于我们水平有限，加之成书时间仓促，疏漏之处在所难免，恳请各位批评指正。课题组的电子邮箱：xnwhcyzk@163.com。

马健

壬寅孟冬于成都

责任编辑： 郭海燕
责任印制： 冯冬青
封面设计： 中文天地

图书在版编目（CIP）数据

四川文化和旅游发展蓝皮书 : 四川文化和旅游发展大数据报告 / 马健等著. -- 北京 : 中国旅游出版社, 2023.6

ISBN 978-7-5032-7119-9

Ⅰ. ①四… Ⅱ. ①马… Ⅲ. ①地方旅游业－旅游文化－旅游业发展－研究报告－四川 Ⅳ. ①F592.771

中国国家版本馆CIP数据核字(2023)第098282号

审图号：川S（2021）00059号

书　　名： 四川文化和旅游发展蓝皮书：四川文化和旅游发展大数据报告

作　　者： 马健等著
出版发行： 中国旅游出版社
（北京静安东里 6 号　邮编：100028）
http://www.cttp.net.cn　E-mail:cttp@mct.gov.cn
营销中心电话：010-57377103，010-57377106
读者服务部电话：010-57377107
排　　版： 北京旅教文化传播有限公司
经　　销： 全国各地新华书店
印　　刷： 三河市灵山芝兰印刷有限公司
版　　次： 2023 年 6 月第 1 版　2023 年 6 月第 1 次印刷
开　　本： 787 毫米 × 1092 毫米　1/16
印　　张： 11.75
字　　数： 250 千
定　　价： 68.00 元
I S B N 978-7-5032-7119-9
